Allokation von Organen in der Transplantationsmedizin

RECHT & MEDIZIN

Herausgegeben von den Professoren
Dr. Erwin Deutsch, Dr. Adolf Laufs, Dr. Hans-Ludwig Schreiber

Bd./Vol. 56

PETER LANG

Frankfurt am Main · Berlin · Bern · Bruxelles · New York · Oxford · Wien

Uta Oelert

Allokation von Organen in der Transplantationsmedizin

PETER LANG
Europäischer Verlag der Wissenschaften

Die Deutsche Bibliothek - CIP-Einheitsaufnahme

Oelert, Uta:

Allokation von Organen in der Transplantationsmedizin / Uta
Oelert. - Frankfurt am Main ; Berlin ; Bern ; Bruxelles ; New
York ; Oxford ; Wien : Lang, 2002
 (Recht & Medizin ; Bd. 56)
 Zugl.: Halle-Wittenberg, Univ., Diss., 2001
 ISBN 3-631-39639-2

ISSN 0172-116X
ISBN 3-631-39639-2
© Peter Lang GmbH
Europäischer Verlag der Wissenschaften
Frankfurt am Main 2002
Alle Rechte vorbehalten.
Das Werk einschließlich aller seiner Teile ist urheberrechtlich
geschützt. Jede Verwertung außerhalb der engen Grenzen des
Urheberrechtsgesetzes ist ohne Zustimmung des Verlages
unzulässig und strafbar. Das gilt insbesondere für
Vervielfältigungen, Übersetzungen, Mikroverfilmungen und die
Einspeicherung und Verarbeitung in elektronischen Systemen.

www.peterlang.de

Meinen Eltern

Vorwort

Diese Arbeit lag der Juristischen Fakultät der Martin-Luther-Universität Halle-Wittenberg im Sommersemester 2001 als Dissertation vor.

Für mich lag der Reiz in einem Thema, das Medizin und Recht verbindet, weil ich mit Interesse die Entwicklungen der modernen Medizin unter juristischen Aspekten verfolge.

An dieser Stelle sage ich Herrn Professor Dr. Hans Lilie sehr herzlichen Dank für die Überlassung des Themas, die Betreuung und kritische Durchsicht der Arbeit sowie für die Erstellung des Erstgutachtens. Für die Erstellung des Zweitgutachtens gilt mein Dank Herrn Professor Dr. Winfried Kluth.

Bei meinen Vorgesetzten der Staatsanwaltschaft und Generalstaatsanwaltschaft Berlin bedanke ich mich für die gewährte Freistellung in der Zeit vom 1. April 1999 bis 30. April 2000, wodurch ich die Möglichkeit hatte, an der Dissertation frei von Dienstverpflichtungen unbelastet und intensiv zu arbeiten.

Besonderer Dank gilt meinen Eltern, Geschwistern und Freunden für ihre Unterstützung in vielerlei Hinsicht, für ihr Vertrauen, ihre Treue und Geduld.

Berlin, im Mai 2002

Uta Oelert

Inhaltsverzeichnis

Vorwort VII

Abkürzungsverzeichnis XV

Einleitung 1

Erstes Kapitel:
Gerechtigkeit bei der Ressourcenverteilung 7
1 Handlungs- und Ergebniskonsequentialismus 7
  1.1 Allokationsmodelle im Gesundheitswesen –
     Ebenen der Ressourcenverteilung 8
     a) Modell des Bioethikers *Engelhardt* 8
     b) Kontextmodell 11
  1.2 Zwischenergebnis 14
2 Philosophische Gerechtigkeitstheorien unter dem Aspekt
  der Verteilungsgerechtigkeit 14
  2.1 Der Utilitarismus 14
  2.2 Die soziale Gleichheit 16
  2.3 Der Liberalismus 19
  2.4 Der Kommunitarismus 22
  2.5 Zwischenergebnis 23
3 Ergebnis der philosophischen Betrachtung
  für die Organallokation 24
4 Ökonomische Theorien zum Problem der Güterallokation 26
  4.1 Der Utilitarismus und der Liberalismus 26
  4.2 Die Paretianische Wohlfahrtstheorie 27
5 Ergebnis der ökonomischen Betrachtung
  für die Organallokation 28

Zweites Kapitel:
Verteilungsbeispiele aus anderen Rechtsbereichen 31
1 Wohnraum- und Lebensmittelbewirtschaftung 31
2 Verteilung im Schornsteinfegerwesen 33
3 Taxikonzessionen 34
4 Vergabe von Start- und Landerechten auf Flughäfen 35
   4.1 Verteilungskriterien in Deutschland 35
   4.2 Verteilungskriterien in den U.S.A. 37
      a) Landegebühren 38
      b) First Come – First Served 38
      c) Alternativen 39
5 Verteilung von Marktstandplätzen und anderen
   öffentlichen Einrichtungen 39
6 Verteilung von Studienplätzen 42
7 Zwischenergebnis 49
8 Zur Anwendbarkeit einzelner Verteilungskriterien 51
   8.1 Losverfahren 53
   8.2 Kopf-Prinzip 54
   8.3 Prioritätsprinzip 54
   8.4 Finanzielle Leistungsfähigkeit 59
      a) Verteilung über den Markt 59
      b) Das Sozialstaatsprinzip in seiner Gewährleistungs-
         funktion 66
   8.5 Wichtigkeit/Würdigkeit der Person 67
9 Ergebnis 68

Drittes Kapitel:
Stand der Organtransplantation und Organverteilung
vor Inkrafttreten des Transplantationsgesetzes 69

1 Nierentransplantation 70
   1.1 Allgemeines 70
   1.2 Praxis der Allokation von Nieren vor
       Inkrafttreten des Transplantationsgesetzes 72
       a) Verfahren bis März 1996 72
       b) Verfahren seit März 1996 73
       c) Einfluss des neuen Allokationsverfahrens nach *Wujciak* . 76
   1.3 Lösung der Allokationsprobleme bei der Nieren-
       transplantation – Diskussionsstand in der Medizin 78
       a) Doppelnierentransplantation vom marginalen Spender .. 78
       b) Alters-Match 78
       c) Alter des Organempfängers als Ausschlusskriterium ... 80
2 Herztransplantation 80
   2.1 Allgemeines 80
   2.2 Praxis der Allokation von Herzen vor
       Inkrafttreten des Transplantationsgesetzes 82
       a) Organvergabe durch Eurotransplant 82
       b) Einfluss der Regionalisierung im Transplantverbund ... 82
       c) Vergabemodus innerhalb des Transplantationsverbundes
          BHKM 83
       d) Vergabemodus innerhalb des Mitteldeutschen
          Transplantationsverbundes 85
3 Lebertransplantation 85
   3.1 Allgemeines 85
   3.2 Praxis der Allokation von Lebern vor
       Inkrafttreten des Transplantationsgesetzes 86
       a) Verfahren bis April 1991 86
       b) Verfahren seit April 1991 87

Viertes Kapitel:
Die gesetzlichen Grundlagen zur Organallokation
im Transplantationsgesetz 89
1 Die gesetzlichen Vorschriften 89
2 Methode der Gesetzesauslegung 91
3 Stand der Erkenntnisse der medizinischen Wissenschaft 92
   3.1 Begriff 92
   3.2 Verwendung in anderen Rechtsvorschriften 93
   3.3 Bedeutung in § 10 Abs. 2 Nr. 2 und § 12 Abs. 3 S. 1 TPG .. 95
   3.4 Konkretisierung der Regeln 96
4 Bedeutung der vom Gesetzgeber ausdrücklich
   genannten Kriterien 100
   4.1 Notwendigkeit 100
      a) Begriff 100
      b) Verwendung in anderen Rechtsvorschriften 100
      c) Bedeutung in § 10 Abs. 2 Nr. 2 TPG 103
   4.2 Erfolgsaussicht 105
      a) Begriff 105
      b) Verwendung in anderen Rechtsvorschriften 105
      c) Bisherige Verwendung in der Transplantationsmedizin .. 106
      d) Bedeutung in § 10 Abs. 2 Nr. 2 TPG 106
      e) Bedeutung der Auslegung für die Anwendung weiterer
         Kriterien 108
         aa) Alter 108
         bb) Compliance 109
         cc) Verschulden 110
      f) Bedeutung in § 12 Abs. 3 S. 1 TPG 111
   4.3 Dringlichkeit 113
      a) Begriff 113
      b) Verwendung in anderen Rechtsvorschriften 114
      c) Bedeutung in § 12 Abs. 3 S. 1 TPG 115
5 Weitere Kriterien 116
   5.1 Wartezeit 116
   5.2 Ischämiezeit 119
   5.3 Gen-Chance, Gen-Faktor 120
   5.4 Alter 121
   5.5 Compliance 122
   5.6 Solidar- und Clubmodell 123
   5.7 Ergebnis 124

6 Wertigkeit der Begriffe	124
6.1 Notwendigkeit und Erfolgsaussicht	125
6.2 Erfolgsaussicht und Dringlichkeit	125
a) Behandlungsprioritäten in der Katastrophenmedizin als Entscheidungshilfe	126
b) Ergebnis für die Organallokation	130
7 Vereinbarkeit des Local-Donor-Prinzips mit dem Transplantationsgesetz	132
7.1 .Begriff	132
7.2 Entstehungsgeschichte und Gründe für das Local-Donor-Prinzip	134
7.3 Gründe gegen das Local-Donor-Prinzip	136
7.4 Einschränkungen des Local-Donor-Prinzips	136
7.5 Auswirkungen des Local-Donor-Prinzips	136
7.6 Die gesetzliche Regelung	137
a) Die einheitliche Warteliste	137
b) Behandlung der einzelnen Wartelisten als eine einheitliche Warteliste	138
c) Folgen einer Verteilung strikt nach bundeseinheitlicher Warteliste	140
d) Der Föderalismus als Argument für Dezentralisierung	142
e) Dezentralisierung unter Effizienzgesichtspunkten	144
7.7 Regionalisierung unter dem Gesichtspunkt der Chancengleichheit	147
a) Begriff der Chancengleichheit	147
b) Bedeutung des Begriffs Chancengleichheit in Literatur und Rechtsprechung	148
c) Bedeutung für die Organzuteilung	152
7.8 Ergebnis	154

Fünftes Kapitel:
Die Umsetzung der gesetzlichen Vorgaben ... 159

1 Die Diskussion bis zum Erlass der Richtlinien	159
1.1 Das Allokationsmodell Herz	159
1.2 Die Einbecker Empfehlungen der DGMR	159
1.3 Die Entwürfe der Richtlinien und die Richtlinien der BÄK	160
2 Stellungnahme	160

Sechstes Kapitel:
Stabilität eines Allokationssystems 167
1 Veränderung von Standards in der Medizin 167
  1.1 Die klinischen Prüfung von Arzneimitteln 167
  1.2 Berücksichtigung von veränderten Standards
     in der medizinischen Praxis 170
  1.3 Berücksichtigung von veränderten Standards
     bei noch nicht geänderten Richtlinien 172
2 Ergebnis 173

Siebentes Kapitel:
Xenotransplantation 175

Fazit 179

Anhang:
Die Gesetzgebungsgeschichte im Hinblick
auf die Fragen zur Organverteilung – Zeittafel 181

Anlage 1:
Allokationsmodell für das Organ Herz 193

Anlage 2:
Einbecker Empfehlungen der DGMR e.V. zur Allokation
von Spenderorganen, zur Zulassung eines Krankenhauses
als Transplantationszentrum und zur Qualitätssicherung 197

Anlage 3:
Richtlinien der BÄK – Entwürfe 201

Anlage 4:
Richtlinien zur Organtransplantation gemäß
§ 16 Transplantationsgesetz 209

Literaturverzeichnis 223

Abkürzungsverzeichnis

a.A.	anderer Ansicht
a.a.O.	am angegebenen Ort
Abs.	Absatz
Abschn.	Abschnitt
ÄndG	Änderungsgesetz
a.F.	alte Fassung
AHRS	Arzthaftpflichtrechtsprechung
AM	Acceptable Mismatch
AMG	Arzneimittelgesetz
Anl.	Anlage
Anm.	Anmerkung
AnwBl.	Anwaltsblatt
Art.	Artikel
AT	Allgemeiner Teil
AtG	Atomgesetz
BÄK	Bundesärztekammer
BauGB	Baugesetzbuch
BBergG	Bundesberggesetz
Bd.	Band
Beschl.	Beschluss
BGB	Bürgerliches Gesetzbuch
BGBl.	Bundesgesetzblatt
BGH	Bundesgerichtshof
BGHZ	Entscheidungen des Bundesgerichtshofes in Zivilsachen
BT	Besonderer Teil
BT-Drs.	Bundestagsdrucksache
BR-Drs.	Bundesratsdrucksache
BVerfG	Bundesverfassungsgericht
BVerfGE	Bundesverfassungsgerichtsentscheidung
BVerwG	Bundesverwaltungsgericht
BVerwGE	Bundesverwaltungsgerichtsentscheidung
bzgl.	bezüglich
bzw.	beziehungsweise

DAZ	Deutsche Apotheker-Zeitung
DÄ	Deutsches Ärzteblatt
ders.	derselbe
DGMR	Deutsche Gesellschaft für Medizinrecht
d.h.	das heißt
DKHG	Deutsche Krankenhausgesellschaft
DÖV	Die Öffentliche Verwaltung
Drs.	Drucksache
DSO	Deutsche Stiftung Organtransplantation
dt.	Deutsch
DTG	Deutsche Transplantationsgesellschaft
DVBl.	Deutsches Verwaltungsblatt
ed.	editor
eds.	editors
Einf.	Einführung
Erg.lfg.	Ergänzungslieferung
etc.	et cetera
EU	Europäische Union
f. (ff.)	folgende (fortfolgende)
FamRZ	Zeitschrift für das gesamte Familienrecht
FAZ	Frankfurter Allgemeine Zeitung
Fn.	Fußnote
GBl.	Gesetzblatt
GewArch.	Zeitschrift für Gewerbe- und Wirtschaftsverwaltungsrecht
GewO	Gewerbeordnung
GG	Grundgesetz
ggf.	gegebenenfalls
GüKG	Güter- und Kraftverkehrsgesetz
HIP	Highly Immunized Patient
HIT	Highly Immunized Tray
HRG	Hochschulrahmengesetz
Hrsg.	Herausgeber
Hs.	Halbsatz
Htx	Herztransplantation
HU	High Urgency

i.E.	im Einzelnen
IM	Immunized Patient
Int. J. clin. Pharmacol.	International Journal of Clinical Pharmacology and Biopharmacy
i.S.d. (v.)	im Sinne des (von)
i.Ü.	im Übrigen
i.V.m.	in Verbindung mit
JA	Juristische Ausbildung
Jg.	Jahrgang
JuS	Juristische Schulung
JZ	Juristenzeitung
Kap.	Kapitel
KfH	Kuratorium für Dialyse und Nierentransplantation
Lfg.	Lieferung
LSG	Landessozialgericht
LT-Drs.	Landtagsdrucksache
lt.	laut
LuftVG	Luftverkehrsgesetz
MDR	Monatszeitschrift des Deutschen Rechts
MedKl	Medizinische Klinik
MedR	Medizinrecht
m.N.	mit Nachweisen
m.w.N.	mit weiteren Nachweisen
n.F.	neue Fassung
NJW	Neue Juristische Wochenschrift
NVwZ-RR	Neue Verwaltungszeitschrift-Rechtsprechungsreport
o.a.	oben angegeben
o.g.	oben genannt
OLG	Oberlandesgericht
OP	Operation
o.S.	ohne Seite
OVG	Oberverwaltungsgericht
PBefG	Personenbeförderungsgesetz

RGBl.	Reichsgesetzblatt
Rdnr.	Randnummer
Rh.-Pf.	Rheinland-Pfalz
Rspr.	Rechtsprechung
RVO	Rechtsverordnung
S.	Satz; Seite
SchfG	Gesetz über das Schornsteinfegerwesen
SchfV	Verordnung über das Schornsteinfegerwesen
SK	Systematischer Kommentar
s.o.	siehe oben
sog.	sogenannt
s.u.	siehe unten
StGB	Strafgesetzbuch
StPO	Strafprozessordnung
StV	Staatsvertrag über die Vergabe von Studienplätzen
SU	Special Urgency
T	Transplantabel
TFG	Transfusionsgesetz
TPG	Transplantationsgesetz
Tx	Transplantation
u.	unten
u.a.	unter anderen(m)
v.	von, vom
v.a.	vor allem
VAD	ventrikuläres Unterstützungssystem
VersR	Versicherungsrecht
vgl.	vergleiche
VO	Verordnung
VOBl.	Verordnungsblatt
WHO	World Health Organisation
z.B.	zum Beispiel
Zent bl Chir	Zentralblatt für Chirurgie
ZPO	Zivilprozessordnung
ZRP	Zeitschrift für Rechtspolitik
z.T.	zum Teil

Einleitung

Die Transplantationsmedizin beschäftigt sich mit dem Ersatz unwiederbringlich erkrankter Körperteile durch die Übertragung von Zellen, Geweben und Organen an eine andere Körperstelle oder auf ein anderes Individuum. Transplantiert werden Hornhäute, Gefäße, Haut, Nieren, Leber, Knochenmark, Herz, Lungen, endokrine Organe, Knochen, Thymus und Dünndarm.

Der Erfolg einer Transplantation ist im Wesentlichen durch Art und Umfang der Immunreaktion des Empfängers bestimmt. Diese wird induziert durch genetisch determinierte sogenannte Histokompatibilitätsantigene des Spendergewebes. Darunter werden Antigene des Spenders verstanden, durch deren Unterschiedlichkeit zum Antigenmuster des Empfängers das Transplantat als fremd erkannt wird und ohne Immunsuppression abgestoßen würde. Diese Antigene des Spenderorganismus veranlassen die Bildung spezifisch sensibilisierter Lymphozyten, die gegen das Transplantat zytotoxisch, d.h. zellschädigend, wirken. Des Weiteren treten Antikörper auf, die u.a. als zytotoxische Antikörper, aber auch im Rahmen der Toleranzinduktion eine Rolle spielen. Somit führen die immunologischen Vorgänge nicht nur zur Abstoßung des Transplantats, sondern sie tragen auch zu dessen Akzeptanz bei.

Ob und in welchem Ausmaß eine Abstoßungsreaktion bei einer bestimmten Spender-Empfänger-Kombination zu erwarten ist, kann durch entsprechende Testverfahren nur teilweise geprüft werden. Abstoßungsreaktionen können aber postoperativ durch Immunsuppression, d.h. durch Unterdrückung der Immunantwort, abgeschwächt oder zum Teil gehemmt werden.

Mit einem vollständigen Ausbleiben von Abstoßungsreaktionen kann nur gerechnet werden, wenn Spender und Empfänger genetisch identisch sind. Dies ist sowohl bei der Autotransplantation, bei der Spender und Empfänger identisch sind, als auch bei der Isotransplantation der Fall. Bei letzterer findet eine Transplantation zwischen genetisch identischen Individuen, wie z.B. eineiigen Zwillingen oder Tieren desselben Inzuchtstammes, statt. Bei der Allotransplantation, also bei genetisch differenten Individuen, die jedoch derselben Species angehören, kommt es hingegen immer zu Abstoßungsreaktionen. Das Gleiche ist in noch stärkerem Maße für die Xenotransplantation zu erwarten. Hierunter versteht man die Verpflanzung von tierischen Organen in den Menschen, d.h. von Organen einer anderen Species.[1]

---

1 Vgl. zum Ganzen *Pschyrembel*, Klinisches Wörterbuch, S. 1591 f.

Das Kriterium der Abstoßungsreaktion gewinnt insbesondere dann an Bedeutung, wenn es um Fragen der Allokation, d.h. der Verteilung von Organen geht. Ist eine Abstoßungsreaktion ausgeschlossen, wie bei der Auto- und Isotransplantation, stellt sich das Allokationsproblem nicht, da hier das zu verpflanzende Spenderorgan dem genetisch identischen Empfänger zukommt. Auch die freiwillige Spende eines Organs durch einen lebenden, gesunden Menschen schafft kein Allokationsproblem, da diese Lebendspende immer einem von vornherein bestimmten Patienten zugedacht ist, vgl. § 8 Abs. 1 S. 1 Nr. 2 TPG. Bei allen anderen Transplantationsarten taucht die Frage der gerechten Verteilung des knappen Guts Organ auf.

Die Organtransplantation ist heute weltweit ein etabliertes Verfahren zur Behandlung von Patienten mit terminalem Organversagen. Aufgrund des medizinischen Fortschritts kommen einerseits immer mehr Patienten für eine Transplantation in Frage[2], auf der anderen Seite kann der Bedarf aufgrund der begrenzten Zahl an Spenderorganen nicht gedeckt werden. Eine Behebung des Organmangels zeichnet sich nicht ab. Im Gegenteil nahm das Missverhältnis zwischen Spendermeldungen und den auf eine Transplantation wartenden Patienten auch in den letzten Jahren weiter zu.[3]

Ohne die Bereitschaft der Bevölkerung, sich durch ihre Zustimmung zur Organspende nach dem Tod aktiv an der Versorgung schwer bzw. lebensbedrohlich erkrankter Menschen mittels einer Transplantation zu beteiligen, wird die Mangelsituation bestehen bleiben. Es wird sogar befürchtet, dass der Versorgungsauftrag der Transplantationsmedizin in zunehmendem Maße nicht mehr erfüllbar sein wird.[4]

Aber auch wenn das am 1. Dezember 1997 in Kraft getretene Transplantationsgesetz (TPG) – wie erhofft – zu einer erhöhten Spendebereitschaft führt, wird sich die Mangelsituation zunächst lediglich entschärfen können. Eine Behebung derselben ist aufgrund der bisherigen Erkenntnisse in absehbarer Zeit nicht zu erwarten, so dass Fragen nach der gerechten Verteilung der Organe bis auf weiteres eine wichtige Rolle spielen werden.

---

2 Höheres Lebensalter und vermehrte Risikofaktoren sind heute in der Regel keine Kontraindikationen mehr für eine Organverpflanzung, s. *Wesslau* u.a., Transplantationsmedizin 1995, S. 4; auch die intensivmedizinische Betreuung, die Entnahmetechniken und die Konservierungsverfahren entwickeln sich stetig weiter.
3 *Smit* u.a., Organspende und Transplantation in Deutschland 1997, o.S.
4 *Weber*, Transplantationsmedizin 1999, S. 117.

Die Bereitschaft der Öffentlichkeit, das Transplantationswesen zu unterstützen, wird nicht zuletzt in zunehmendem Maße davon abhängen, ob sie die Verteilung der gespendeten Organe als angemessen wahrnimmt.[5] Unter diesem Gesichtspunkt stimmt eine 1994/95 durchgeführte Erhebung bedenklich, die ergab, dass von 759 Ärzten im Raum Nordrhein-Westfalen nur 50 % der Ärzte glauben, dass die Allokation gerecht erfolgt. 58 % halten sogar den Handel mit Organen in Deutschland für möglich. Demgegenüber glauben nur 18 % von 5530 Befragten aus der Essener Allgemeinbevölkerung an eine gerechte Allokation, 72 % in dieser Laiengruppe befürchten, dass ein Organhandel in Deutschland stattfindet.[6] Diese Befragung wurde in gleicher Form mit einer Untergruppe aus der im Jahre 1994 stattgefundenen Erhebung im Herbst 1998 wiederholt. Die Analyse der daraus gewonnenen Daten zeigt, dass nach wie vor viele Menschen nicht von einer gerechten Verteilung der gespendeten Organe ausgehen bzw. daran erhebliche Zweifel haben. Gegenüber den 1994 Befragten glaubten die 1998 Befragten aber deutlich weniger oft an die Möglichkeit von Organhandel in Deutschland. Die Befürchtung einer Bevorzugung von Wohlhabenden und Prominenten bei der Organallokation wurde ebenfalls seltener als früher angegeben. Die ermittelte Prozentzahl von weit über 50 % weist aber noch auf ein erhebliches Misstrauen hin.[7]

Neben Überlegungen zur Gerechtigkeit der Organallokation beeinflussen auch tief verwurzelte Ängste gegenüber der medizinischen Betreuung potenzieller Organspender sowie ethisch-religiöse Bedenken die Entscheidung zur Organspende.[8] Auch wenn die Studie gezeigt hat, dass die öffentliche Diskussion einen geringen, aber nachweisbar positiven Einfluss auf Einstellungen zu einigen Aspekten der Organspende genommen hat, so wirkt sich das bisher nicht auf die Rate derjenigen aus, die letztendlich einen Spenderausweis besitzen.[9]

In Großbritannien, wo die Warteliste für Organtransplantationen in den letzten zehn Jahren um ca. 50 %, die Zahl der Organspender aber

---

5 *Gutmann/Land*, Ethische und rechtliche Fragen der Organverteilung, S. 93.
6 *Weber/Lange*, Transplantationsmedizin Supplement 1998, S. 69.
7 Nachzulesen bei *Weber*, Transplantationsmedizin 1999, S. 116 ff.
8 *Weber*, Transplantationsmedizin 1999, S. 116, 119.
9 *Weber*, Transplantationsmedizin 1999, S. 120; s. auch *Künsebeck/Harborth/Wilhelm*, Transplantationsmedizin 1999, S. 121 ff., deren zwischen Mai und Oktober 1997 durchgeführte Studie ergab, dass erhebliche Unterschiede zwischen der Einstellung zur Organspende und dem Verhalten, eine Organspendeerklärung zu unterschreiben, bestehen; dies entspreche jedoch weitgehend den aus anderen Bereichen der psychologischen Forschung bekannten Korrelationen zwischen Einstellung und Verhalten.

lediglich um ca. 10 % angestiegen ist, hat eine Untersuchung ergeben, dass Überzeugungsversuche in mehr als 75 % ergebnislos blieben; und das, obwohl zwar eine grundsätzliche Spendebereitschaft besteht, eine aktuelle Bereitschaft zur Unterschrift unter den Organspendeausweis aber nicht existiert.[10]

Höffe[11] dagegen sieht den Grund einer Ressourcenknappheit allgemein darin, dass dem Menschen eine tendenzielle Unersättlichkeit (*Pleonexia*) innewohne, ein Mehr-und-immer-mehr-Wollen, das alles Menschliche mit ausufernden Begehrlichkeiten ausstatte. Als traditionelle Antwort auf die Pleonexia und damit auch auf die Ressourcenknappheit sieht er die Tugend der Besonnenheit (*Sophrosyne*). Sie bekämpfe die Ressourcenknappheit am wahren Ursprung, den ausufernden Antriebskräften. Solange sich eine solche Besonnenheit aber nicht einstelle – und dafür gäbe es keinerlei Anzeichen –, würden die Ressourcen knapp bleiben.

Rationierung ist daher ein mögliches Ziel. Als ökonomischer Terminus soll damit ausgedrückt werden, dass aufgrund der Knappheit an Gütern nicht sämtliche Wünsche von allen Individuen befriedigt werden können. Rationierung beschreibt diese Beschränkung der Zuteilung, unabhängig von Mechanismus und Gut, und wird hier als normales, alltägliches Phänomen bezeichnet. Oft findet aber eine Vermischung mit einem emotional besetzten Begriff der Rationierung statt, wonach eine übergeordnete Instanz mehr oder weniger willkürlich überlebenswichtige Güter verteilt, z.B. Lebensmittel in Kriegszeiten, Plätze im Rettungsboot etc. Hier wird Rationierung als unbedingt zu vermeidender Zustand verstanden.[12] Im Rahmen der Organverteilung, die durch einen Zwang zur Rationierung gekennzeichnet ist, ist der Begriff zumindest derzeit noch eher emotional besetzt.

Zu unterscheiden ist Rationierung von Rationalisierung, der Steigerung der Effektivität und Effizienz[13], wobei letztere im Gesundheitswesen derzeit durch das Mittel der Budgetierung zu erreichen versucht

---

10 *Baluch/Randhawa*, Transplantationsmedizin 1998, S. 102 ff.
11 *Höffe*, FAZ vom 22. Februar 1997, S. 1, *ders.*, DÄ 1998, S. 174 f.; diesen Gedanken übernimmt auch *Obermann*, MedKl 1999, S. 114.
12 Vgl. dazu *Obermann*, MedKl 1999, S. 110 f.
13 Effizienz bezeichnet dabei das Verhältnis von Kosten und Nutzen. Auf der Rationalisierungsebene ist das Effizienzkriterium – im Gegensatz zur Rationierungsebene – relativ unproblematisch, solange es darum geht, von medizinisch gleichwertigen Behandlungsalternativen die kostengünstigste zu bestimmen, vgl. näher *Künschner*, Wirtschaftlicher Behandlungsverzicht, S. 101 ff.

wird.[14] Rationalisierung kann aber Rationierung nicht ersetzen. Sie ist vielmehr vor jeder Rationierung durchzuführen. Durch veränderte Altersstrukturen, die zunehmende Erwartungshaltung der Patienten und den medizinisch-technischen Fortschritt nimmt die Notwendigkeit zu, den Umfang solidarisch finanzierter medizinischer Leistungen einzuschränken. Man wird sich mit dem Gedanken vertraut machen müssen, dass Rationierung in der Medizin unvermeidlich geworden ist[15], egal ob in monetären oder nichtmonetären Bereichen. Eine Studie zeigt, dass die Mehrzahl der Ärzte eine Rationierung im Sinne einer nicht monetären Allokation knapper Behandlungskapazitäten als unvermeidbar ansieht.[16]

Solange über eine wie auch immer geartete Rationierung der Organmangel nicht behoben werden kann, hat die Frage der gerechten Allokation eine erhebliche Bedeutung.

In der vorliegenden Arbeit wird zunächst auf die Gerechtigkeit bei der Ressourcenverteilung eingegangen. Die verschiedenen Allokationstheorien werden erläutert, und es findet eine Auseinandersetzung mit den soziologischen und wirtschaftswissenschaftlichen Problemen statt. Im zweiten Kapitel wird dargestellt, wie Verteilungsprobleme in anderen Rechtsbereichen gelöst werden. Einzelne Verteilungskriterien werden auf ihre Anwendbarkeit untersucht. Bei dem Kriterium der finanziellen Leistungsfähigkeit wird auch die Frage erörtert, wie gegebenenfalls eine Rationierung aussehen kann. Gegenstand des dritten Kapitels ist der Stand der Organtransplantation und die Organverteilung vor dem Inkrafttreten des TPG. Kapitel vier stellt die gesetzlichen Vorschriften im TPG zur Frage der Organverteilung dar und erläutert sie. Es wird der Frage nachgegangen, inwieweit sich die bisherige Allokationspraxis durch die für die Organvermittlung einschlägigen Bestimmungen des TPG ändert, insbesondere ob das Local-Donor-Prinzip noch mit dem TPG vereinbar ist. In Kapitel fünf wird die Entwicklung der Umsetzung der gesetzlichen Vorgaben dargestellt. Insbesondere die nunmehr von der BÄK beschlossenen Richtlinien für die Wartelisten und für die Organvermittlung werden diskutiert. Im sechsten Kapitel wird die Frage der Anpassung von Allokationsmodellen untersucht, insbesondere von welchem Zeitpunkt an überlegt werden muss, die Allokationskriterien zu variieren. Ein kurzes Kapitel am Schluss widmet sich der Frage, welche Allokationsprobleme speziell bei der Xenotransplantation auftauchen können.

---

14 Näher dazu *Künschner*, a.a.O., S. 101 f.
15 *Obermann*, MedKl 1999, S. 111 f.; *Schmidt*, Politik der Organverteilung, S. 13.
16 *Beske* u.a., DÄ 1997, S. 1826 ff., 1956 ff., 2083 ff.

Erstes Kapitel: Gerechtigkeit bei der Ressourcenverteilung

Gerecht zu sein ist nach *Höffe*[17] der höchste Anspruch, der für eine politisch-soziale Ordnung erhoben wird. Gerechtigkeit bezeichne eine unbedingte, sittliche Forderung. Werden Gesetze und Institutionen einer politischen Gemeinschaft als ungerecht erkannt, so seien sie aufzuheben und zu verändern, auch wenn sie Koordination, Effizienz und Stabilität verbürgen.

Gerechtigkeit ist nach *Gubernatis*[18] auch in der Transplantationsmedizin das oberste Ziel jeder Art von Organverteilung. Allerdings sei Gerechtigkeit aufgrund rein sachgebundener Zuweisung, d.h. medizinischer Indikationsstellung, nicht möglich, da nicht ausreichend Organe zur Verfügung stehen.

Mit den Fragen, wann eine Handlung als „gut" und eine Regelung als „gerecht" bezeichnet werden kann, beschäftigt sich vor allem die Philosophie, aber auch die Ökonomie setzt sich mit diesen Fragestellungen auseinander. Bevor die wesentlichen philosophischen und ökonomischen Theorien zum Verteilungsproblem dargestellt werden, soll zunächst erörtert werden, nach welchen Kriterien eine Ressourcenzuteilung grundsätzlich beurteilt werden kann.

1 Handlungs- und Ergebniskonsequentialismus

Zur ethischen Beurteilung eines Entscheidungsproblems, wie eben der Zuteilung von Ressourcen, gibt es im Wesentlichen zwei Ansätze, den Handlungs- und den Ergebniskonsequentialismus.[19] Handlungskonsequentialismus ist gegeben, wenn die Ordnung des Ergebnisraums die Ordnung des Handlungsraums bestimmt, was bedeutet, dass die ethische Beurteilung von Handlungen ausschließlich auf den Konsequenzen von Handlungen aufbaut. Ergebniskonsequentialismus liegt dagegen vor, wenn die Ordnung des Handlungsraums die Ordnung des Ergebnisraums bestimmt.

Aufgrund der folgenden Darstellung der Ebenen der Ressourcenverteilung im Gesundheitswesen wird diskutiert, inwieweit hier der Handlungs- und/oder Ergebniskonsequentialismus eine Rolle spielt.

---

17 *Höffe*, Rawls Theorie der politisch sozialen Gerechtigkeit, S. 16.
18 *Gubernatis*, in: Ausschuss-Drs. 599/13, S. 53, 62.
19 *Andreae/Theurl*, Probleme der Zuteilung von Ressourcen, S. 10.

1.1 Allokationsmodelle im Gesundheitssystem – Ebenen der Ressourcenverteilung

Unter einem Modell ist immer nur eine vereinfachte Darstellung der Wirklichkeit zu verstehen.[20] Eine direkte Anwendbarkeit auf die reale Welt ist oft nicht möglich, da Modell und Realität nicht übereinstimmen. Wie bei den Naturwissenschaften gilt daher schon seit langem das methodische Grundprinzip, dass man die Brauchbarkeit von Modellen nicht am Realismus ihrer Annahmen misst, sondern daran, wie relativ gut die aus solchen Modellen abgeleiteten Schlussfolgerungen über beobachtbare Vorgänge mit der Wirklichkeit übereinstimmen.[21]

a) Modell des Bioethikers Engelhardt

Der amerikanische Bioethiker *H. Tristam Engelhardt*[22] hat folgendes Allokationsmodell für das Gesundheitssystem entwickelt:

Auf der ersten von vier Allokationsebenen, der Makroallokation auf hoher Ebene, geht es um politische Leitentscheidungen darüber, welcher Anteil der öffentlichen Ausgaben für das Gesundheitssystem aufgewendet werden soll. Auf der zweiten, unteren Ebene der Makroallokation ist über die konkrete Ausstattung einzelner Bereiche innerhalb des Gesundheitssystems zu entscheiden. Zu solchen Bereichen gehören beispielsweise Prävention, Therapie, Rehabilitation, medizinische Forschung und Ausbildung. Die Mikroallokation auf hoher Ebene legt Kriterien fest, nach denen bestimmte Patientengruppen medizinische Leistungen erhalten. Es geht um Prinzipien der Zuteilung medizinischer Ressourcen nach sozialen und personenbezogenen Aspekten sowie nach Krankheitsarten. Bei der Mikroallokation auf unterer Ebene geht es schließlich um die individuelle ärztliche Verteilungsentscheidung, z.B. welcher Patient eine spezifische Therapieleistung erhält.

In der Transplantationsmedizin handelt es sich dabei um die Frage, welcher Patient das zur Verfügung stehende Organ erhält.

Die individuelle Einstellung zu Gesundheitsleistungen unterscheidet sich auf den jeweiligen Ebenen. Die Makroallokationsebene kann als „indirekt-anonym", die Mikroallokationsebene als „direkt-persönlich" bezeichnet werden. Während auf den ersten beiden Ebenen die Bereit-

---

20 *Varian*, Grundzüge der Mikroökonomik, S. 1.
21 *Sohmen*, Allokationstheorie und Wirtschaftspolitik, S. 8 ff.
22 Ausführlich nachzulesen bei *Engelhardt*, Zielkonflikte in nationalen Gesundheitssystemen, S. 35 ff.
23 Vgl. dazu ausführlicher *Andreae/Theurl*, a.a.O., S. 17 f.

stellung von Kapazitäten im Gesundheitswesen für den Einzelnen eine Möglichkeit darstellt, das Mortalitäts- und Morbiditätsrisiko zu senken, befindet er sich im Krankheitsfall in einer Entscheidungssituation, in der er bereit ist, für die Heilung oder Linderung seines Leidens alles zu opfern. Auf der Makroallokationsebene steht das Leben in einem statistischen Sinne bzw. die Reduktion von Risiken im Vordergrund, womit die Entscheidungssituation kompromissfähig ist. Auf der Mikroallokationsebene liegt dagegen eine nicht-kompromissfähige Entscheidungssituation vor. Es geht nicht mehr um Risikoreduktion im Allgemeinen, sondern um konkrete Hilfe im Einzelfall.[23]

Zwischen den Entscheidungsebenen können aber auch enge Beziehungen bestehen, so z.B., wenn Entscheidungen auf der Makroallokationsebene den Rahmen für Entscheidungen auf der Mikroallokationsebene abstecken. Lässt ein Finanzplan den Bau weiterer Operationssäle oder die Einstellung weiterer Ärzte nicht zu, kann sich dies im Konfliktfall für einen Patienten nachteilig auswirken, wenn die räumlichen bzw. personellen Kapazitäten nicht ausreichen, um zeitgleich mehrere Operationen durchzuführen.

In der Transplantationsmedizin ist die Lage hingegen anders. Hier fehlt es in der Regel nicht an ausreichenden Kapazitäten, sondern am ausreichenden Organangebot. Dies wird aber durch die Makroallokationsebene nicht beeinflusst, da das Knappheitsproblem nicht auf ökonomisches Handeln zurückzuführen ist.[24] Die Zuweisung von Ressourcen an den medizinischen Aufgabenbereich „Transplantation" steckt, was den Organmangel betrifft, gerade nicht den Rahmen für die direktpersönliche Ressourcenzuteilung ab. Die Ressourcenallokation auf der Mikroallokationsebene kann hier unabhängig von der Ressourcenzuteilung auf der Makroallokationsebene gesehen werden.

Auf der Makroallokationsebene versucht man, das Problem der Knappheit von Finanzmittelressourcen mit einer effizienten Mittelzuweisung, dem Mittel der Budgetierung zu lösen, was bedeutet, dass die vorhandenen Ressourcen nicht mehr nach Bedarf verteilt, sondern zugeteilt werden.[25] Hinter der Budgetierung verbirgt sich ein Wandel des Wirtschaftlichkeitsbegriffes der Ökonomen.[26] Über viele Jahrzehnte wurde in Deutschland der Wirtschaftlichkeitsbegriff nach dem Minimal-

---

24 Inwieweit eine stärkere Öffentlichkeitsarbeit, die finanziert werden müsste, zur Vermehrung des Organangebots führen würde, ist noch nicht geklärt; dies hätte aber auch nur mittelbaren Einfluss.
25 *Fuchs*, Allokation der Mittel im Gesundheitswesen, S. 11.
26 S. dazu *Fuchs*, a.a.O., S. 4 f., 11.

prinzip definiert, was bedeutet, dass der Arzt ein bestimmtes Therapieziel vor Augen hat und dieses Ziel mit minimalem Ressourceneinsatz erreichen will. Bei vorgegebenem Budget gilt nun das Maximalprinzip, bei dem das Behandlungsziel abhängig von den Mitteln ist. Der Arzt erfährt zunächst, wie viel Mittel ihm zur Verfügung stehen und definiert davon abhängig sein Behandlungsziel. Im Extremfall könnte dies bedeuten, dass eine Behandlung aus Kostengründen unterbleiben muss. Die Budgetierung wirkt also in die Mikroebene hinein. Während ethische Gesichtspunkte auf der Makroebene zurückgestellt werden, benötigt der Arzt für die Zuteilung rationierter medizinischer Leistungen dagegen normative Kriterien, die ethische Grundsätze beachten.[27] Er muss im Einzelfall eine Güterabwägung treffen, um die daraus resultierende ärztliche Entscheidung begründen zu können.[28]

Daraus ergibt sich, dass die auf der Makroallokationsebene zu fällenden kompromissfähigen Entscheidungen stärker handlungskonsequentialistischen, die nicht-kompromissfähigen Entscheidungen auf der Mikroallokationsebene eher ergebniskonsequentialistischen Entscheidungsregeln folgen.[29] Die Unterscheidung zeigt, dass auf den beiden Entscheidungsebenen unterschiedliche Allokationskriterien angewendet werden.

Beispiele für ergebniskonsequentialistische Elemente in den ärztlichen Verhaltensregeln sind Regeln, die den Prozess der Leistungserbringung betreffen: das Prinzip der Selbstbestimmung, das Prinzip der Gerechtigkeit, das Prinzip der sozialen Zuträglichkeit, die Handlungsanweisung „Primum non nocere", der Schutz von Patientenrechten gegenüber übergeordneten öffentlichen Interessen und die Betonung der Verantwortung des Arztes gegenüber dem Patienten als Einzelperson.[30] Bezogen auf den Einsatz knapper Ressourcen im Gesundheitswesen konkretisiert *Fuchs*[31] diese Prinzipien und erweitert diese um gesundheitspolitische Zielsetzungen. Er nennt die bestmögliche medizinische Versorgung, die gleiche Versorgung für alle, die Effizienz des Ressourceneinsatzes, die Beachtung des Solidarprinzips, die Beachtung des Gemeinwohls, die Beachtung der Autonomie des Patienten sowie die Verantwortung oder Mitverantwortung des Einzelnen.

---

27 *Fuchs*, a.a.O., S. 8.
28 *Fuchs*, a.a.O., S. 10.
29 Vgl. auch *Andreae/Theurl*, a.a.O., S. 14 f., 34.
30 *Andreae/Theurl*, a.a.O., S. 14; *Fuchs*, a.a.O., S. 8; zum Arzt-Patienten-Verhältnis *Jonas*, Technik, Medizin und Ethik, S. 151 ff.
31 *Fuchs*, a.a.O., S. 9.

Es gibt in der Medizin aber auch auf den unteren Entscheidungsebenen Handlungsanweisungen, die einer handlungskonsequentialistischen Ethik folgen, so in der Katastrophenmedizin die Behandlungspriorität der „Rettung der Retter"[32] sowie die Bildung von Dringlichkeitskategorien nach dem Prinzip der Triage.[33]

b) Kontextmodell

Ein anderes Allokationsmodell im Gesundheitswesen ist das „Kontextmodell". Ausgangspunkt der Entwicklung dieses Modells war Kritik am Modell *Engelhardt's*.[34] Es sei analytisch zu schwach, um die Komplexität der Allokationsprozesse, gerade in der Transplantationsmedizin, angemessen zu erfassen. So bliebe beispielsweise unklar, auf welcher Ebene ethische Fragen und Probleme anzusiedeln seien. Die Bestimmung von ethisch relevanten Orten innerhalb einer Praxis und die kritische Auseinandersetzung mit der Praxis setze daher insgesamt deren Analyse voraus.

Ziel des von den Kritikern entwickelten „Kontextmodells" war es daher, Ansätze zu einem differenzierteren Modell zu entwickeln, das auf der Annahme basiert, dass sich erst nach einer Analyse der faktischen Allokationsprozesse eine ethische Bewertung durchführen lässt.[35] Der Beitrag der Ethik zur Lösung des Allokationsproblems könne nicht darin bestehen, leitende Prinzipien zu formulieren. In konkreten Problemsituationen liefere der Rekurs auf abstrakte Prinzipien so gut wie keine Handlungsorientierung, da die Abstraktionsebene zu hoch sei.

Das „Kontextmodell"[36], das im Übrigen die Organisationspraxis vor Inkrafttreten des TPG zugrunde legt, geht – wie auch das Modell von *Engelhardt* – von mehreren Entscheidungsebenen aus. Auf jeder Ebene erlangen die Rahmenbedingungen der Allokation, die in die Bereiche Wissen/Forschung/Technik, Ökonomie, Recht, Ethik und Öffentlichkeit/Medien gegliedert werden, eine andere Bedeutung.

Die Gesellschaft bildet die erste Entscheidungsebene. Wie eine Gesellschaft ihr Gesundheitssystem gestaltet, hängt sowohl von den ökonomi-

---

32 *Gäfgen*, Die ethische Problematik von Allokationsentscheidungen, S. 21.
33 Vgl. *Rebentisch*, Handbuch der medizinischen Katastrophenhilfe, S. 128; für die Katastrophenmedizin besteht die besondere Aufgabe, gemäß ihren Methoden, Instrumenten und Hilfsmitteln ihre Intervention so zu gestalten, dass eine möglichst große Zahl von Opfern gerettet werden kann.
34 *Lachmann/Meuter/Schwemmer*, Allokationsprobleme in der Transplantationsmedizin, S. 250.
35 *Lachmann/Meuter/Schwemmer*, a.a.O., S. 248.
36 Ausführliche Darstellung bei *Lachmann/Meuter/Schwemmer*, a.a.O., S. 251 ff.

schen Rahmenbedingungen, die entscheidend für den Stand von Wissen, Forschung und Technik sind, als auch von den leitenden Wertvorstellungen einer Gesellschaft, die sich in der rechtlichen Organisation derselben niederschlagen, ab.

Auf der zweiten Entscheidungsebene geht es darum, wie viel an ökonomischen Mitteln und wie viel an medizinischer Forschung in welchen Bereich der Medizin investiert wird. Da jedes Krankenhaus selbstständig mit den Kassen verhandelt und eine Gesamtplanung nicht stattfindet, hat schon dies – wie auf der vierten Ebene deutlich werden wird – mittelbaren Einfluss auf Verteilungsentscheidungen. Auf der anderen Seite hat ein Gesundheitssystem auch in ethischer Hinsicht Einfluss auf Einzelentscheidungen. In der Berufsordnung der BÄK von 1994 heißt es bei den allgemeinen ethischen Prinzipien, nach denen Ärzte zu handeln haben:

„Der Arzt dient der Gesundheit des einzelnen Menschen und des gesamten Volkes. (...) Die Aufgabe des Arztes ist es, das Leben zu erhalten, die Gesundheit zu schützen und wiederherzustellen sowie das Leiden zu lindern. (...)."

Auf der dritten Ebene befindet man sich in einem abgegrenzten Zweig der Medizin, in dem Entscheidungen ausschließlich für den jeweiligen Bereich getroffen werden. Im Bereich der Transplantationsmedizin ist eine Rahmenbedingung der Allokation der Bereich Medizinisches Wissen, Forschung, Technik. Wissensstand und Therapieerfolg sind in den verschiedenen Transplantationsarten unterschiedlich. Die Frage der Vergabe muss daher für jedes Organ gesondert beantwortet werden. Außerdem spielt die Finanzierung einer Organtransplantation eine wichtige Rolle, da die finanziellen Aufwendungen für eine solche Operation sehr hoch sind. Ebenso kommt den Bereichen Recht und Ethik eine besondere Bedeutung zu. Vor dem Inkrafttreten des TPG hatte sich die rechtliche Beurteilung aus allgemeinen Grundsätzen wie dem grundgesetzlich verbürgten Selbstbestimmungsrecht, dem Persönlichkeitsrecht und zivilrechtlichen Grundsätzen ergeben.

Zur Frage des Organaustauschs beziehungsweise der Organvermittlung enthielt der von der Arbeitsgemeinschaft der Transplantationszentren Deutschlands im Jahre 1987 niedergelegte Transplantationskodex[37] unter Punkt 8 folgende Bestimmung:

---

37 DTG, Transplantationsmedizin 1995, S. 154 ff.; seit dem am 1. Dezember 1997 in Kraft getretenen TPG sind die Rahmenbedingungen der Organtransplantation gesetzlich festgelegt. Das Gesetz enthält in § 10 Abs. 2 Nr. 2 und § 12 Abs. 3 S. 1, 2 auch Regeln zur Frage der Organzuteilung.

„Dringlichkeit der Transplantation und Erfolgsaussichten beim Empfänger entsprechend der Histokompatibilität bestimmen vorrangig Organvermittlung und Organaustausch. Jeweils aktuelle Empfehlungen unter Verwertung neuester Ergebnisse sowie die Abstimmung hierüber sind ein zentraler Aufgabenbereich der Arbeitsgemeinschaft in Zusammenarbeit mit der Eurotransplant Foundation."

Nicht zu unterschätzen ist auf dieser Ebene auch der Einfluss der Medien. Die Darstellung der Transplantationsmedizin in der Öffentlichkeit ist entscheidend dafür, ob die Transplantationsmedizin akzeptiert wird. Dies wiederum hat Auswirkung darauf, ob sich der Einzelne dazu entschließt, selbst Organspender zu werden.

Auf der vierten Ebene handelt das jeweilige Transplantationszentrum. Aufgrund der medizinischen, ökonomischen und personellen Selbstständigkeit sind die einzelnen Zentren unterschiedlich ausgestattet. Zudem gibt es, was Indikation, Therapie und Allokation betrifft, keinen einheitlichen zentrumsübergreifenden Standard.[38] Die Wartelisten der Transplantationszentren sind unterschiedlich lang, was wiederum direkten Einfluss auf die Allokation hat. Wenn ein Organ nicht an Eurotransplant abgegeben werden muss, so kann das Zentrum über das Organ selbst verfügen.[39] Jedes Transplantationszentrum hat dabei seine eigene „Institutsethik".

Die konkrete Allokationsentscheidung wird schließlich vom Transplantationschirurgen getroffen. Er ist an medizinische, institutionelle, ökonomische, rechtliche und ethische Vorgaben gebunden. Zusätzlich gehen aber auch seine individuellen bewussten und unbewussten Einstellungen in die Vergabeentscheidung mit ein. Zudem kann nur er beurteilen, wie sich der Krankheitsverlauf eines Patienten in der letzten Zeit entwickelt hat oder mit welcher Wahrscheinlichkeit in nächster Zeit ein vielleicht besser geeignetes Organ angeboten werden wird. Aufgrund solcher Überlegungen fordern die Mediziner auch die Beibehaltung eines Ermessensspielraums für die konkrete Entscheidung.[40]

Das Kontextmodell macht deutlich, dass auf allen Entscheidungsebenen ethische Prinzipien neben medizinischen Begründungen und solchen der technischen oder ökonomischen Realisierbarkeit nur einer von mehreren

---

38 Vgl. ausführlich dazu *Schmidt*, a.a.O., S. 99 ff.
39 Ob diese Möglichkeit künftig weiterhin besteht, wird im vierten Kapitel untersucht werden. Aufgrund der Regelung des § 12 Abs. 3 S. 2 TPG, wonach die Wartelisten der einzelnen Transplantationszentren als einheitliche Warteliste zu behandeln sind, ist die bisherige Praxis des ausschließlich für sich handelnden Transplantationszentrums bzw. der Zentren in einer Region zumindest problematisch.
40 Vgl. *Pichlmayr*, Lebenschance Organtransplantation, S. 148.

Gesichtspunkten sind. Von den Entwicklern dieses Modells wird daher keine abstrakte Prinzipiendiskussion ethischer Gesichtspunkte, sondern eine konkrete ethische Erörterung der Vergabeverfahren gefordert.

1.2 Zwischenergebnis

Aus beiden aufgezeigten Modellen ergibt sich, dass auf den Ebenen, auf denen man sich der konkreten Entscheidungssituation nähert, verstärkt ergebniskonsequentialistische Elemente Eingang finden.

2 Philosophische Gerechtigkeitstheorien unter dem Aspekt der Verteilungsgerechtigkeit

Innerhalb der Gerechtigkeitstheorien lassen sich drei Denkrichtungen unterscheiden: der Utilitarismus, die Denkrichtung der sozialen Gleichheit und der Liberalismus. Diesen drei Hauptrichtungen liegen unterschiedliche Werturteile zugrunde. Während bei der utilitaristischen Gerechtigkeitskonzeption der Gesamtnutzen einer Gesellschaft im Mittelpunkt steht, erachten die Liberalisten die individuelle Freiheit und die Vertreter der sozialen Gleichheit eine durch einen Sozialkontrakt abgesicherte Fairness als ausschlaggebenden Wert.

2.1 Der Utilitarismus

Der Utilitarismus hat seinen Ursprung bei den Hedonisten der antiken Ethik. Der Hedonismus ist eine reine Lustlehre, die den Sinnengenuss für das höchste hält. Er geht von der Annahme aus, dass jeder Mensch nur nach Lust strebt, weil er darin sein Glück findet.[41]

Dagegen fordert der Utilitarismus, als dessen Begründer *Jeremy Bentham* (1748–1832)[42] und *John Stewart Mill* (1806–1873)[43] bezeichnet werden, als den Endzweck des Handelns das Erstreben des allgemeinen Glücks als das höchste Gut. Der Utilitarismus wird als der Prototyp der sogenannten Erfolgsethik betrachtet, weil er die Richtigkeit und Falschheit des Handelns nicht von der Gesinnung oder von den Motiven des Handelnden abhängig macht[44], sondern nur vom Wert der Folgen.

---

41 Näher dazu *Köhler*, Zur Geschichte und Struktur der utilitaristischen Ethik, S. 5 ff.
42 *Bentham*, The works of Jeremy Bentham, o.S.
43 *Mill*, Utilitarianism, S. 251 ff.
44 So aber die Kant'sche Ethik, für die der Maßstab für die menschlichen Handlungen das an sich Gute ist; die Prädikate der sittlichen Beurteilung beziehen sich dabei auf die Gesinnung und nicht auf die Handlung oder gar deren äußere Folgen, *Kant*, Grundlegung zur Metaphysik der Sitten, S. 10 ff.

Die utilitaristische Denkrichtung ist damit handlungskonsequentialistisch ausgerichtet. Der Utilitarismus ist eine teleologische Theorie, bei der oberstes Ziel die Nutzenmaximierung ist. Gemeinsam sind dem Hedonismus und dem Utilitarismus zwei Prinzipien: zum einen muss das Handeln durch einen Endzweck gerechtfertigt sein, zum anderen ist das einzige Ziel des Menschen das Streben nach Glück. Der Utilitarismus unterscheidet sich jedoch dadurch vom Hedonismus, dass der Endzweck des Handelns nicht mehr das individuelle, sondern das allgemeine Glück ist.[45] Demzufolge muss der Einzelne unter Umständen erhebliche Nachteile zugunsten anderer Mitglieder der Gesellschaft hinnehmen. Der Gesamtnutzen einer Gesellschaft ergibt sich aus der Addition der befriedigten Einzelbedürfnisse, welche nutzenmaximierend verteilt werden. Demnach ist die Verteilung der Güter im Utilitarismus nicht gleichgültig. Es soll aber diejenige Verteilung gewählt werden, aus der die Gesellschaft insgesamt den größtmöglichen Nutzen zieht.

Innerhalb des Utilitarismus wird zwischen Handlungs- und Regelutilitarismus unterschieden.

Der Handlungsutilitarismus folgt dem oben dargestellten reinen Konsequenzenprinzip. Nach *Smart*[46] hat dabei jeder Einzelne die Folgen seines Handelns selbst zu beurteilen. Etwaige Regeln sollen den Handelnden nicht binden, sondern lediglich Entscheidungsrichtlinien sein, von denen auch abgewichen werden kann, in geeigneten Fällen auch abgewichen werden soll. Einzige Regel für den Handlungsutilitarismus ist die Maximierung des Wohlergehens. Da im Mittelpunkt nicht die Verteilung des Nutzens steht, kennt der Handlungsutilitarismus die Gerechtigkeit nicht als sittlich-normativen Begriff.

Aus utilitaristischer Sicht ergibt sich dennoch oftmals eine Gleichverteilung, welche jedoch nicht moralischen Prinzipien entspringt, sondern der Erwartung einer Nutzenmaximierung.[47]

Der Regelutilitarismus leitet sich aus der Überlegung her, dass es in der Gesellschaft zu Unruhen führen würde, wenn jeder Mensch selbst zu beurteilen hätte, welche Handlung die jeweils günstigsten Folgen nach sich zieht. Nur durch die Regelhaftigkeit einzelner Handlungen könnten die Aktionen der anderen abzusehen und abzuschätzen sein.[48] Der Regelutilitarismus hält es für notwendig, das ethische Verhalten nach Regeln zu beurteilen. Erst die Regel selbst wird dann am Utilitätsprinzip

---

45 Ausführlicher dazu *Engin-Deniz*, Vergleich des Utilitarismus, S. 13; *Köhler*, a.a.O., S. 8.
46 *Smart*, Extreme and Restricted Utilitarianism, S. 345 ff.
47 *Smart*, Distributive Justice and Utilitarianism, S. 104.
48 S. dazu näher *Engin-Deniz*, a.a.O., S. 18.

gemessen. Für diese Auffassung spricht vor allem, dass die Orientierung des Menschen an vorhandenen moralischen Regeln seine Entscheidungsfindung erleichtert.

Mit dem Regelutilitarismus wird das reine Konsequenzenprinzip aufgegeben, und es findet eine kritische Auseinandersetzung mit den Fragen der Gerechtigkeit statt. *Hare*[49] differenziert zwischen verschiedenen Arten von Gerechtigkeit, indem er drei Ebenen moralischen Denkens unterscheidet: eine meta-ethische, eine intuitive und eine kritische Ebene. Auf der ersten Ebene wird der Versuch gemacht, notwendige Eigenschaften von Moralkonzepten festzulegen. Dies bezeichnet *Hare* als formale Gerechtigkeit. Auf der intuitiven Ebene machen die Menschen Gebrauch von „prima facie"-Moralgrundsätzen, die nicht hinterfragt werden. Erst auf der dritten Ebene erfolgt eine kritische Untersuchung und Auswahl der Moralgrundsätze, um daraus ein System von Prinzipien abzuleiten, deren Rechtfertigung durch die Intuition allein nicht möglich wäre. Gerechtigkeitsgrundsätze müssten an den tatsächlich vorhandenen Eigenschaften der Menschen ausgerichtet sein und könnten sich demzufolge auch im Zeitablauf ändern.

Der klassische Utilitarismus ist von *Rawls*[50] seinerzeit wegen der Nichtanerkennung der Gerechtigkeit als fundamentales ethisches Konzept heftig kritisiert worden. *Rawls* unterscheidet bei den Gerechtigkeitstheorien zwischen deontologischen und teleologischen Konzepten und ordnet seine Theorie den deontologischen zu, bei der eine Priorität der Rechte/des Gerechten gegenüber dem Guten, welches er als Befriedigung rationaler Wünsche definiert[51], vorliegt. Seine Konzeption beruht auf dem Gedanken, dass Fairness und Gleichheit trotz Verschiedenheit der Individuen gewährleistet werden sollen.

2.2 Die soziale Gleichheit

Mit seiner als Reaktion auf seine Kritik an der utilitaristischen Sichtweise entwickelten, im Jahre 1971 veröffentlichten „Theory of Justice" brachte *Rawls*[52] neue Aspekte in die Diskussion über Gerechtigkeitstheorien. Er geht davon aus, dass die Menschen in der Gesellschaft einen Gerechtigkeitssinn haben und die Frage, was Gerechtigkeit sei, in einem bestimmten Verfahren rekonstruiert werden müsse. Dazu bedient er sich der Fik-

---

49 *Hare*, Justice and Equality, S. 117 f.
50 *Rawls*, A Theory of Justice, S. 29 ff.
51 *Rawls*, a.a.O., S. 30.
52 *Rawls*, a.a.O., S. 11.

tion eines Gesellschaftsvertrages, dessen Bedeutung im Bindungswillen liegt, den alle Vertragspartner darin zum Ausdruck bringen. Jeder kann sich darauf verlassen, dass die vereinbarten Regeln eingehalten werden. Zur Bestimmung der Gerechtigkeitsgrundsätze geht *Rawls*[53] von einem hypothetischen Urzustand, der „original position", aus, in dem die Mitglieder der Gesellschaft festlegen, wie später auftretende Ansprüche reguliert werden sollen. Diese Auswahl erfolgt hinter einem Schleier des Nichtwissens, des „veil of ignorance", denn der Einzelne kennt weder seine tatsächliche Position in der Gesellschaft noch seine persönliche Ausstattung an Fähigkeiten, Talenten und Präferenzen.

Auch *Brennan* und *Buchanan*[54] bezeichnen jenes Verhalten als gerecht, das berechtigte Erwartungen erfüllt. Erwartungen gehen auf Regeln und Institutionen zurück. Der Sinn von Regeln und Institutionen besteht gerade darin, wechselseitige Verhaltenserwartungen zu stabilisieren und sie zu garantieren. Das Problem der „sozialen Gerechtigkeit", das in der Beurteilung solcher Regeln liegt, lösen sie, indem sie zur moralischen Beurteilung von Regeln andere, nämlich höhere Regeln rekonstruieren. Diese Konzeption von „sozialer Gerechtigkeit" beruht letztlich auf der Festlegung der Institutionen im grundlegenden Verfassungsvertrag in der Demokratie, in dem die Betroffenen selbst und gemeinsam festlegen, nach welchen normativen Gesichtspunkten sie miteinander umgehen wollen. Ein ‚externes' Gerechtigkeitskriterium ist damit unmöglich geworden.

Dieser Fairnessgedanke ist dem Handlungsutilitarismus fremd. Er ist lediglich im Ansatz im Regelutilitarismus vorhanden. Im Utilitarismus wird Gerechtigkeit nicht aus dem Gerechtigkeitssinn der Menschen abgeleitet, sondern aus einer Funktion kollektiven Wohlergehens. So sind von den Utilitaristen auch keine Theorien der gerechten Verteilung entwickelt worden. Das Nutzenmaximierungsprinzip macht deutlich, dass es solche Regeln nicht gibt. Gerechtigkeit ist schon durch Nutzenmaximierung erreicht.

Rawls[55] geht davon aus, dass bei der Festlegung von Regeln im hypothetischen Urzustand dem Prinzip der Freiheit im Sinne der größtmöglichen gleichen Freiheit für alle (principle of equal liberty) oberste Priorität eingeräumt wird. Des Weiteren würde man die Gewährleistung einer fairen Chancengleichheit (principle of fair equality of opportunity) fordern, die verlangt, dass gesellschaftliche Positionen nicht nur jedermann offen stehen, sondern jedermann auch eine faire Chance haben

---
53 *Rawls*, a.a.O., S. 12.
54 *Brennan/Buchanan*, The Reason of Rules, S. 97 ff.
55 Vgl. *Rawls*, a.a.O., S. 65 f.

muss, sie zu erlangen. Ähnlich motivierte und talentierte Menschen sollten einen gleichen Zugang z.b. zu einer Ausbildung und zum Einkommenserwerb haben, unabhängig von ihrer anfänglichen gesellschaftlichen Stellung. Zudem wird man zu der Erkenntnis kommen, dass Ungleichheiten nur dann gerecht sind, wenn das jeweils am schlechtesten gestellte Individuum dadurch besser als in jedem zulässigen Vergleichszustand gestellt ist. Diese Forderung, die von *Rawls* als Differenzprinzip (difference principle) bezeichnet wird, impliziert, dass der Nutzenverlust einiger Wirtschaftssubjekte nicht durch den Nutzengewinn anderer kompensiert werden kann.

Rawls „Theorie der Gerechtigkeit" zeichnet sich stark durch das Plädoyer für die Wahrung individueller Grundfreiheiten aus.[56] Die Einräumung von Grundrechten ist dagegen innerhalb einer utilitaristischen Grundordnung nur möglich, wenn zwischen Grundrechten und Utilitätsprinzip kein Widerspruch besteht. Die Einhaltung beispielsweise des Grundrechts auf Leben ist im Utilitarismus nur insofern bedeutsam, als sie der Erreichung des maximalen gesellschaftlichen Nutzens dienlich ist. Durch eine strikte Anwendung des Nutzenprinzips wird aber die moralische Integrität des Einzelnen verletzt. Er ist möglicherweise gezwungen, gegen seine Einstellung zu handeln, so z.B., wenn ihm befohlen wird, einen Menschen zu töten, um damit zehn andere vor dem sicheren Tod zu bewahren. Nach utilitaristischen Kriterien ist dies die beste Lösung. Zwar dient die Einhaltung des Nutzenprinzips auch dem Schutz des Lebens, aber das Recht auf Leben eines Einzelnen wird dadurch verletzt.

Die utilitaristische Ethik hat hierzulande weitaus weniger philosophische Anerkennung gefunden als zum Beispiel in den angelsächsischen Ländern, wo der Utilitarismus lange Zeit die vorherrschende Gerechtigkeitstheorie war. Der idealistisch und historisch gestimmten deutschen Philosophie ist die empiristisch geprägte utilitaristische Ethik fremd geblieben, was wahrscheinlich auf den Einfluss Kants und seine Art der Begründung eines Moralprinzips zurückzuführen ist.[57]

Dem Utilitarismusprinzip fehlt die Möglichkeit seiner universellen Anwendbarkeit. Der Utilitarismus ist dennoch eine wichtige Theorie, obwohl er nicht für alle Probleme moralischen Denkens, zum Beispiel dem der Verteilungsgerechtigkeit, einen Lösungsansatz bietet. Er macht

---

56 Vgl. *Rawls*, a.a.O., S. 26; eine ausführliche Einführung insgesamt gibt *Kley*, John Rawls Theorie der Gerechtigkeit, o.S.
57 S. dazu *Köhler*, a.a.O., S. 5 ff.; *Müller, A.*, Die sozial- und wirtschaftsphilosophische Bedeutung des Utilitarismus, S. 52 ff.

aber den Umfang moralischer Überlegungen besser sichtbar. In diese Richtung gehen auch die Worte des Utilitarismuskritikers *Williams*[58], der sein Werk „Kritik des Utilitarismus" mit den Worten schließt:

„Der Utilitarismus ist in mehr als einer Hinsicht ein wichtiges Thema (...). Eines seiner wichtigsten Merkmale (...) ist das Ausmaß, in dem er gegen die Vielfältigkeit moralischen Denkens anrennt: teilweise wegen seines Konsequentialismus, teilweise wegen seines Glücksbegriffs usw. Ein gemeinsames Element in der utilitaristischen Darstellung all dieser Belange ist nach meiner Ansicht die große Einfältigkeit des Utilitarismus. Das ist überhaupt nicht dasselbe wie ein Mangel an intellektueller Differenziertheit (...). Einfältigkeit besteht darin, zu wenig Gedanken und Gefühle zu haben, um die Welt, wie sie ist, zu begreifen. (...) Die wichtigen Fragen, die der Utilitarismus stellt, sollten in Zusammenhängen erörtert werden, die vielversprechender sind als die des Utilitarismus. (...)"

2.3 Der Liberalismus

Liberalismus nennt man alle Lehren und politischen Bewegungen, die das Zusammenleben der Menschen auf dem sogenannten Individualprinzip erklären und regeln wollen.[59] Während der klassische Liberalismus in stärkerem Maße von der Überzeugung geleitet war, Wirtschaft und Gesellschaft werden ihr Optimum erreichen, wenn sich die Wirtschaft möglichst „naturwüchsig" entwickelt, also weitgehend ohne staatliche Korrekturen, folgte der Neoliberalismus des 20. Jahrhunderts der geschichtlichen Erkenntnis, dass ein solches System zur Stärkung der Starken und Schwächung der Schwachen führt. Von den Neoliberalen wird daher ein starker Staat befürwortet, der zwar nicht willkürlich in den wirtschaftlichen Ablauf eingreifen soll, aber strenge allgemein verbindliche Verhaltensregeln für die Wirtschaftsteilnehmer aufstellt und über deren Einhaltung wacht.

Gemeinsam ist dem klassischen Liberalismus und dem Neoliberalismus der Wunsch, maximale individuelle Freiheitsräume zu schaffen, in denen die Einzelnen ihren eigenen Wertvorstellungen und Neigungen folgen.

In der Liberalismusdebatte gibt es deontologische und teleologische Begründungen der individuellen Freiheit.

In seinem 1974 erschienenen Buch „Anarchy, State and Utopia" vertritt *Nozick* einen streng deontologischen Liberalismusbegriff, nach dem eine Einschränkung einzelner individueller Freiheitsrechte weder zu-

---

58 *Williams*, A critique of utilitarianism, S. 149 f.
59 *Recktenwald*, Wörterbuch der Wirtschaft, o.S.

gunsten anderer Grundrechte noch zugunsten von Handlungsfolgen zulässig ist.[60] Er plädiert für einen Minimalstaat, der keinerlei soziale Umverteilung praktiziert, sondern lediglich das Eigentum gegen Gewalt, Diebstahl und Betrug schützen und im Übrigen auf die Einhaltung von Verträgen achten soll. Im Hinblick auf die Verteilungsgerechtigkeit formuliert *Nozick*[61] eine Anspruchstheorie, nach der eine Verteilung dann gerecht ist, wenn jedes Wirtschaftssubjekt auf seinen Besitz im Sinne der Grundsätze der gerechten Aneignung und Übertragung Anspruch hat. Ist der Besitz jedes Einzelnen gerecht, so ist dies auch die daraus resultierende Verteilung. Die Anspruchstheorie fragt nicht nach Kriterien wie Bedarf, Leistung oder Wunsch, sondern danach, wie ein Verteilungsergebnis entstanden ist. Damit kommt zum Ausdruck, dass eine gerechte Güterverteilung – im Gegensatz zu den anderen Denkrichtungen – nicht als Ergebnis eines sozialen Entscheidungsprozesses angesehen wird.

Die Anspruchstheorie ist jedoch nur für private Güter entwickelt worden, öffentliche Güter und Externalitäten sind nicht in die Betrachtung einbezogen worden. Damit bleibt unklar, wie insoweit im Rahmen seines liberalistischen Konzepts verfahren werden soll.

Gauthier[62] leitet seine Gerechtigkeitsgrundsätze aus einer Theorie des gegenseitigen Vorteils ab. Danach liegt es im Interesse eines jeden, bestimmte Rechte zu respektieren, die benötigt werden, um eine annähernde Chancengleichheit in Verhandlungssituationen über soziale Interaktionen zu schaffen und damit dem Anspruch der Fairness zu genügen. Die liberalistische Sichtweise ist dadurch gekennzeichnet, dass der Nutzen aus Handlungen ausschließlich demjenigen zustehen soll, der ihn erzielt hat. Ansonsten bestünde die Gefahr parasitären Verhaltens.

Peacock und *Rowley*[63] als Vertreter eines schwächer ausgeprägten Liberalismusbegriffs befürworten eine Kompensation zwischen individuellen Rechten, nicht aber zwischen Rechten und Handlungsfolgen.

Eine stärker teleologische Ausrichtung erfährt der Freiheitsbegriff bei dem Nationalökonomen *Hayek*.[64] Die Unkenntnis der Menschen ist dabei der zentrale Aspekt innerhalb seines liberalistischen Konzepts. Das Erreichen der Ziele und Wohlfahrt einer Gesellschaft hängt von vielen

---

60 Später hat sich Nozick in seinen Ansichten weit von diesem Radikalliberalismus entfernt, s. dazu *Nozick*, The examined Life, o.S.
61 *Nozick*, Anarchy, State and Utopia, S. 144 ff.
62 Vgl. *Gauthier*, Morals by Agreement, S. 219.
63 *Rowley/Peacock*, Welfare economics, S. 1 ff.
64 *v. Hayek*, Die Verfassung der Freiheit, S. 37 ff.

Faktoren ab, die nicht jedem Einzelnen alle bekannt sind. Aufgrund dieser Unwissenheit ist kein Individuum in der Lage, durch eine bewusste Lenkung der Handlungen aller Gesellschaftsmitglieder bestimmte Ziele wie etwa die Steigerung der Wohlfahrt zu verfolgen. Es bedarf der individuellen Freiheit für jeden Menschen. Die Unkenntnis kann aber nur durch wechselseitig angepasste Handlungen vieler Menschen reduziert werden. Zur Gewährleistung persönlicher Freiheit, die *Hayek* als wichtigsten Grundsatz einer Gesellschaft erachtet und die er definiert als Unabhängigkeit der Menschen von der Willkür anderer[65], bedarf es damit eines rechtlichen Rahmens. Die Regeln und Gesetze sollten unpersönlich, abstrakt und vorhersehbar sein. Nur so sei sichergestellt, dass sie frei von Willkür seien.[66] Innerhalb der Regeln sind die Individuen dazu befähigt, ihren persönlichen Nutzen im Rahmen der für sie verfügbaren Mittel zu maximieren. Nach Auffassung *Hayek's*[67] ist es dabei nicht möglich, eine gesellschaftliche Nutzenfunktion[68] zu erstellen. Aufgrund der Unwissenheit sei es zunächst nicht möglich, dass von Anfang an und mit dauerhafter Gültigkeit die richtigen Regeln feststünden. Es müsse vielmehr ein ständiger Wettbewerb zwischen den Prinzipien stattfinden, bei dem die als richtig erkannten Regeln Bestand haben bzw. neu hinzukommen und die falschen Grundsätze herausfallen.

Als notwendige Bedingung für die Freiheit fordert *Hayek*[69] die Gleichheit der allgemeinen Gesetzes- und Verhaltensregeln für alle Gesellschaftsmitglieder, d.h. die Verschiedenheit der Menschen rechtfertigt keine unterschiedliche Behandlung durch den Staat. Differenzen aus natürlichen Fähigkeiten oder sozialen Umständen sollen nicht kompensiert werden, da ansonsten der Grundsatz der individuellen Freiheit verletzt würde.

---

65 *v. Hayek*, a.a.O., S. 15, Hayek differenziert i.Ü. zwischen der von ihm definierten Freiheit als das Fehlen von Zwang und der politischen Freiheit und dem damit verbundenen Wahlrecht. Das Bestehen politischer Freiheit beinhaltet nicht zwangsläufig die individuelle Freiheit der Gesellschaftsmitglieder und umgekehrt, vgl. *v. Hayek*, a.a.O., S. 18.
66 *v. Hayek*, a.a.O., S. 185.
67 *v. Hayek*, a.a.O., S. 46.
68 Eine Nutzenfunktion listet die Faktoren, die zur Zufriedenheit – zum Nutzen – des Menschen beitragen, in einer Skala auf – und zwar in der Reihenfolge der Wichtigkeit, die ihnen der einzelne Mensch beimisst; s. dazu *Lüling*, Die innere Freiheit des Menschen, S. 81; nach Hayek ist es unmöglich die Faktoren, die die einzelnen Menschen für ihre individuelle Zufriedenheit benötigen, für eine ganze Gesellschaft in einer Werteskala unterzubringen.
69 *v. Hayek*, a.a.O., S. 105 ff.

Der Liberalismus stellt grundsätzlich eine ergebniskonsequentialistische Sicht dar. Dies wird bei der deontologischen Begründung der individuellen Freiheit deutlich. Durch den teleologischen Freiheitsbegriff wird dieser Ergebniskonsequentialismus aber abgeschwächt und handlungskonsequentialistische Elemente finden Eingang. Die Sinnhaftigkeit einer Regelung wird an ihren Wirkungen gemessen.

2.4 Der Kommunitarismus

Der Kommunitarismus kann als Liberalismuskritik verstanden werden, obwohl er im Prinzip das liberale Denken verteidigt.[70] Innerhalb des Kommunitarismus gibt es – wie bei den anderen Denkrichtungen auch – verschiedene Theorien[71], die aber bestimmte Charakteristika teilen. Von der Annahme ausgehend, dass eine liberale Ideologie dazu führt, dass ein Konkurrenzkampf aller gegen alle stattfindet und so vorhandene soziale Bindungen zerstört werden, die bis zum Scheitern der freiheitlichen Demokratie führen können, setzen sich die Kommunitarier für die Einbettung des Individuums in ein Gemeinwesen ein.

Walzer[72] kann als der wichtigste Kommunitarier bezeichnet werden. Er ist der Auffassung, dass es hinsichtlich der Distributionsvorgänge in einer Gesellschaft weder einen singulären Ort der Entscheidung noch ein singuläres Kriterium oder ein singuläres Set von miteinander verknüpften Kriterien gibt, die für alle Verteilungsvorgänge gleichermaßen gelten könnten. Im Gegensatz zu den meisten Philosophen, die nach einer dem Ganzen zugrunde liegenden Einheitlichkeit suchen und für die es nur ein einziges philosophiefähiges bzw. philosophisch begründbares Verteilungssystem gibt, entscheidet er sich für den Pluralismus, da er der Auffassung ist, dass die Suche nach Einheitlichkeit den Gegenstand der distributiven Gerechtigkeit missverstehe und verfehle. Es gäbe „Sphären der Gerechtigkeit", innerhalb derer die verschiedenen Güter entsprechend ihrer sozialen Bedeutung verteilt werden sollten.[73] Hinsichtlich der Sphäre der Sicherheit und Wohlfahrt, zu der auch die medizinische

---

70 S. dazu näher *Reese-Schäfer*, Was ist Kommunitarismus?, S. 122.
71 Einen Überblick über die verschiedenen Theorien des Kommunitarismus und seine Vertreter gibt *Reese-Schäfer*, a.a.O., o.S.
72 *Walzer*, Sphären der Gerechtigkeit, S. 28 f.
73 *Walzer*, a.a.O., S. 30; s. dazu auch *Ach*, Von Natur aus knapp, S. 37; *Reese-Schäfer*, a.a.O., S. 134 ff.

Versorgung der Gemeinschaftsmitglieder gehört, seien drei Prinzipien ausschlaggebend:[74]

Prinzip I: Jede politische Gemeinschaft muss den Bedürfnissen ihrer Mitglieder in der ihnen von allen gemeinsam beigelegten Bedeutung nachkommen.

Prinzip II: Die zur Verteilung gelangenden Güter müssen gemäß den Bedürfnissen verteilt werden.

Prinzip III: Die Verteilung muss die allem zugrunde liegende Gleichheit der Mitglieder anerkennen und bewahren.

2.5 Zwischenergebnis

Die unterschiedlichen Denkrichtungen nähern sich mit unterschiedlichen Fragestellungen dem Problem der Verteilungsgerechtigkeit. *Rawls* untersucht Fragen eines gerechten Verteilungsprozesses. *Nozick* stellt unabhängige Kriterien einer gerechten Verteilung auf. Dabei halten sowohl liberalistische als auch die kontraktualistischen Gerechtigkeitstheorien die *Rechte* für zentral und beurteilen Verteilungsergebnisse vorrangig danach, ob sie auf eine faire Art und Weise zustande gekommen sind. Der Kommunitarismus stellt zusätzlich die Bedürfnisse des Individuums in den Vordergrund. Der Utilitarismus geht dagegen mehr vom Verteilungsergebnis als vom Verteilungsprozess aus, so dass es nicht verwundert, dass keine Theorien der gerechten Verteilung entwickelt worden sind. Dies hat *Rawls* getan, aber aus seinem Modell sind keine konkreten Verteilungskriterien abzuleiten. Insgesamt lässt sich sagen, dass keine Theorie darüber Auskunft gibt, wie Güter zu verteilen sind.

Nach *Gethmann*[75] könne es aber auch nicht Aufgabe einer philosophischen Gerechtigkeitstheorie sein, materiale Vorschriften für konkrete Verteilungsprobleme zu empfehlen. Es gehe vielmehr um Regeln für Verfahren, an deren Ende die Betroffenen möglichst zu einer einvernehmlichen Verteilung gelangen.[76]

Bei den Kriterien für die Beurteilung der Ressourcenzuteilung sind sowohl handlungs- als auch ergebniskonsequentialistische Ausrichtungen vertreten. Eine eindeutige Einordnung zu einer Ausrichtung allein ist angesichts der innerhalb der Denkrichtungen vorgenommenen Modi-

---

74 Walzer, a.a.O., S. 134, zur Herleitung dieser Prinzipien s. S. 108 ff., insbesondere S. 127 ff.; Ach stellt fest, dass die „gegenwärtig" geltende Regelung der Verteilung von Spenderorganen mit diesen Prinzipien durchaus kompatibel sei, Ach, a.a.O., S. 37.
75 Gethmann, Ethische Probleme der Verteilungsgerechtigkeit, S. 8.
76 Die Vertreter des Kontextmodells heben ebenfalls hervor, dass es mehr auf das Verteilungsverfahren ankommt, s. dazu unter 1.1 b) in diesem Kapitel.

fikationen, die zu einer Annäherung der einzelnen Theorien geführt haben, kaum möglich. Gemeinsam ist allen Theorien, dass sie den Anspruch auf Unpersönlichkeit und Allgemeingültigkeit stellen. Einigkeit besteht darin, dass weder Regeln aufgestellt noch Rechte eingeräumt werden dürfen, die einem Individuum einen ungerechtfertigten Vorteil verschaffen.

3 Ergebnis der philosophischen Betrachtung für die Organallokation

Der Utilitarismus würde bei der Organverteilung z.B. sozialen Kriterien ausschlaggebende Bedeutung beimessen, wenn der soziale Wert einer Person als Funktion zum erwarteten zukünftigen Bruttosozialprodukt bestimmt werden könnte. Zusätzlich zu der aus dem Gebot des Art. 2 Abs. 2 S. 1 GG folgenden Lebenswertindifferenz wendet *Ach*[77] ein, dass sich weder der soziale Wert eines Menschen noch der soziale Wert einer Organübertragung „in Mark und Pfennig" berechnen lasse. *Höffe*[78] konstatiert die Unvereinbarkeit des Utilitarismus mit unseren moralischen Intuitionen. Jedem Menschen würden unveräußerliche Rechte zugesprochen, der Utilitarismus dagegen verrechne das Wohlergehen des einen gegen das des anderen, wenn im Konfliktfall das Leben eines Kindes wichtiger als das eines älteren Menschen eingestuft wird, da mehr Lebensjahre gerettet werden. Analog dazu sei dann auch die Mutter von vier Kindern wichtiger als der Junggeselle.

Die Lehre des Utilitarismus verträgt sich im Bereich der Medizin zudem dort nicht, wo die Rechtsordnung das Individuum schützt. Durch das in Art. 2 Abs. 1 GG verbürgte Selbstbestimmungsrecht des Patienten kann sich dieser in gesundheitlichen Dingen so unvernünftig verhalten wie er will. Keiner muss nach den Maßstäben Dritter vernünftig sein.[79] So kann eine notwendige und nützliche Operation nicht durchgeführt werden, wenn der Patient die dafür erforderliche Einwilligung nicht gibt.

Eine Verteilung der Spenderorgane danach, welches Individuum zur Förderung des Nutzens für die Gesellschaft am meisten beiträgt, würde auch den Prämissen des deutschen Arztrechts, nach denen der Arzt die Verantwortung gegenüber dem Patienten als Einzelperson trägt und Patientenrechte gegenüber übergeordneten öffentlichen Interessen ge-

---

77 *Ach*, a.a.O., S. 42.
78 *Höffe*, FAZ vom 22. Februar 1997, S. 1.
79 Minderheitsvotum zu BVerfG, NJW 1979, S. 1925, 1932 f.

schützt werden sollen[80], zuwiderlaufen. Die handlungskonsequentialistisch orientierten Entscheidungsregeln des Utilitarismus treffen im Gesundheitswesen auf Regeln des ärztlichen Verhaltens, bei denen der Ergebniskonsequentialismus eine bedeutende Rolle spielt.

Unter Zugrundelegung der *Rawls*'schen Gerechtigkeitstheorie lassen sich zwar keine konkreten Verteilungskriterien als vorzugswürdig ausweisen, es können aber einige denkbare Verteilungskriterien als unangemessen ausgeschlossen werden.[81] Wer über seine finanziellen Möglichkeiten und seinen sozialen Status in der Gesellschaft nichts weiß, wird aus eigenem Interesse eine Verteilung von Spenderorganen, die an Kriterien wie Zahlungsfähigkeit, sozialem Wert oder Alter ausgerichtet ist, ablehnen.

Eine liberalistische Sichtweise würde die Eigenverantwortung des Einzelnen in den Vordergrund stellen. Unser Gesundheitssystem ist aber von der Einbettung des Individuums in ein Solidarsystem gekennzeichnet, trägt also kommunitaristische Züge.

Den philosophischen Gerechtigkeitstheorien gelingt es nicht, allgemeine materiale Verteilungsvorgaben zu formulieren, die verlässlich zu gerechten Verhältnissen führen. Nach *Gethmann*[82] wird man die Erfüllung von Gerechtigkeitsvorstellungen an den Prozeduren festmachen müssen, die zur Erreichung einer Verteilung einzuhalten sind. Während die Gleichheit auf einer prozeduralen Ebene liege, ließe die materiale Verteilung durchaus Ungleichheit zu.

Obwohl die Gerechtigkeitstheorie vor allem eine Domäne der Philosophie ist, soll noch auf eine speziell ökonomische Sichtweise eingegangen werden, da sich vor allem die Ökonomie mit Verteilungsfragen von knappen Gütern befasst. Die Knappheit der Produktionsmittel, die für die Befriedigung menschlicher Bedürfnisse eingesetzt werden können, gilt als das zentrale ökonomische Problem. Es sind zu wenig Ressourcen vorhanden, um die Konsumwünsche aller Menschen bis zur vollen Sättigung zu befriedigen.[83] Knappe Ressourcen zu vergeuden, heißt deshalb auch, das gesellschaftliche Wohlbefinden zu schmälern.[84] Überhaupt macht erst die Knappheit ein Gut zu einem ökonomischen Gut. Sogenannte freie Güter stehen dagegen im Verhältnis zur Nachfrage theoretisch unbegrenzt zur Verfügung und sind damit nicht Gegenstand

---

80 Nachweise in Fn. 30.
81 S. auch *Ach*, a.a.O., S. 38 f.
82 *Gethmann*, a.a.O., S. 12 f.
83 *Sohmen*, a.a.O., S. 2 f.
84 *Blümel*, Die Allokation öffentlicher Güter, S. 29.

ökonomischer Entscheidungen. Als Diskrepanz zwischen Angebot und Nachfrage ist Knappheit also zunächst ein ökonomisches Phänomen.[85] Nach *Sohmen*[86] lässt sich der Gegenstand der Allokationstheorie in der Mikroökonomik kennzeichnen als der Versuch zur Beantwortung der Frage, wie die knappen Produktionsmittel, über die eine Gesellschaft beziehungsweise die Menschheit insgesamt verfügt, nach bestimmten Kriterien optimal genutzt werden können. Er betont aber, dass die Aufstellung von Kriterien für ein gesamtwirtschaftliches Optimum niemals „wertfrei" sein könne. Es gäbe auch in der Wirtschaftspolitik keine „objektiven", nicht mit menschlichen Wert- oder Vorurteilen behaftete Regeln. Die Auswahl von Beurteilungskriterien sei zwangsläufig subjektiv und mit steigender Zahl der Kriterien werde eine Gesamtbeurteilung schwieriger. Dies hieße aber wiederum nicht, dass die Gesamtbeurteilung als solche nicht völlig frei von jeder Ideologie oder persönlich gefärbten Werturteilen sein könne.

4 Ökonomische Theorien zum Problem der Güterallokation

4.1 Der Utilitarismus und der Liberalismus

Sowohl der Utilitarismus als auch der Liberalismus ist in der ökonomischen Wohlfahrtstheorie allgemein akzeptiert. Insbesondere der klassische Utilitarismus, wie ihn *Bentham* begründete, hatte den Anstoß für die Entwicklung der modernen Ökonomik gegeben.[87] Darüber hinaus hat sich vor allem die durch den Utilitarismus beeinflusste paretianische Wohlfahrtstheorie durchgesetzt.[88] Der wohlfahrtsökonomische Effizienzbegriff geht dabei über den Effizienzbegriff der „Wirtschaftlichkeit" hinaus. Es geht nicht nur um Optimierung einer Zweck-Mittel-Relation bei einem beliebig vorgegebenen Ziel. Es geht darum, dass Effizienz selbst das Ziel sein soll, an dem alle anderen Ziele gemessen werden.[89]

---

85 *Kloepfer/Reinert*, Umweltprobleme als Verteilungsprobleme, S. 25, dort Fn. 9.
86 *Sohmen*, a.a.O., S. 1.
87 S. näher dazu *Eidenmüller*, Effizienz als Rechtsprinzip, S. 57.
88 S. näher zu allen ökonomischen Theorien *Hamlin*, Ethics, Economics and the State, S. 60 ff.
89 *Eidenmüller*, a.a.O., S. 56.

4.2 Die paretianische Wohlfahrtstheorie

Begründer dieser Theorie ist der italienische Ökonom und Soziologe *Vilfredo Pareto* (1848–1923).[90] Das Allokationskriterium im Rahmen der wohlfahrtsökonomisch fundierten Nutzen-Kosten-Analyse ist das *Pareto*-Kriterium. Nach dem *Pareto*-Kriterium ist ein Zustand einem anderen Zustand vorzuziehen, wenn zumindest ein Individuum eine Erhöhung seines Nutzenniveaus erfährt und kein anderes benachteiligt wird. Anders ausgedrückt: Wenn irgendeine Möglichkeit gefunden wird, zumindest eine Person besser zu stellen, ohne jemand anderen zu benachteiligen, dann liegt eine Allokation vor, die *Pareto*-ineffizient ist.[91] Nutzen und Kosten von Maßnahmen werden nach dem Ansatz der maximalen Zahlungsbereitschaft ermittelt, bauen also prinzipiell auf individuellen Nutzen- und Kosteneinschätzungen auf. Die Nutzen-Kosten-Analyse in der wohlfahrtsökonomischen Tradition folgt damit eindeutig einem handlungskonsequentialistischen Konzept.[92]

Das Paretianische Werturteil erfährt allgemeine Akzeptanz, da es grundsätzlich immer verschiedene Möglichkeiten der Allokation gibt und man mit dem *Pareto*-Kriterium zu einer relativ weitgehenden Einschränkung der zulässigen Lösungsmöglichkeiten für die Organisation einer Volkswirtschaft kommt.[93] Das Konzept der *Pareto*-Effizienz, auch ökonomische Effizienz genannt, ist ein nützliches Kriterium zur Beurteilung von verschiedenen Arten der Ressourcenallokation und geeignet zum Vergleich von Möglichkeiten der Allokation. Dabei ist man sich bewusst, dass nach Anwendung dieses Auswahlkriteriums im Allgemeinen noch eine unendliche Vielzahl von „*Pareto*-optimalen" Zuständen verbleibt, die untereinander nicht mehr nach diesem Kriterium geordnet werden können. Für deren Rangordnung werden dann interpersonelle Nutzenvergleiche benötigt.[94]

Pareto-Effizienz sagt also nichts über die Verteilung der Wohlfahrt zwischen den Menschen aus, also zum Beispiel darüber, ob eine Alloka-

---

90 Das Hauptwerk des Nationalökonomen ist: Manuel d'Economie Politique, Paris 1909, 2. Auflage 1927, in englischer Übersetzung New York 1971 – hier insbesondere Kapitel VI, 33 –.
91 *Sohmen*, a.a.O., S. 30; *Varian*, a.a.O., S. 18, 289.
92 *Andreae/Theurl*, a.a.O., S. 20.
93 *Sohmen*, a.a.O., S. 30 f.
94 *Sohmen*, a.a.O., S. 31.

tion auch gerecht ist. Diesbezüglich sind Wohlfahrtskriterien entwickelt worden.[95]

Da ein gängiger Weg der Ressourcenallokation Warteschlangen sind, soll die Anwendung des *Pareto*-Kriteriums anhand eines Beispiels verdeutlicht werden, in dem untersucht wird, ob „Schlange stehen" zu einer *Pareto*-effizienten Allokation führt.[96]

> Die Universität verteilt Eintrittskarten für das Meisterschaftsspiel im Basketball. Jeder, der sich anstellt, erhält eine Gratiskarte. Die Kosten der Karte sind die Wartezeit. Jeder, der das Spiel unbedingt sehen will, wird vor dem Schalter Schlange stehen, um sicher eine Karte zu erhalten. Jene Personen, denen das Spiel nicht so wichtig ist, werden ein paar Minuten vor Öffnung des Schalters auf gut Glück vorbeischauen. Die Allokation der Karten erfolgt nach der Bereitschaft zu warten.

Es wird jetzt danach gefragt, ob jemand, der sich für eine Karte anstellte, und diese auch bekam, bereit wäre, diese jemand anderem zu verkaufen, der sich nicht anstellte. Dies wird voraussichtlich vorkommen, da die Wartebereitschaft und die Zahlungsbereitschaft zwischen den Menschen verschieden ist. Es können damit gegenseitig vorteilhafte Tauschgeschäfte gemacht werden.

Da also ein paar Leute im Allgemeinen bereit wären, nach dieser Art der Allokation Karten zu verkaufen, führt „Schlange stehen" nicht zu einem *Pareto*-effizienten Ergebnis.

Als anderes Beispiel mag die Sitzverteilung in einem Flugzeug oder im Zug dienen. Nach dem Grundsatz „first come – first served" erhält derjenige den in der Regel begehrten Fensterplatz, der zuerst eincheckt beziehungsweise reserviert. Dies heißt aber wiederum nicht, dass er diesen „Status" nicht weiterverkaufen oder tauschen würde.

Die Beispiele zeigen, dass die Anwendung einer „first come – first served" – Politik zu ökonomisch ineffizienten Ergebnissen führt.

5 Ergebnis der ökonomischen Betrachtung für die Organallokation

Am Beispiel der Ressourcenallokation mit Hilfe von Warteschlangen wurde deutlich, dass bei einer derartigen administrativen Regelung eine *Pareto*-optimale Allokation kaum möglich ist, da man damit der unter-

---

95 Zum Konzept einer Wohlfahrtsfunktion, in dem sich Gedanken des Utilitarismus, der sozialen Gleichheit und des Liberalismus wiederfinden, s. näher Varian, a.a.O., S. 518 ff.
96 Das Beispiel ist entnommen aus: Varian, a.a.O., S. 29.

schiedlichen Zahlungsbereitschaft der Menschen nicht gerecht wird. Da Organe den Patienten zugewiesen werden, eine Verteilung also „von oben her"[97] erfolgt, wird auch hier die gegebenenfalls unterschiedliche Zahlungsbereitschaft nicht beachtet.

Liegt dagegen eine Situation vor, in der die Menschen untereinander tauschen oder handeln können und ist die Zahlungsbereitschaft verschieden, kann der Marktmechanismus ein geeignetes Mittel sein, eine *Pareto-optimale Allokation* zu ermöglichen. Umgekehrt muss man sich damit abfinden, dass bei einer administrativen Rationierungsregelung in der Regel nur eine suboptimale Allokation möglich ist.

---

[97] *Höffe*, FAZ vom 22. Februar 1997, S. 2.

Zweites Kapitel:
Verteilungsbeispiele aus anderen Rechtsbereichen

Die Mangelsituation als Rechtsproblem taucht in verschiedenen Bereichen auf. Die Ursachen von Knappheitssituationen sind dabei unterschiedlicher Natur. So hängt bei der Studienplatzverteilung aufgrund des Numerus clausus, bei der Vergabe von Start- und Landerechten auf Flughäfen oder bei Kollisionen zwischen politischen Parteien und sonstigen Berechtigten bei der Benutzung von Stadthallen sowie der Verteilung von Marktstandplätzen die Knappheit mit der Bereitstellungsfähigkeit oder -bereitschaft des Staates zusammen. Bei Konzessionsstreitigkeiten bei der Personenbeförderung beruht die Knappheit des Gutes unmittelbar auf einer Knappheitsentscheidung des Staates. Das Gleiche gilt für Zulassungsschranken für Schornsteinfeger als ein weiterer wettbewerbspolitischer Ausnahmebereich. Bei der Wohnraum- und Lebensmittelbewirtschaftung in der Kriegs- und Nachkriegszeit, bei der menschliche Grundbedürfnisse tangiert wurden, ging es dagegen um die Bewältigung einer echten Krisensituation.

Es soll untersucht werden, welche Kriterien sich im Rahmen des jeweiligen Zuteilungsverfahrens entwickelt haben. Aus dem Vergleich mit anderen Verteilungssituationen des Rechts ergeben sich möglicherweise allgemeine Grundsätze, aus denen dann spezifische Verteilungskriterien und Methoden abgeleitet werden können.

1 Wohnraum- und Lebensmittelbewirtschaftung

Während und nach dem zweiten Weltkrieg – wie auch schon während und nach dem ersten Weltkrieg – stellte sich die Frage der Verteilung von Wohnraum, da dieser nicht für alle Menschen ausreichend zur Verfügung stand. Während des zweiten Weltkriegs waren „Volksgenossen, die sich durch ganz besondere Leistungen oder Opfer für Volk und Staat hervorgetan haben" vor allen anderen bevorzugt. An diese „bevorrechtigte" Gruppe schlossen sich sogenannte „begünstigte" Volkskreise an, vgl. §§ 7, 8 der VO zur Wohnraumlenkung vom 27. Februar 1943.[98] Hier kamen vor allem Würdigkeitsmaßstäbe zur Anwendung. Im Jahre 1945 wurde eine andere Rangfolge für maßgeblich erklärt, vgl. dazu § 5 der VO des Berliner Magistrats über die Bewirtschaftung der Wohn- und

---
98 RGBl. I S. 127.

gewerblichen Räume vom 18. Juni 1945.[99] Die ersten drei Stufen waren Wohnungssuchenden mit antifaschistischer Gesinnung vorbehalten. Erst danach kamen „politisch nicht belastete Mitbenutzer" und „Wohnungsbedürftige infolge unmittelbarer oder mittelbarer Kriegseinwirkungen". Der Kontrollrat änderte diese Aufstellung. In Art. VIII S. 1 des Wohnungsgesetzes des Alliierten Kontrollrats vom 8. März 1946 wurden zwar auch Personen, die dem nationalsozialistischen Regime Widerstand geleistet hatten oder die durch seine Maßnahmen benachteiligt worden waren, in erster Linie bevorzugt, unmittelbar danach kamen aber kinderreiche Familien, bejahrte Personen, Invaliden und Körperbehinderte an die Reihe. Jenseits dieser Ränge entschied die zeitliche Reihenfolge der Anträge. Hervorgehoben wurde zudem, dass niemand aufgrund seiner gesellschaftlichen oder finanziellen Stellung bevorzugt behandelt werden durfte, Art. VIII S. 1 Ziff. 1d).

Das Wohnungsrecht der DDR bildete sechs Stufen der Bevorzugung, nämlich anerkannte Verfolgte des Naziregimes, Personen mit Auszeichnungen für hervorragende Leistungen beim Aufbau der DDR, Angehörige der Intelligenz, Personen mit ansteckenden Krankheiten, Schwerbeschädigte, Kriegsbeschädigte und kinderreiche Familien, vgl. § 7 der VO über die Lenkung des Wohnraumes vom 22. Dezember 1955.[100] Die Bundesrepublik Deutschland führte mit § 17 des Wohnraumbewirtschaftungsgesetzes vom 31. März 1953[101] das Verteilungskriterium einer vorhandenen Rechtsposition ein und erkannte den Vorrang des Grundstückseigentümers an. Erst danach spielten Dringlichkeitsstufen im Hinblick auf persönliche und volkswirtschaftliche Bedürftigkeit eine Rolle. Bei gleicher Dringlichkeit entschied die frühere Vormerkung in der Liste der Wohnungssuchenden.[102]

Die Verteilungskriterien zeigen zum einen deutlich die Abhängigkeit vom jeweiligen politischen Hintergrund und System und der sozialen Bewertung des Einzelnen, zum anderen aber auch Kontinuitätsmerkmale. Drei Verteilungsmaßstäbe treten hervor: der Bedarfsgrad, gesehen von der Lage des zu Versorgenden, der Bedarfsgrad, gesehen vom Interesse der Allgemeinheit an der künftigen Tätigkeit des zu Versorgenden und die Würdigkeit des zu Versorgenden, die an den bereits erbrachten Leis-

---

99 VOBl. S. 34.
100 Gesetzbl. der DDR 1956, S. 3.
101 RGBl. I S. 97.
102 S. zum Ganzen v.a. *Krause*, Der verteilende Staat, S. 2 ff. mit weiteren Einzelheiten und *Kloepfer/Reinert*, a.a.O., S. 57 ff.

tungen für die Allgemeinheit oder an der politischen Wertschätzung gemessen wird.[103]

Soweit es dagegen um die Zuteilung von Lebensmitteln und sonstigen Verbrauchsgütern ging, war Ausgangspunkt der gesetzlichen Regelungen nicht der Vorzug, sondern die Gleichheit im Sinne von Kopfgleichheit.[104] Grund dafür war, dass im Gegensatz zu der Verteilung von Wohnraum bei der Zuteilung von Lebensmitteln niemand vertröstet werden konnte. Derjenige, der zunächst keine Wohnung bekam, konnte im Notfall noch anderweitig – beispielsweise in einem Obdachlosenheim – untergebracht werden. Dies rechtfertigte, dass bei gleicher Dringlichkeit der Zeitpunkt der Antragstellung entschied. Bei der Zuteilung von Lebensmitteln hingegen schied das Ventil der Warteliste aus. Man wählte hier das sogenannte Kopfquoten-Prinzip, modifiziert durch die Berücksichtigung des Bedarfsgrades in Gestalt von Zu- oder Abschlägen, wobei auch hier ähnliche Verteilungsmaßstäbe wie bei der Wohnraumbewirtschaftung zur Anwendung kamen.

2 Verteilung im Schornsteinfegerwesen

Nach § 6 Abs. 1 SchfG richtet sich die Reihenfolge der Bestellung des Bezirksschornsteinfegermeisters nach dem Rang der Eintragung in die Bewerberliste. Gemäß § 6 Abs. 2 SchfG erlässt der Bundesminister für Wirtschaft durch Rechtsverordnung mit Zustimmung des Bundesrates Vorschriften über die Rangberechnung mit der Maßgabe, dass im Regelfall der Rang von der Dauer der Eintragung bestimmt wird, und dass Ausnahmen hiervon nur zur Vermeidung besonderer Härten zulässig sind.

§ 11 Abs. 1 SchfV bestimmt, dass sich der Rang der Eintragung in die Bewerberliste nach dem Tag der Meldung zu der Meisterprüfung, die der Bewerber bestanden hat (Rangstichtag), richtet. Bei gleichem Meldetag geht der an Lebensjahren ältere Bewerber vor, § 11 Abs. 5 1. Hs. SchfV.

Das Gesetz und die Verordnung über das Schornsteinfegerwesen verfolgen also insoweit noch das Anciennitätsprinzip. Danach dürfen gleichberechtigte Anspruchsinhaber insofern bevorzugt werden, als gerade im Lebensalter der für eine Wertabwägung entscheidende Faktor

---

103 *Kloepfer/Reinert*, a.a.O., S. 58.
104 S. näher dazu *Krause*, a.a.O., S. 5 ff.; *Kloepfer/Reinert*, a.a.O., S. 58.

liegt.[105] Bei gleichem Rang der Eintragung werden Verheiratete und Kinderreiche bevorzugt, § 11 Abs. 5 2. Hs. SchfV.

3 Taxikonzessionen

In § 13 Abs. 4 PBefG hat der Gesetzgeber Kontingentierungen von Taxikonzessionen vorgesehen, die im Wesentlichen auf verkehrspolitischen Motiven beruhen. Da eine Kontingentierung einen schweren Eingriff in die Freiheit der Berufswahl darstellt, müssen bei Verteilung des Kontingents jedem Bewerber gleiche Chancen eingeräumt werden, sofern er die übrigen Genehmigungsvoraussetzungen wie fachliche Eignung, Zuverlässigkeit etc. erfüllt. Diese Chancengleichheit würde z.b. nicht mehr bestehen, wenn die Genehmigungen übertragbar wären und zum Gegenstand privater Geschäfte gemacht werden könnten.[106]

Eine zahlenmäßige Beschränkung sah auch noch § 9 Abs. 1 GüKG a.F. für Güterverkehrsgenehmigungen vor. Vom Wissenschaftlichen Beirat beim Bundesverkehrsministerium war diesbezüglich im Jahre 1971 der Vorschlag gemacht worden, die durch Höchstzahlen beschränkten Kontingente für den Güterfernverkehr an einer speziell für diesen Zweck eingerichteten Börse zu vergeben und handeln zu lassen.[107] Die Zuteilung sollte also von den finanziellen Mitteln abhängig gemacht werden. Der Vorteil hätte darin bestanden, dass der Börsenpreis den Knappheitsgrad des begehrten Gutes widergespiegelt hätte, so dass eine aus ökonomischer Sicht sinnvolle Allokation zustande gekommen wäre. Durch das am 1. Juli 1998 in Kraft getretene neue Güterkraftverkehrsgesetz sind die objektiven Marktzugangskriterien, also die Kontingente, inzwischen weggefallen. Notwendig wurde die Reform des GüKG, da zum 1. Juli 1998 in der Europäischen Union die zahlenmäßige Beschränkung der Kabotagegenehmigungen aufgehoben wurde. Die Folge dieser Liberalisierungsmaßnahme ist, dass jeder ausländische Transportunternehmer in jedem EU-angehörigen Staat unbegrenzt Inlandstransporte, also Kabotage, betreiben darf.

---

105 *Berg*, in: Der Staat 1976, S. 25; das Anciennitätsprinzip verschwindet aber mehr und mehr aus unserer Rechtsordnung. So durfte z.B. in § 4 Abs. 2 BNotO a.F. die Bestellung zum Notar u.a. noch „vom Ablauf einer Wartezeit" abhängig gemacht werden. Dieser Passus findet sich in der jetzt gültigen Fassung nicht mehr.
106 Vgl. dazu BVerfGE 40, 196, 232.
107 Kapazitätsregelungen im Straßengüterverkehr, Gutachten der Gruppe A – Verkehrswirtschaft – des Wissenschaftlichen Beirats beim Bundesverkehrsministerium vom 25. Mai 1971, S. 14 f., 17 f.

In § 13 Abs. 5 PBefG – sowie § 10 Abs. 3 GüKG a.F. – sind Kriterien festgelegt, nach denen die Verteilung neu zu erteilender Genehmigungen erfolgen soll. Neubewerber sind dabei angemessen zu berücksichtigen. Aus § 13 Abs. 5 S. 4 PBefG – und § 10 Abs. 3 S. 5 GüKG a.F. – ergibt sich, dass bei der Verteilung neu zu erteilender Genehmigungen jedem Bewerber jeweils nur eine Genehmigung erteilt werden darf, sofern nicht mehr Genehmigungen erteilt werden können, als Bewerber vorhanden sind. Dem Gleichheitsgrundsatz folgend wird also eine möglichst gleichmäßige Verteilung angestrebt.

Während in § 10 Abs. 3 S. 3, 4 GüKG a.F. materielle Verteilungskriterien ausschlaggebend waren, sind in § 13 Abs. 5 PBefG formale Verteilungskriterien entscheidend. Der Gesetzgeber hat das mit der Vormerkliste verfolgte Prioritätsprinzip ausdrücklich als das Auswahlkriterium bei einem Bewerberüberhang normiert. Das Gesetz lässt aber auch insofern Raum für weitere Differenzierungen, als nach § 13 Abs. 5 S. 2 PBefG die Antragsteller nach der zeitlichen Reihenfolge des Eingangs der Anträge berücksichtigt werden *sollen* und die Sätze 3 und 4 selbst bestimmte Durchbrechungen des Prioritätsgrundsatzes anordnen.

Die Vormerkliste hat entscheidende Bedeutung für die materielle Rechtsstellung der Bewerber, denn sie gewährleistet bei einem Bewerberüberhang im Regelfall die Gleichbehandlung der verschiedenen Bewerber. Eine ausnahmsweise Durchbrechung des Prioritätsgrundsatzes bedarf besonderer Rechtfertigung.

Es ist aber auch eine Bevorzugung bisheriger Genehmigungsinhaber vorgesehen. Trotz einer von vornherein vorgesehenen Befristung der Genehmigung (§ 16 Abs. 3 PBefG; § 11 GüKG a.F.) hat der Genehmigungsinhaber eine schutzwürdige Rechtsposition erworben, sogenannter Schutz durch Besitzstandsklauseln. In § 10 Abs. 5 S. 1 GüKG a.F. war dies ausdrücklich genannt. Im Hinblick auf die Taxikonzessionen ergibt sich dies nach h.M. aus § 13 Abs. 3 S.1 PBefG.[108]

4 Vergabe von Start- und Landerechten auf Flughäfen

4.1 Verteilungskriterien in Deutschland

Auf vielen Flughäfen gibt es sich ausweitende Kapazitätsprobleme, die sich im Hinblick auf Umwelt- und Nachbarschutz nicht ohne weiteres durch Neubau- und Erweiterungsprojekte lösen lassen. Vor Inkrafttre-

---

108 *Bidinger*, Personenbeförderungsrecht, Kommentar, § 13 Rdnr. 81 ff., 91 a, i.Ü. ausführliche Kommentierung zum Besitzstandsschutz.

ten des 10. Änderungsgesetzes zum LuftVG vom 23. Juli 1992[109] waren weder Verfahren noch materielle Gesichtspunkte der Slotvergabe[110] geregelt. Nachdem das BVerwG in seinem Urteil vom 26. Juli 1989[111] dargelegt hatte, dass angesichts der inzwischen eingetretenen Engpässe sowie der hohen gesellschaftlichen und wirtschaftlichen Bedeutung des Luftverkehrs und der Grundrechtsrelevanz der Slotvergabe für die Luftfahrtunternehmen eine allgemein-politische Grundentscheidung des parlamentarischen Gesetzgebers gefordert sei, sind nunmehr Verfahren und Verteilungskriterien für die Slotvergabe gesetzlich geregelt. Die Vergabekriterien für die Verteilung von Slots sind in § 27 b Abs. 1 LuftVG, der als Vorrangregelung bezeichnet wird, geregelt. Danach haben Vorrang:
– Flüge zur gewerbsmäßigen Beförderung von Personen oder Sachen vor anderen Flügen,
– bereits früher koordinierte Flüge vor erstmals geplanten Flügen,
– häufige vergleichbare Flüge vor weniger häufigen Flügen während einer gesamten Flugplanperiode,
– Flüge nach Instrumentenflugregeln vor Flügen nach Sichtflugregeln.
Nach Abs. 2 der Vorschrift kann von dieser Prioritätenregelung aus Gründen der öffentlichen Interessen, insbesondere der hoheitlichen Interessen, der öffentlichen Verkehrsinteressen, der Verpflichtungen aus völkerrechtlichen Verträgen, der Erfordernisse des regionalen Luftverkehrs und des Geschäftsflugverkehrs abgewichen werden.

Auffällig ist, dass in § 27 b Abs. 1 Nr. 2 LuftVG die vor Inkrafttreten des 10. Änderungsgesetzes ausgeübte Praxis fortgeschrieben wurde. Bei der Slotvergabe hatte grundsätzlich diejenige Fluggesellschaft den Vorrang, die den Slot bereits im Vorjahr in der entsprechenden Flugplanperiode inne hatte (sogenannte „grandfather rights").[112] Die Privilegierung

---

109 BGBl. I S. 1370.
110 Der englische Begriff „Slot" (Zeitnische) bezeichnet den Zeitraum, für den einem Flugzeug von der zuständigen Behörde die Start- und Landeerlaubnis für einen bestimmten Flughafen erteilt worden ist, s. zum „Slot"begriff näher *Tschentscher/ Koenig*, NVwZ 1991, S. 219.
111 BVerwGE 82, 246, 255 = NVwZ 1990, 262.
112 S. zu der durch einen staatlich beliehenen Flugplankoordinator ausgeübten früheren Vergabepraxis, die sich an der sogenannten Prioritätenregelung des „Scheduling Procedures Guide" der International Air Transport Association (IATA) orientierte, der Slot-Empfehlungen zur Harmonisierung der weltweiten Slotvergabe durch gleichmäßige Vergabemethoden enthielt, ausführlich *Koenig*, Die öffentlich-rechtliche Verteilungslenkung, S. 153 ff.; *Tschentscher/Koenig*, NVwZ 1991, S. 220. Weitere Vorrangkriterien stellten auf die wirtschaftlichen Auswirkungen der Slotvergabe, die Wettbewerbssituation, die Bequemlichkeit für die Reisenden, etwaige Nutzungs-

von Altbewerbern wurde trotz der stark voranschreitenden Liberalisierung des Luftverkehrs im europäischen Binnenmark, deren Entwicklung auch die Slotvergabe erfasst, festgeschrieben.[113] Liberalisierungsziel im Flugverkehr ist es, die immer knapper werdenden Ressourcen an Slots optimal zu bewirtschaften und die Zuverlässigkeit des Linienflugverkehrs zu gewährleisten. Neubewerber, die bei Erschöpfung der Start- und Landekapazitäten in der Situation eines Bewerberüberhangs keinen Zugang zu wirtschaftlich interessanten Slots haben und die ihnen zugeteilten Slots mangels eines entsprechenden Netzwerkes nicht nutzen können, könnten dieses Ziel blockieren.[114] Das BVerwG hat in seinem Urteil vom 27. 4. 1984[115] die Anwendung des Kriteriums „bekannt und bewährt" aber nur dann für rechtens befunden, wenn zugleich Neubewerber in einem erkennbaren zeitlichen Turnus zugelassen werden. Diese höchstrichterliche Rechtsprechung ist hier übertragbar, da es sich ebenfalls um eine wirtschaftsverwaltungsrechtliche Auswahlentscheidung handelt. Abgesehen davon, dass man durch eine extensive Auslegung des § 27 b Abs. 2 LuftVG im Lichte der Grundrechte Art. 12 Abs. 1 und Art. 3 Abs. 1 GG zur Berücksichtigung von Neubewerbern im Einzelfall kommen könnte, wird auch über eine Einführung von Neubewerberquoten diskutiert.[116]

Insgesamt werden die Defizite der gegenwärtig praktizierten oder geplanten Verfahren zur Vergabe von Slots beklagt.[117] Eine ökonomische Effizienz kann mit diesen Verfahren nicht erreicht werden.

4.2 Verteilungskriterien in den U.S.A.

Die meisten amerikanischen Flughäfen weisen eine noch erheblich stärkere Verkehrsauslastung auf.[118] Die Liberalisierung des Flugverkehrs in Europa wird eine ähnliche dynamische Entwicklung auf der Nachfrageseite wie in den U.S.A. auslösen. Es lohnt sich daher, einen Blick darauf zu werfen, wie die U.S.A. die Kapazitätsprobleme auf diesem Sektor zu

---

beschränkungen auf Flughäfen sowie auf Aspekte der Luftraumkontrolle ab. Zudem hatten tägliche Flüge vor nicht-täglichen Routen Vorrang, *Koenig*, a.a.O., S. 155; *Tschentscher/Koenig*, NVwZ 1991, S. 220.
113 *Koenig*, a.a.O., S. 157 ff. m.w.N.
114 *Koenig*, a.a.O., S. 163.
115 BVerwG, in: GewArch. 1984, S. 265 f.; bei dem zugrunde liegenden Sachverhalt ging es um die Vergabe von Schaustellerplätzen.
116 *Koenig*, a.a.O., S. 161 ff.
117 *Koenig*, a.a.O., S. 163.
118 *Tschentscher/Koenig*, NVwZ 1991, S. 219 f.

lösen versucht, wie dort die Start- und Landerechte vergeben und welche Alternativen aufgezeigt werden.

Die Vergabe von Start- und Landerechten in den U.S.A. wird von staatlicher Seite reguliert. Marktmechanismen greifen bisher kaum.[119]

a) Landegebühren

An Flughäfen der U.S.A. werden für die Beanspruchung der Rollbahnen vorrangig Landegebühren erhoben, die vom jeweiligen Flugzeuggewicht abhängig sind. Diese sind aber so bemessen, dass sie lediglich die privaten Kosten des Flughafenbetreibers decken.[120] Da also der Geldbetrag nicht besonders hoch ist, können alle Luftfahrtunternehmen diese Anforderung wirtschaftlich bewältigen, so dass eine Aussonderung bestimmter Fluggesellschaften auf diesem Wege nicht erreicht und das Kapazitätsproblem nicht gelöst wird. Da die Flughäfen als eine Art öffentliche Güter angesehen werden, zu welchen jedem möglichen Benutzer freier Zugang gewährt werden muss, sind aber allgemeine Landegebühren als Rationierungselement nicht zulässig.[121]

b) First Come – First Served

Mit Ausnahme einzelner Flughäfen werden die Start- und Landerechte zudem nach dem Prioritätsprinzip vergeben.[122] Dies erfolgt – bis auf die Landegebühren – kostenlos.[123] Die Verwirklichung des Start- und Landezeitpunkts hängt ausschließlich von der Position in der Warteschlange und damit von vielen Zufälligkeiten ab.[124]

Die genannten Kriterien werden als suboptimal angesehen, da sie die Überlastungs- und Knappheitsprobleme nicht lösen. Wie schon oben dargelegt, ist die Anwendung einer „first come – first served" Politik ökonomisch ineffizient, da die knappen Ressourcen nach dem Kriterium

---

119 *Cornelius*, Zur effizienten Allokation knapper Ressourcen, S. 67.
120 *Cornelius*, a.a.O., S. 67.
121 *Cornelius*, a.a.O., S. 69 ff.
122 Lediglich auf vier „Slot"-limitierten Flughäfen, an denen Obergrenzen für die Anzahl der stündlich verfügbaren Start- und Landerechte existieren (sog. „high density rule"), können die Slots im voraus reserviert werden. Nach der Ermittlung einer Erstausstattung von Slots, die per Großvaterrecht unentgeltlich übertragen werden, wird ein Sekundärmarkt eingerichtet, der einen relativ uneingeschränkten Handel mit Start- und Landerechten gestattet (die sog. „Buy Sell Rule"), *Cornelius*, a.a.O., S. 74, 77 ff., 201 ff., 245 f.
123 *Cornelius*, a.a.O., S. 67.
124 S. ausführlich dazu *Cornelius*, a.a.O., S. 74 ff.

Wartezeit und nicht nach der maximalen Zahlungsbereitschaft vergeben werden. Die Verteilung nach dem Prioritätsprinzip führt zu langen Wartezeiten, die Indikator für ineffiziente Allokationen sind. Überhaupt führe eine administrative Rationierung in der Regel zu suboptimalen Ergebnissen.[125]

c) *Alternativen*

Da Ineffizienz überlastungsfördernd wirkt, ist Effizienz gefragt, wenn es um den Abbau von Knappheiten geht. Effizienz kann insbesondere bei Berücksichtigung ökonomischer Prinzipien erreicht werden. Eine optimale Allokation setzt in der Regel die Einführung von Marktmechanismen voraus. *Cornelius*[126] stellt zwei ökonomische Verfahren vor, die eine Vergabe über Preismechanismen vorsehen, zum einen differenzierende Landegebühren, zum anderen verschiedene Auktionsformen in Form einer Kombination von Versteigerungen und Sekundärmärkten. Beide Verfahren stellen sicher, dass die knappen Start- und Landerechte an diejenigen Flugzeugbetreiber vergeben werden, die die höchste Zahlungsbereitschaft dafür besitzen. Die Darstellung lässt allerdings den Schluss zu, dass die vorherrschenden Marktstrukturen optimale Allokationen durch reine Marktmechanismen nicht zulassen, sondern eher eine Kombination aus ordnungspolitischen Maßnahmen und Marktmechanismen angezeigt ist. Derartige „second-best"-Lösungen werden zum Teil in den U.S.A. auch angewandt[127], aber auch diese sind nicht in der Lage, Nachfrage und Angebot in vollständigen Einklang zu bringen. Die durch die Primärallokation durch das Großvaterrecht bedingten Verzerrungen können durch den anschließenden Slot-Handel nicht behoben werden.[128]

5 Verteilung von Marktstandplätzen und anderen öffentlichen Einrichtungen

Gemäß § 70 Abs. 1 GewO besteht ein grundsätzlicher Zulassungsanspruch von Marktbeschickern gegen den Veranstalter von Märkten und

---

125 *Cornelius*, a.a.O., S. 86.; s. auch erstes Kapitel unter 4.2 und 5.
126 *Cornelius*, a.a.O., S. 86 ff.
127 S. Fn. 122.
128 Vgl. zusammenfassend *Cornelius*, a.a.O., S. 239 ff.; s. auch *Koenig*, a.a.O., S. 163 ff., der neben der Einführung von Marktmechanismen auf das Erfordernis von Vorkehrungen gegen ein wettbewerbsfeindliches Blockieren im Sinne staatlicher Missbrauchsaufsicht hinweist, z.B. durch die Verwirkungsregel „use it or lose it".

Volksfesten. Es muss jedoch zu einer Bewerberauswahl kommen, wenn der zur Verfügung stehende Platz zur Befriedigung aller Zulassungswünsche nicht ausreicht. Da die Knappheit hier nicht auf einer bewussten Kontingentierung, sondern auf faktischen Gegebenheiten beruht, ist ein Anspruch gegen den Veranstalter auf Erweiterung der räumlichen Gegebenheiten nicht gegeben.[129] Von dem Veranstalter wird aber eine „optimale Mangelverwaltung" verlangt, was bedeutet, dass der Veranstalter die zur Verfügung stehenden Plätze so zu verteilen hat, dass möglichst viele Bewerber zum Zuge kommen.[130] Dies kann dazu führen, dass der Veranstalter verpflichtet ist, Platzzuweisungen zu verändern oder Standplätze zu verkleinern, damit die vorgegebene Fläche von möglichst vielen Interessenten genutzt werden kann.[131] Bei wirklichem Mangel ist damit aber nur wenig geholfen.

Die Vergabe der knappen Ressource Marktplatz ist zum Gegenstand zahlreicher verwaltungsgerichtlicher Streitigkeiten geworden.[132] Für die Zuteilung ist ein Auswahlmodus normativ nicht vorgegeben. Gemäß § 70 Abs. 3 GewO muss der Veranstalter im Falle eines Bewerberüberhangs von seinem Auswahl- und Ausschließungsermessen Gebrauch machen.[133] Dem Bewerber kommt lediglich ein Anspruch auf chancengleiche Teilnahme am Auswahlverfahren nach Maßgabe einheitlicher Vergabemaßstäbe zu.[134] Die Gewährleistung von Chancengleichheit im Rahmen des Auswahlermessens erfordert sachliche Differenzierungskriterien, die nach den Besonderheiten der jeweiligen Marktveranstaltung aufgestellt werden müssen.[135]

---

129 *Kloepfer/Reinert*, a.a.O., S. 53; *Koenig*, a.a.O., S. 141, jeweils m.N.
130 S. dazu OVG Saarland, in: GewArch. 1992, S. 236 f.; *Püttner/Lingemann*, JA 1984, S. 127, zur Problematik einzelner Kriterien, S. 128 f.
131 *Kloepfer/Reinert*, a.a.O., S. 53.
132 *Koenig*, a.a.O., S. 135 mit zahlreichen Nachweisen aus der Rechtsprechung.
133 *Koenig* äußert Bedenken hinsichtlich der Verfassungsmäßigkeit der Ermessenseinräumung in § 70 Abs. 3 GewO. Weder seien die praktizierten Auswahlkriterien- und verfahren im Hinblick auf ihre Grundrechtsrelevanz angemessen bestimmt und definiert, noch sein ihr Verhältnis zueinander, ihre Kombinationsmöglichkeiten untereinander sowie die Offenheit der Auswahlsysteme für neue Gesichtspunkte gesetzlich in wesentlichen Zügen vorgezeichnet. Die Notwendigkeit einer gesetzlichen Regelung der wichtigsten Grundzüge des Auswahlverfahrens (wie z.B. in § 13 Abs. 4, 5 PBefG) werde angesichts der zunehmenden Praxis der Veranstalter deutlich, mehrere Auswahlsysteme zu vermengen, um den Vorwurf zu vermeiden, das Vergabeverfahren sei einseitig auf die Privilegierung einer bestimmten Beschickergruppe ausgerichtet, *Koenig*, a.a.O., S. 149 f.
134 BVerwG, in: GewArch. 1984, S. 265 f.
135 *Koenig*, a.a.O., S. 142.

In der Praxis wurden die unterschiedlichsten Verteilungskriterien entwickelt und isoliert oder verbunden angewendet. Von der Rechtsprechung wurden diese dann unter dem Gesichtspunkt des Gleichheitsgrundsatzes und dem daraus folgenden Gebot einer sachlich gerechtfertigten Differenzierung bewertet.[136] Dabei haben sich folgende Vergabekriterien durchgesetzt: Prioritätsprinzip[137], Losverfahren, rollierendes System mit turnusmäßiger Berücksichtigung unter zusätzlicher Einführung einer Quote für Neubewerber als rein formale Kriterien sowie Attraktivität des Standes oder Geschäftes und Bekanntheit und Bewährtheit eines Unternehmens als materielle Kriterien, wobei unstreitig ist, dass auch dies nicht dazu führen darf, dass Neubewerber keine Teilnahmechance haben.

Auch der kommunale Zulassungsanspruch zu öffentlichen Einrichtungen findet seine natürliche Grenze in der Kapazität der Einrichtung. Der Gleichbehandlungsgrundsatz versagt, wenn verschiedene Bewerber, die alle grundsätzlich den Zulassungsanspruch innehaben, zu demselben Termin die öffentliche Einrichtung nutzen wollen. Aus den Gesetzen ergeben sich keine Regeln, und es hat sich auch keine spezifische Dogmatik zu Verteilungsmaßstäben für öffentliche Einrichtungen entwickelt.[138] Die Rechtsprechung[139] wendet in solchen Fällen das Prioritätsprinzip an. Dieses Prinzip führt aber dann nicht weiter, wenn die Benutzungsanträge gleichzeitig eingehen. *Ossenbühl*[140] erachtet die Aufgabe, weitere Sachkriterien für eine Bevorzugung zu finden, als schwierig, ist aber der Meinung, dass viele Kollisionen nach dem Maßstab der Nähe zum Widmungszweck gelöst werden können. Wo auch dies nicht weiterhilft, hält er es für richtig, die Auswahl der Gemeinde zu überlassen, die die Entscheidung nach dem Maß der kommunalpolitischen Relevanz der konkurrierenden Veranstaltungen treffen möge. Bedenklich ist seiner Meinung nach, nach außerhalb des Widmungszwecks liegenden Kriterien die konkurrierenden Veranstaltungen in eine Rangfolge zu bringen, etwa in der Weise, dass Wahlkampfveranstaltungen oder sonstige politische Veranstaltungen absoluten Vorrang haben.

---

136 S. i.E. *Kloepfer/Reinert*, a.a.O., S. 54; *Koenig*, a.a.O., S. 143 ff.
137 Wobei bei gleichzeitigem Eingang der Bewerbungen Ersatzkriterien vorgesehen werden müssen.
138 *Koenig*, a.a.O., S. 131.
139 OVG Münster OVGE 24, 175 = NJW 1969, S. 1078.
140 *Ossenbühl*, DVBl. 1973, S. 296 f.

6 Verteilung von Studienplätzen

Die von den Universitäten angebotenen Ausbildungsplätze reichen nicht in allen Studiengängen für alle Bewerber aus. In diesen Studiengängen gibt es eine Zulassungsbeschränkung, den „Numerus clausus". In der Numerus-clausus-Diskussion ist für einige schon der Umstand, dass Art. 12 Abs. 1 GG i.V.m. dem allgemeinen Gleichheitssatz und dem Sozialstaatsprinzip jedem Abiturienten einen Rechtsanspruch auf Immatrikulation in dem von ihm ausgesuchten Fach einräumt, ein unüberwindliches Hindernis für die Suche nach sachlichen Verteilungskriterien.[141] Auch das BVerfG[142] bezeichnet die Auswahl in solchen Fällen als „Ungleichbehandlung Gleichberechtigter" bei der Verteilung von Lebenschancen. Der Gesetzgeber habe bei der Auswahlregelung damit nicht mehr den gleichen Gestaltungsspielraum wie ihn Art. 3 GG sonst zulässt. Die Regelung müsse mehr als nur frei von Willkür sein. Die Verantwortlichen seien gehalten, sich in steter Orientierung am Gerechtigkeitsgedanken um eine auch für die Benachteiligten zumutbare Auswahl zu bemühen. Insbesondere müsse die Regelung jedem zulassungsberechtigten Bewerber eine Chance belassen. Die Auswahl und Verteilung der Bewerber sei unter strikter Wahrung des Verhältnismäßigkeitsgrundsatzes nach objektiv sachgerechten und individuell zumutbaren Kriterien zu regeln.

Formellrechtlich sei es wegen der einschneidenden Bedeutung der Auswahlregelung Sache des verantwortlichen Gesetzgebers auch im Falle einer Delegierung seiner Regelungsbefugnis zumindest die Art der anzuwendenden Auswahlkriterien und deren Rangverhältnis untereinander selbst festzulegen.[143]

Die Anforderungen des BVerfG an die Auswahlkriterien haben im Wesentlichen in den §§ 31 bis 33 HRG[144] Niederschlag gefunden.

Die Regelung des § 31 HRG über die zentrale Vergabe von Studienplätzen[145] beruht auf der ersten Numerus-clausus-Entscheidung des

---

141 *Wimmer*, DVBl. 1967, S. 142; s. zum Ganzen auch *Kalisch*, DVBl. 1967, S. 136 ff.
142 Zu diesen verfassungsrechtlichen Anforderungen s. i.E. BVerfGE 33, 303, 338, 345 f.; 37, 104, 113 f.; 43, 291, 314, 316 f., 323, 345; 59, 1, 31; 62, 117, 148.
143 BVerfGE 33, 303, 345 f.
144 Das HRG ist am 27. 1. 1976 in Kraft getreten, BGBl. I S. 185.
145 Die Kompetenz zur zentralen Vergabe weist der Gesetzgeber in § 31 Abs. 1 S. 1 HRG der von den Ländern errichteten Zentralstelle zu. Schon aufgrund des StV 1973, der geschlossen wurde, nachdem zunächst das HRG des Bundes nicht zustande kam, war eine Zentralstelle für die Vergabe von Studienplätzen mit Sitz in Dortmund errichtet worden, s. BVerfGE 37, 104, 106.

BVerfG vom 18. 7. 1972.[146] Bei der vormals dezentralen Vergabe entstanden im Fall absoluter Zulassungsbeschränkungen durch das legitime Mittel der Mehrfachbewerbung Probleme bei der erschöpfenden Nutzung der vorhandenen Studienplätze, bei der Gewährleistung der Chancengleichheit für die Bewerber und bei der Gewährung effektiven Rechtsschutzes. Durch eine zentrale Vergabe der Studienplätze kommen nun einheitliche Auswahlkriterien zur Anwendung, werden Mehrfachbewerbungen vermieden und bezieht sich die gerichtliche Kontrolle auf eine Entscheidung der zentralen Vergabestelle. Die Notwendigkeit einer zentralen Studienplatzvergabe bei absoluten Zulassungsbeschränkungen hat das BVerfG[147] dementsprechend aus dem Prinzip der effektiven Rechtsdurchsetzung als Bestandteil des Grundrechtsschutzes abgeleitet. Die mit einer zentralen, insbesondere bundesweiten Vergabe von Studienplätzen verbundenen Nachteile (Massenverfahren, Schematisierung der Verwaltungsabläufe, Anonymisierung der Beziehung zwischen Verwaltung und Bürger) sind durch eine entsprechende Regelung des Verwaltungsverfahrens bzw. eine entsprechende Verwaltungspraxis auszugleichen.[148]

Die verfahrensmäßige Ausgestaltung des zentralen Vergabeverfahrens hat der Rahmengesetzgeber nicht geregelt. Die Regelung des Verwaltungsverfahrens ist den Ländern überlassen, § 72 Abs. 2 S. 4 HRG.[149]

Die Einbeziehung von Studiengängen in das zentrale Vergabeverfahren setzt das Vorhandensein von Zulassungsbeschränkungen bis in die jüngste Vergangenheit voraus und die Erwartung, dass die Zahl der Bewerber die Gesamtzahl der zur Verfügung stehenden Plätze übersteigt.[150] Das Gesetz unterscheidet Verteilungs- und Auswahlverfahren, § 31 Abs. 2 und 3 I IRG. Während beim Auswahlverfahren der abgelehnte Bewerber im Bewerbungssemester sein Studium nicht beginnen kann, erhält er beim Verteilungsverfahren einen Studienplatz, er muss jedoch gegebenenfalls

---

146 BVerfGE 33, 303 ff.
147 BVerfGE 33, 303, 357; 39, 276, 294 f.
148 *Hauck*, in: Denninger, Hochschulrahmengesetz, Kommentar, § 31 Rdnr. 2, 22.
149 Der Staatsvertrag über die Vergabe von Studienplätzen (zunächst der von 1978, dann die folgenden von 1985 und 1992) enthält Verfahrensregelungen und eine Rechtsverordnungsermächtigung, die sich auch auf Einzelheiten des Bewerbungsverfahrens, insbesondere die Fälle, in denen Bewerbungen an die Zentralstelle zu richten sind, bezieht. Auf der Grundlage des Staatsvertrages erfolgte übereinstimmendes Landesverordnungsrecht in Form einer Vergabeverordnung (VergabeVO). Darüber hinaus haben die Länder durch nicht übereinstimmendes Verordnungsrecht die Vergabe von Studienplätzen bei landeszentraler oder lokaler Vergabe und Vergabe für das höhere Fachsemester geregelt, s. i.E. *Hauck*, in: Denninger, a.a.O., § 31 Rdnr. 25.
150 *Hauck*, in: Denninger, a.a.O., § 31 Rdnr. 7.

Beschränkungen bei der Wahl des Hochschulortes hinnehmen. Auf der Grundlage der Rechtsprechung des Bundesverfassungsgerichts[151] hat der Gesetzgeber für das Auswahlverfahren andere Entscheidungskriterien festgelegt als für das Verteilungsverfahren. Nach § 31 Abs. 2 HRG werden die vorhandenen Studienplätze nach den Ortswünschen der Bewerber und, soweit notwendig, vor allem nach den für die Ortswahl maßgebenden sozialen, insbesondere familiären und wirtschaftlichen Gründen vergeben. Die Vergabe dieser Plätze richtet sich also ausschließlich nach Bedürftigkeitskriterien. Die Kriterien für das Auswahlverfahren sind in den §§ 32 und 33 HRG geregelt. Die danach ausgewählten Bewerber werden den einzelnen Hochschulen dann nach den Grundsätzen des § 31 Abs. 2 HRG zugewiesen, § 31 Abs. 3 2. Hs. HRG.

Die in § 32 rahmenrechtlich geregelten Auswahlkriterien beziehen sich auf den Fall bundesweiter Zulassungsbeschränkungen für Studienanfänger in einem Studiengang, bei dem die Zahl der Bewerber die Zahl der vorhandenen Studienplätze nicht so erheblich übersteigt, dass die Voraussetzungen für die Anwendung des Besonderen Auswahlverfahrens gegeben sind. § 32 Abs. 2 S. 1 Nr. 1–5 HRG benennt fünf Sondertatbestände, für die bis zu 30 % der Studienplätze zu reservieren sind. Darunter fallen zunächst sogenannte Härtefälle. Nach der Rechtsprechung des Bundesverfassungsgerichts haben Härteklauseln im Lichte des Gleichheitssatzes nicht zuletzt die Funktion, innerhalb eines notwendigen schematisierenden Auswahlsystems für Massenverfahren einen Ausgleich für die mit dem System selbst verbundenen Unbilligkeiten im Einzelfall zu schaffen.[152] Eine Anwendung der gewöhnlichen Auswahlregeln würde der besonderen Situation des Bewerbers nicht gerecht werden. Er würde im Vergleich zu übrigen Bewerbern ungleich behandelt werden. In verfassungsmäßiger Hinsicht bietet sich zur Bildung der erforderlichen Rangfolge der Härtefallbewerber ein Punktesystem an.[153]

Unter § 32 Abs. 2 HRG fallen des Weiteren Fälle besonderen öffentlichen Bedarfs[154], Ausländer und Staatenlose[155], Überwechsler[156] und

---

151 BVerfGE 33, 303 ff.; 43, 291 ff.
152 BVerfGE 43, 291, 378.
153 *Hauck*, in: Denninger, a.a.O., § 32 Rdnr. 21.
154 Erfasst werden sollen solche Bewerber, die einen Beruf ergreifen wollen, für den besonderer öffentlicher Bedarf besteht.
155 Auswahlkriterien in der Ausländerquote finden sich nicht im HRG. Nach § 45 der VergabeVO erfolgt die Auswahl vorrangig nach dem Grad der Qualifikation durch die Hochschulen, nicht durch die ZVS.
156 Auch insoweit erfolgt die Auswahl konkurrierender Bewerber innerhalb der Sonderquote nach Maßgabe der Qualifikation, § 19 VergabeVO.

Bewerber für ein Zweitstudium.[157] Gemäß § 32 Abs. 3 Nr. 1 HRG werden die verbleibenden Studienplätze überwiegend nach der Qualifikation (Nachweis nach § 27 HRG), teilweise in Verbindung mit Landeskindschaft, im Übrigen nach § 32 Abs. 3 Nr. 2 HRG nach der Wartezeit vergeben. § 32 Abs. 3 Nr. 2 S. 2 HRG sieht für einen Teil der innerhalb der Wartezeitquote zu vergebenden Studienplätze eine Mischquote aus Wartezeit und Qualifikation vor.

Gemäß § 32 Abs. 4 HRG kann für die Entscheidung in Fällen von Ranggleichheit der Bewerber eine Verbindung der Maßstäbe nach Abs. 3 Nr. 1 und 2 oder die Auswahl durch das Los vorgesehen werden.

In seinem Urteil vom 8.2.1977, dem sogenannten zweiten Numerus-clausus-Urteil, hatte das BVerfG[158] verlangt, die gegenwärtige Vergabe freier Studienplätze nach Durchschnittsnoten und Wartezeit in Numerus-clausus-Fächern mit hohem Bewerberüberhang[159] beschleunigt durch ein anderes als das in § 32 HRG vorgesehene Allgemeine Auswahlverfahren zu ersetzen und eine beschleunigte Verwirklichung des in § 33 HRG angelegten Besonderen Auswahlverfahrens gefordert.

Nach § 33 Abs. 1 S. 1 HRG a.F. mussten für die Anwendung des Besonderen Auswahlverfahrens entweder unvertretbar hohe Anforderungen an den Grad der Qualifikation (Nr. 1) oder eine unangemessene Verzögerung des Studienbeginns (Nr. 2) für einen unverhältnismäßig großen Teil der Bewerber vorliegen.

Das Besondere Auswahlverfahren nach § 33 Abs. 2 S. 1, 2 HRG a.F. kannte nicht das chancenausgleichende Auswahlkriterium der Wartezeit, sondern stellte – unter Beibehaltung der Sonderquoten – ausschließlich auf eine Auswahl nach Eignung (Nachweis nach § 27 HRG und Ergebnis eines Feststellungsverfahrens bzw. nur Ergebnis des Feststellungsverfahrens) ab.[160]

---

157 Nach § 32 Abs. 2 S. 1 Nr. 5 S. 2 HRG erfolgt die Auswahl nach den Prüfungsergebnissen des Erststudiums sowie nach den für die Bewerbung für ein weiteres Studium maßgeblichen Gründen.
158 BVerfGE 43, 291, 323 ff.
159 D.h. in den harten Numerus-clausus-Fächern, zu denen die Studiengänge zählen, in denen die Zahl der ernsthaften Bewerber die Studienplätze erheblich übersteigt, *Hailbronner*, Kommentar zum Hochschulrahmengesetz, § 31 Rdnr. 3; dies sind z.B. die Studiengänge der Human-, Zahn- und Tiermedizin.
160 Das Gesetz sagte nichts darüber aus, mit welchem Gewicht die unterschiedlichen Qualifikationsmaßstäbe in die Auswahlentscheidung eingehen sollten. Dies war damit grundsätzlich dem Landesgesetzgeber überlassen worden. Der jeweilige Anteil sollte davon abhängen, wie hoch insoweit der Prognosewert für den Studien- und Berufserfolg ist, s. dazu näher *Hauck*, in: Denninger, a.a.O., § 33 Rdnr. 10. Auch für

Ziel war, das faktische Warten einzuschränken. Zwar sei von Verfassungs wegen eine Studienplatzgarantie für harte Numerus-clausus-Fächer nicht gewährleistet[161], es könne aber nicht zugelassen werden, dass überlange Wartezeiten Studienplatzwünsche von Bewerbern verhinderten. Überlange Wartezeiten könnten namentlich von Bewerbern aus sozial schwächeren Kreisen nicht durchgehalten werden. Für diese verliere die Auswahl nach Wartezeit die chancenausgleichende Funktion[162] und die zunächst nur chancenerhöhend gedachte notenabhängige Auswahl[163] verwandle sich in eine chancenausschließende Selektionsentscheidung. In solchen Fällen sei der Gesetzgeber verpflichtet, ein verbessertes Auswahlverfahren einzuführen.[164] Bei Wartezeiten von vier Jahren sei die Abkehr vom Allgemeinen Auswahlverfahren verfassungsrechtlich geboten.[165] Aber auch ohne diese Voraussetzungen dürfe der Gesetzgeber das Allgemeine Auswahlverfahren durch verbesserte Auswahlverfahren ersetzen und hierbei das Kriterium Wartezeit wegen nachteiliger Auswirkungen abschaffen.[166]

Für das Besondere Auswahlverfahren lag bei Inkrafttreten des HRG jedoch noch kein einsatzbereites Modell vor. § 72 Abs. 2 S. 2 HRG a.F. erlaubte jedoch abweichende Übergangsregelungen, solange und soweit für die Anwendung des Besonderen Auswahlverfahrens Übergangsregelungen erforderlich wurden. Ab dem Wintersemester 1980/81 wurde auf der Grundlage dieser Vorschrift das Übergangsverfahren zum Besonderen Auswahlverfahren eingeführt.[167] Das 2. HRGÄndG vom 28. 3. 1985 änderte schließlich § 33 HRG aufgrund der mit dem Übergangsverfahren gewonnenen Erfahrungen, so dass die unangemessene Verzögerung des Studienbeginns als Voraussetzung für das Besondere Auswahlverfahren entfiel und die Bewerbungszeit und das Auswahlgespräch hinzuka-

---

    das Problem der Ranggleichheit enthielt § 33 HRG a.F. keine Regelung. Diesen Regelungsspielraum hatten die Länder in ihrem StV ausgefüllt. Danach war das Ergebnis des Feststellungsverfahrens auch sekundäres Auswahlkriterium. Als tertiäres und quartäres Auswahlkriterium wurden die Erfüllung besonderer Dienstpflichten und das Los genannt, s. näher *Hauck*, in: Denninger, a.a.O., § 32 Rdnr. 56.
161 BVerfGE 43, 291, 316.
162 BVerfGE 43, 291, 319.
163 Vgl. dazu BVerfGE 43, 291, 318.
164 BVerfGE 43, 291, 320 f.
165 *Hauck*, in: Denninger, a.a.O., § 33 Rdnr. 5; BVerfGE 43, 291, 319, 321 f.; der StV 1978 bewertete sogar Wartezeiten von über drei Jahren als überlang, Art. 9 Abs. 4.
166 BVerfGE 43, 291, 398; 59, 1, 21 ff., insbesondere S. 23: Normgeber hat Gestaltungsspielraum, er muss sich nur in den verfassungsrechtlichen Grenzen bewegen.
167 S. dazu näher *Hailbronner*, a.a.O., § 33 Rdnr. 3.

men.[168] So ist nunmehr Voraussetzung für das Besondere Auswahlverfahren nur noch, dass das Allgemeine Auswahlverfahren zu unvertretbar hohen Anforderungen an den Grad der Qualifikation führt, § 33 Abs. 1 HRG n.F. Die ausschließliche Bezugnahme auf die Qualifikation steht nicht im Einklang mit den Anmerkungen des Bundesverfassungsgerichts in seinem zweiten Numerus-clausus-Urteil.[169] Dort hatte das BVerfG sowohl überhöhte Qualifikationsanforderungen als auch überlange Wartezeiten im Allgemeinen Auswahlverfahren kritisiert. § 33 HRG n.F. verzichtet jedoch im Hinblick auf die Einführung des Wartezeitkriteriums im Rahmen der Bewerbungszeitquote in § 33 Abs. 2 S. 1 Nr. 2 a HRG auf das Merkmal der unangemessenen Verzögerung des Studienbeginns.[170] Da sich der Abbau der Wartezeitquote im Übergangsverfahren von 20 auf 0 % als problematisch erwiesen hatte, nahm § 33 HRG n.F. dieses Element in veränderter Form wieder auf.[171] Man hatte sich also wieder auf die chancenausgleichende Funktion des Wartezeitkriteriums bei erhöhten Anforderungen in der Leistungsquote besonnen. Die Richtungsänderung des Gesetzgebers beruhte nicht zuletzt auf der Auffassung, dass irgendwann auch einmal der chancenloseste Bewerber zuzulassen sei. Daher nimmt § 33 Abs. 2 S. 1 Nr. 2 a HRG auch nicht Bezug auf § 32 Abs. 3 Nr. 2 S. 6 HRG (Nichtberücksichtigung einer acht Jahre überschreitenden Wartezeit).[172]

Zum Teil[173] war auch schon nach dem zweiten Numerus-clausus-Urteil des Bundesverfassungsgerichts die Ansicht vertreten worden, dass Auswahlkriterien, sofern sie rechtlich einen Teil der an sich zulassungsberechtigten Bewerber durch Aufstellung inhaltlicher Anforderungsprofile ausschließen, jedenfalls dann verfassungswidrig seien, wenn solche Kriterien nicht mit anderen Auswahlkriterien kombiniert werden, die jedem Bewerber die rechtliche Chance der Erfüllung wenigstens dieses Kriteriums ermöglichen. Sei ein Auswahlsystem so angelegt, dass es lediglich aus einer Kombination von chancenausschließenden Kriterien bestünde – so sei es beim Besonderen Auswahlverfahren des § 33 HRG

---

168 *Hailbronner*, a.a.O., § 33 Rdnr. 4; der StV 1985 führte das Besondere Auswahlverfahren im Wintersemester 1986/87 ein, der StV 1992 führt es für nunmehr sechzehn Länder fort, *Hailbronner*, a.a.O., § 33 Rdnr. 5.
169 BVerfGE 43, 291, 320.
170 *Hailbronner*, a.a.O., § 33 Rdnr. 8, der auf die Begründung zu BT-Drs. 10/1863, S. 6 verweist.
171 *Hailbronner*, a.a.O., § 33 Rdnr. 28.
172 *Hailbronner*, a.a.O., § 33 Rdnr. 28.
173 *Hauck*, in: Denninger, a.a.O., § 33 Rdnr. 28.

a.F., da hier eine Auswahl nach Eignung erfolge –, dann bedürfe eine solche gesetzgeberische Lösung einer besonderen Legitimation. Diese Legitimation könne im Hinblick auf die Studienplatzvergabe nur daraus gewonnen werden, dass das Besondere Auswahlverfahren eine besondere Prognosesicherheit für die Eignung des Bewerbers für Studium und Beruf aufweise und eine sachgerechte und nachvollziehbare Differenzierung der Bewerber in einer Rangfolge zuließe. Diese Bedingungen würde das derzeit erprobte Eignungsmessungsverfahren im Rahmen des Feststellungsverfahrens aber nicht erfüllen. Das BVerfG[174] hatte damals erklärt, dass sich noch nicht abschließend beurteilen lasse, ob das als Alternative vorgesehene Besondere Auswahlverfahren des § 33 HRG a.F. ohne chancenausgleichende Kriterien den verfassungsrechtlichen Anforderungen genüge.

Nach § 33 Abs. 2 S. 1 Nr. 1 HRG in der jetzt gültigen Fassung werden im Besonderen Auswahlverfahren die Studienplätze überwiegend nach Qualifikation (Nachweis nach § 27 HRG und Ergebnis eines Feststellungsverfahrens bzw. nur Ergebnis des Feststellungsverfahrens) vergeben, nach Nr. 2 dieser Vorschrift i.Ü. *a)* nach der Zahl der Semester, für die sich der Bewerber im jeweiligen Studiengang beworben hat und *b)* nach dem Ergebnis eines von den Hochschulen durchzuführenden Auswahlgespräches. Das Auswahlgespräch ist die subjektiv-individuelle Ergänzung des schematischen Massenzulassungsverfahrens und bildet einen Ausgleich zu den formalisierten Auswahlelementen. Es bietet die Chance, eine studien- und berufsbezogene Individualität zur Geltung zu bringen. Untersuchungen ergaben, dass sich die Einführung des Auswahlgespräches bewährt hat.[175]

Eine prozentuale Aufteilung der Quoten legt das Gesetz als Rahmenrecht nicht fest. Der StV 1992 überlässt dies in Art. 16 Abs. 1 Nr. 2, Abs. 2 der einheitlichen RVO der Länder, also der VergabeVO, und bestimmt lediglich in Art. 14 Abs. 1 Nr. 1 S. 4, dass bis zu 10 % den Testbesten vorbehalten werden können. Nach der VergabeVO sind die für diesen Bereich verbleibenden Studienplätze im Verhältnis 45:10:20:15 auf die vier Vergabetatbestände (Abitur/Test, Testbeste, Bewerbungszeit, Auswahlgespräch) aufzuteilen.[176]

---

174 BVerfGE 43, 291, 313, 323 f.
175 *Hailbronner*, a.a.O., § 33 Rdnr. 32, 34.
176 S. näher dazu *Hailbronner*, a.a.O., § 33 Rdnr. 17, der StV 1992 ist abgedruckt in *Bahro/Berlin/Hübenthal*, Hochschulzulassungsrecht, Kommentar, S. 43 ff.

Zusammenfassend lässt sich sagen, dass nach feststehender Rechtsprechung des Bundesverfassungsgerichts[177] Auswahlentscheidungen bei Zulassungsbeschränkungen nach objektiv sachgerechten und individuell zumutbaren Kriterien unter Einhaltung des Gebots der Chancenoffenheit für jeden Bewerber durch Vermeidung starrer Grenzziehungen getroffen werden müssen. Starre Grenzziehungen seien durch kumulative Anwendung verschiedener Auswahlkriterien zu vermeiden. Das BVerfG favorisiert also Mischsysteme. Ausschließlich auf ein Kriterium abstellende Auswahlverfahren würden den gestellten Anforderungen nicht genügen. Gefordert wird ein Nebeneinander von Zulassungskriterien, also eine „Mehrgleisigkeit" von Auswahlverfahren. Dabei hat die obige Darstellung gezeigt, dass neben Kriterien, auf die der Bewerber Einfluss nehmen kann, auch „neutrale" Kriterien mit einbezogen werden.

7 Zwischenergebnis

Die Gesetze lassen keine einheitlichen, überwiegend nicht einmal vergleichbare Regelungen zu. Es wurde deutlich, dass ein oder mehrere Kriterien nicht für alle Verteilungsvorgänge gleichermaßen gelten. In verschiedenen Verteilungssituationen kommen unterschiedliche Verteilungskriterien zur Anwendung, die je nach Art der knappen Güter auch zur Verteilung geeignet sind.

Am ehesten lässt sich die Situation der Organvermittlung mit der Situation bei der Verteilung von Marktstandplätzen, bei der Vergabe von Start- und Landerechten auf Flughäfen sowie bei der Studienplatzvergabe vergleichen, da auch hier nicht mehr Güter zur Verfügung gestellt werden können. Im Bildungsbereich hat das BVerfG für Verteilungsprobleme wesentliche, auch über den engeren Rahmen des Art. 12 GG hinausgehende Grundlagen entwickelt und allgemeine Überlegungen angestellt. Es liegt insoweit noch eine weitere Vergleichbarkeit vor, da es – wie bei der Organzuteilung – um Lebenschancen geht.[178] In vielen Fällen der Transplantation geht es um akute Lebensrettung. *Kübler*[179] ist der Ansicht, dass daher wie im Bildungsbereich die Anerkennung eines Teilhaberechts gerechtfertigt sei. Aufgrund der monopolhaften Einflussnahme des Staates im Bereich der Verteilung habe der Einzelne – im An-

---

177 BVerfGE 43, 291, 317, 323, 388.
178 Die Zulassungsbeschränkung ist als Verteilung von Lebenschancen bezeichnet worden, BVerfGE 33, 303, 338.
179 *Kübler*, Verfassungsrechtliche Aspekte der Organentnahme zu Transplantationszwecken, S. 101.

schluss an die Rechtsprechung zu Numerus-clausus-Fächern – einen auf Art. 20 i.V.m. Art. 3 Abs. 1 GG zu stützenden Anspruch auf gleiche Transplantatversorgung mit vorhandenen Transplantaten (bzw. auf gleiche Teilhabe an den zur Verfügung stehenden Transplantaten), wenn das Recht auf Leben schon nicht ein Grundrecht auf Transplantatversorgung biete.[180]

Bei der Lebensmittelbewirtschaftung ging es ebenfalls um existenznotwendige Güter.[181] Dennoch lag eine andere Ausgangslage vor, da es sich um teilbare Güter handelte, und das sogenannte Kopf-Prinzip dem Gleichheitsgrundsatz gerecht wurde. Die Anwendung von formalen Verteilungskriterien war insoweit abgelehnt worden.

Die bestehenden Regelungen können eine Orientierungshilfe für die Entwicklung von Richtlinien bei der Organvermittlung bieten. Der Gesetzgeber hat im TPG nur sehr allgemein gehaltene Verteilungsgrundsätze aufgestellt. Die nähere Ausgestaltung hat er wegen der größeren Sachnähe der BÄK überlassen.[182] Es gilt, ein neues, den Besonderheiten des speziellen Bereichs angepasstes Modell zu entwickeln, mit dem es gelingt, Verteilungsgerechtigkeit zu erzielen. Der Gesetzgeber hat auf dem Verteilungssektor nach h.M. grundsätzlich einen weiten Spielraum.[183] Die Maßstäbe müssen dabei verfassungsrechtlich einwandfrei und den Zielen des Grundgesetzes optimal angepasst sein. Für grundgesetzlich gewährleistete Teilhabeansprüche ergibt sich der bei einer Verteilungsentscheidung anzuwendende Maßstab aus dem tangierten Freiheitsrecht.[184] Bei Fragen der medizinischen Versorgung ist insoweit das Grundrecht auf Leben und körperliche Unversehrtheit, Art. 2 Abs. 2 S. 1 GG, thematisch angesprochen.[185] Daneben ist bereits bei der Ausgestaltung des Vergabeverfahrens der grundrechtssichernden Funktion Rechnung zu tragen, denn das Verfahren selbst beeinflusst in vielfältiger

---

180 *Kübler*, a.a.O., S. 147 f.
181 Und bei einigen Sicherstellungsgesetzen – wie z.B. beim Wassersicherstellungsgesetz und beim Ernährungssicherstellungsgesetz vom 24. 8. 1965; diese Gesetze greifen ein, wenn die Deckung des „lebensnotwendigen Bedarfs an Trinkwasser" oder die Deckung des Bedarfs mit „lebensnotwendigen Erzeugnissen" ernsthaft gefährdet ist, s. § 3 Nr. 1 WassersicherstellungsG und § 3 Abs. 1 ErnährungssicherstellungsG, Einzelheiten bei *Rinck*, Wirtschaftsrecht, § 13 Rdnr. 233 f.
182 S. näher dazu im vierten Kapitel.
183 *Badura*, in: Der Staat 1975, S. 32 f.; *Hesse*, Grundzüge des Verfassungsrechts, Rdnr. 439 m.w.N.; *Friauf*, DVBl. 1971, S. 677; *Gutmann/Land*, a.a.O., S. 123; BVerfGE 59, 1, 23, 29; 62, 117, 155.
184 *Voßkuhle*, in: Die Verwaltung 1999, S. 34 f.
185 *Kunig*, in: v. Münch/Kunig, Grundgesetz-Kommentar, Bd. 1, Art. 2 Rdnr. 60.

Weise das Auswahlergebnis.[186] Neben den Freiheitsrechten gelangt in allen Vergabekonstellationen aber auch der Gleichheitssatz aus Art. 3 Abs. 1 GG zur Anwendung. Neben der Beachtung des Willkürverbotes[187] ist erforderlich, dass bei einer Ungleichbehandlung die Unterschiede von solcher Art und solchem Gewicht sind, dass sie eine ungleiche Behandlung rechtfertigen.[188] Auch nach *Berg*[189] genügt für die Auswahl zwischen mehreren Inhabern von Rechtsansprüchen nicht jedes sachliche, willkürfreie Argument. Vielmehr wandele sich der Rechtsanspruch um in einen Anspruch auf materiale Abwägung. Der Staat müsse die Prioritäten nach gesetzlichen und verfassungsrechtlichen Wertentscheidungen setzen. Der Verteilungsakt sei hier eine Eingriffsmaßnahme. Die bloße Freiheit von Willkür reiche nicht aus, um ein Verteilungskriterium, das zum Ausschluss Anspruchsberechtiger führt, zu legitimieren. Verfassungsadäquate Verteilungsmaßstäbe müssen darüber hinaus dem Sozial- und Rechtsstaatsprinzip genügen. Materiale Gerechtigkeit, Rechtssicherheit, Vertrauensschutz und Durchsetzbarkeit, Übermaßverbot und Proportionalität zwischen Zweck und Mittel geben wichtige Anhaltspunkte für Prioritäten.[190] *Hermes*[191] entnimmt dem Gleichheitssatz im Hinblick auf die Entwicklung der Grundrechtsdogmatik bei den Freiheitsrechten zusätzlich ein Gebot gleichheitssichernder Verfahrensgestaltung.

Die Darstellung der Verteilungskriterien in den oben genannten Bereichen hat gezeigt, dass die Anwendung materieller Verteilungskriterien überwiegt, vereinzelt kombiniert – dann aber nachrangig – mit formellen Kriterien. Insbesondere fällt auf, dass die zeitliche Priorität in vielen Fällen eine Rolle spielt. Einzelne Kriterien sollen im folgenden auf ihre Funktion untersucht werden.

8 Zur Anwendbarkeit einzelner Verteilungskriterien

Für die Verteilungsfrage ist es von Bedeutung, ob der Staat oder die Wirtschaft die Güter produziert und wer darüber verfügt; denn staatliche Monopole erzwingen Rechtsansprüche, und diese haben wiederum Einfluss auf die Art der Verteilungskriterien.[192] Die Verteilungskriterien

---

186 S. dazu BVerfGE 73, 280, 296.
187 BVerfGE 49, 148, 165; 61, 138, 147; 68, 237, 250; 83, 1, 23; 89, 132, 142.
188 BVerfGE 55, 72, 88; 82, 126, 146; 85, 238, 244; 88, 5, 12.
189 *Berg*, in: Der Staat 1976, S. 20.
190 *Ossenbühl*, DVBl. 1973, S. 300.
191 *Hermes*, JZ 1997, S. 913 ff.
192 *Berg*, in: Der Staat 1976, S. 9; *Ossenbühl*, DVBl. 1973, S. 295.

gewinnen um so mehr an Bedeutung, je knapper das in Rede stehende Gut ist.

Innerhalb der knappen Güter lässt sich zunächst zwischen teilbaren und unteilbaren Gütern differenzieren.[193] Teilbar sind solche Güter, die auch dann noch sinnvoll genutzt werden können, wenn jeder Nachfrager nur etwas davon erhält, z.B. Energie, Wasser etc. Als unteilbar werden solche Güter bezeichnet, deren sinnvolle Nutzung im Kollisionsfall nur unter absolutem Ausschluss Einzelner oder ganzer Gruppen möglich ist. Dazu zählen beispielsweise Wohnungen, Studienplätze, Stadthallen etc.

Des Weiteren kann danach unterschieden werden, ob die Güter nur kurzfristig knapp sind oder ob ein langdauernder oder sogar totaler Ausschluss erforderlich wird, wie es z.B. beim Studium von Numerus-clausus-Fächern der Fall sein kann.[194]

Schließlich spielen noch die Bedürfnisse eine Rolle, deren Befriedigung unter Umständen ganz oder teilweise verweigert werden muss.[195] Hier wird eine Einteilung nach existenziellen oder Grundbedürfnissen im engeren Sinne vorgenommen, d.h. solchen, für die es keine Alternative gibt, und Grundbedürfnissen im weiteren Sinne, die im Notfall improvisiert substituierbar sind.

Kloepfer/Reinert[196] unterscheiden bei den Verteilungskriterien wertende und formale Grundtypen sowie Mischformen. Zu den wertenden Kriterien zählen sie die Differenzierung nach den Bedürfnissen des Einzelnen, den Bedürfnissen und Interessen der Allgemeinheit, und nach der Würdigkeit wegen erbrachter Leistungen oder positiver oder negativer (sozialer, politischer etc.) Wertschätzung sowie die Differenzierung nach finanzieller Leistung und Leistungsfähigkeit. Dagegen hätten rein formalen Charakter Verteilungen nach dem Kopf-Prinzip und nach dem Losverfahren, überwiegend formalen Charakter das zeitliche Prioritätsprinzip und das Ancienitätsprinzip, wobei letztere aber auch wertenden Charakter annehmen könnten, wenn die Dauer einer Wartezeit oder das Alter des Nachfragenden etwa unter sozialen Aspekten als besonders ausgleichswürdig angesehen wird. Gleichermaßen wertende und formale Elemente enthalte schließlich auch die Orientierung der Verteilung an vorhandenen Rechtspositionen, einschließlich des Kriteriums des Bestandsschutzes.

---

193 *Berg*, in: Der Staat 1976, S. 10; *Tomuschat*, in: Der Staat 1973, S. 465.
194 *Berg*, in: Der Staat 1976, S. 10.
195 *Berg*, in: Der Staat 1976, S. 11.
196 *Kloepfer/Reinert*, a.a.O., S. 66; s. auch schon *Berg*, in: Der Staat 1976, S. 17 ff.

Soweit es sich um allgemeine, d.h. auch in anderen Rechtsbereichen zur Anwendung kommende Verteilungskriterien handelt und diese nicht schon ausdrücklich im TPG genannt sind, sollen sie hier näher dargestellt werden. Die speziellen, nur im Zusammenhang mit der Organvermittlung diskutierten Vergabekriterien werden, ebenso wie das Vergabeverfahren, im vierten Kapitel erörtert.

8.1 Losverfahren

Das formale Kriterium des Losverfahrens kommt nach dem Grundgesetz nur für die Verteilung solcher knappen Güter in Frage, die unteilbar sind und die nicht zu den existenziellen Bedürfnissen im engeren Sinne gehören. Da Auslosungen zum Ausschluss der Verlierer führen, wäre dies bei existenznotwendigen Gütern für Individuen ein „Todesurteil im Verwaltungswege".[197] Eine Regelung, wie sie einmal bei der Studienplatzvergabe vorgeschlagen wurde, dass nämlich diejenigen, die den Losentscheid als sach- und wertneutralstes Auswahlmittel verlieren, im folgenden Semester vorab zu berücksichtigen sind – also im Prinzip ein mit einem subsidiären Ancienitätsprinzip verbundenes Losverfahren –, ist schon vom Ansatz her bei der Organvermittlung nicht möglich, da es hier in vielen Fällen eine zweite Chance nicht geben wird.[198] Im Übrigen ist die Beurteilung des isolierten oder kombinierten Losverfahrens unterschiedlich.[199]

Da es sich bei dem Gut Organ um ein existenzielles Gut handelt, dürfte insofern die Nichtanwendbarkeit von Losverfahren unstreitig sein. Nach *Künschner*[200] wirkt das Losverfahren bei knappen lebenserhalten-

---

[197] Zur Verfassungswidrigkeit solcher Ausschlüsse, s. *Krause*, a.a.O., S. 15; nur ganz vereinzelt wird das Losverfahren doch zumindest in Erwägung gezogen, da es der prinzipiellen Gleichwertigkeit der Menschen gerecht wird. Alle haben die gleiche Chance, gerettet zu werden., s. dazu *Gäfgen*, a.a.O., S. 19, der auf die Auffassung einzelner Theologen verweist.
[198] Vgl. genauere Darstellung bei *Kalisch*, DVBl. 1967, S. 137.
[199] S. dazu Darstellung bei *Berg*, in: Der Staat 1976, S. 22 f. m.w.N.; so hat beispielsweise das BVerwG verlauten lassen, dass da, wo es an rationalen Kriterien fehle, den letzten Ausweg nur die Losentscheidung bilden könne, BVerwGE 16, 190, 191; auch das BVerfG äußerte im Hinblick auf die Studienplatzvergabe, vgl. dazu § 32 Abs. 4 HRG, dass die Nachteile von Auswahlentscheidungen nach dem Los, bei dem Lebenschancen vom Zufall abhängen, auf der Hand liegen, erkennt aber auch die Vorteile („rasch und ohne viel Aufwand anwendbar") an, BVerfGE 43, 291, 324; Wimmer bezeichnet die Losentscheidung in diesem Zusammenhang als „geordneten Zufall", *Wimmer*, DVBl. 1967, S. 142.
[200] *Künschner*, a.a.O., S. 90.

den Ressourcen wegen seiner evidenten Willkürlichkeit befremdlich und hilflos. Eine isolierte Anwendung kommt zudem schon deswegen nicht in Betracht, weil es mit medizinischen Notwendigkeiten unvereinbar ist.

8.2 Kopf-Prinzip

Das zweite rein formale Kriterium des Kopf-Prinzips, bei dem jeder Nachfrager die gleiche Zuteilungsrate erhält, kommt lediglich bei teilbaren Gütern in Betracht.[201]

Da es sich bei dem Gut Organ um ein unteilbares Gut handelt, scheidet die Anwendung dieses Prinzips schon aus diesem Grund von vornherein aus.

8.3 Prioritätsprinzip

Der Prioritätsgedanke hat seine Wurzel im Römischen Recht. Durch den Satz „prior tempore potior iuris"[202] wird zum Ausdruck gebracht, dass für die Rangfolge von Rechten grundsätzlich die Reihenfolge ihrer Begründung maßgebend ist.[203] Der Zeitfaktor hat aber im privaten und im öffentlichen Recht neben dieser rechtsstärkenden auch eine rechtsschwächende, hemmende oder vernichtende Funktion.[204]

Das Prioritätsprinzip wird in Rechtsprechung und Literatur unterschiedlich gewertet.

Für die Anwendung des Prioritätsgrundsatzes wird von der Rechtsprechung ins Feld geführt, dass dieser sowohl im privaten als auch im öffentlichen Recht Anerkennung gefunden hat. Zum Teil wird die Auffassung vertreten, dass das Prioritätsprinzip ein besonders hohes Maß an Rechtssicherheit und Berechenbarkeit der Entscheidung gewährleiste.

So hat das OVG Münster[205] in einem Fall, in dem der Antragsteller begehrte, dem Antragsgegner zu untersagen, künftig Taxikonzessionen in sogenannten Härtefällen unabhängig von der Vormerkliste zu erteilen, entschieden, dass das Prioritätsprinzip dem Gerechtigkeitsgedanken diene, und zwar nicht nur bezüglich des öffentlichen Interesses an einem

---

201 *Berg*, in: Der Staat 1976, S. 23.
202 Zeitlich früher, stärker im Recht.
203 *Kaser*, Römisches Privatrecht, § 31 III 3, S. 144.
204 Wie die Rechtsinstitute der Verjährung, des Ausschlusses, des Rechtsmissbrauchs und der Verwirkung zeigen, s. dazu näher *Scholler*, Interpretation des Gleichheitssatzes, S. 80 f., der der Ansicht ist, dass die jeweilige Funktion des Zeitfaktors nur im Zusammenhang mit der materiellen Rechtslage richtig beurteilt werden kann.
205 OVG Münster, NVwZ-RR 1991, S. 147.

geordneten Vergabeverfahren, sondern auch bezüglich des Interesses der einzelnen Listenbewerber an einer gerechten und berechenbaren Berücksichtigung ihrer Bewerbung. Die ausnahmsweise Durchbrechung des Prioritätsprinzips bedürfe besonderer Rechtfertigung. Das BVerwG[206] entschied bezüglich der Vergabe von Taxikonzessionen, dass das Prioritätsprinzip als Auswahlkriterium „dem Gerechtigkeitsgedanken besser genüge als denkbare andere rechtsstaatliche Lösungen". Das Gesetz lasse hier zudem „Raum für weitere Differenzierungen".

Für das Prioritätsprinzip sprechen auch Praktikabilitätsgründe. Das BVerwG[207] äußerte bezüglich der Vergabe einer beschränkten Anzahl von Taxikonzessionen, das Prioritätsprinzip böte sich schon deswegen an, da eine Auswahl nach persönlichen oder sozialen Gesichtspunkten die Verwaltung bei einer Vielzahl von Bewerbern schlicht überfordern würde.

Auch in der Katastrophenmedizin wird die Auffassung vertreten, dass ein Prioritätsprinzip die Chancengleichheit mehr als jedes andere Prinzip wahren würde und auch für jeden nachvollziehbar und transparent bliebe.[208] Das Prioritätsprinzip dürfte aber erst auf einer Stufe angewandt werden, auf der eine grobe Einteilung in akut vital Gefährdete, dringend ärztlicher Hilfe Bedürftige und Leichtverletzte bereits stattgefunden hat. Erst innerhalb dieser Gruppen könnte dann jeweils das Prioritätsprinzip zur Anwendung gelangen, da sich ein anderes Verhalten nicht mit den Grundsätzen des § 34 StGB vereinbaren ließe.[209] Nach *Dönicke*[210] entspricht es im Hinblick auf die Verankerung des Gedankens der Vorteilserhaltung und des Vertrauensgrundsatzes in der Gesamtrechtsordnung dieser am meisten, wenn nach dem Prioritätsgrundsatz behandelt wird.

Dagegen ist das erkennbare Verteilungsprinzip der Regelungen im AMG und den meisten anderen Gesetzen mit limitierter Gefährdungshaftung gerade nicht das Prioritätsprinzip. Eine Verteilungsproblematik kann sich hier ergeben, da sich der Gesetzgeber in den meisten Fällen der gesetzlichen Gefährdungshaftung zu einer Haftungsbegrenzung durch Höchstsummen entschlossen hat, vgl. §§ 88 AMG, 12 StVG, 37 LuftVG,

---

206 BVerwG, NJW 1990, 1376, 1377, vorher schon BVerwGE 64, 238, 245 = NJW 1982, 1168 = NVwZ 1982, 315, im Anschluss an BVerwGE 16, 190, 191 = NJW 1964, 71; BVerwGE 23, 314, 318.
207 BVerwGE 16, 190, 191.
208 *Piechowiak*, DÄ 1983, S. 60.
209 Vgl. dazu ausführlich *Dönicke*, Strafrechtliche Aspekte der Katastrophenmedizin, S. 124 ff.
210 *Dönicke*, a.a.O., S. 130, 149.

9, 10 HPflG, 117 BBergG, und es denkbar ist, dass die Höchstsumme bereits verteilt ist, bevor alle Geschädigten ihre Ansprüche aus demselben Haftungsfall geltend gemacht haben.

§§ 10 HPflG, 12 StVG und 37 Abs. 3 LuftVG sehen eine Herabsetzung der Entschädigung bei Mehrfachschäden vor, um die Ansprüche aller Geschädigten befriedigen zu können. Schnelligkeit ist dagegen gefragt, wenn es um die Verteilung der Haftungssummen nach § 117 Abs. 1 Nr. 1 BBergG geht, ebenso unmittelbar nach einem nuklearen Ereignis, bevor der Gesetzgeber tätig wird. Die Verteilungsvorschrift des § 35 Abs. 1, 2 AtG greift erst ein, wenn damit zu rechnen ist, dass die gesetzlichen Schadensersatzverpflichtungen aus einem Schadensereignis die zur Erfüllung der Schadensersatzverpflichtungen zur Verfügung stehenden Mittel übersteigen. Dann wird es einem im Schadensfall zu erlassenden Gesetz überlassen, die Verteilung zu regeln, bis zum Erlass eines solchen Gesetzes einer Rechtsverordnung, die sicherstellen muss, dass die Befriedigung der Gesamtheit aller Geschädigten nicht durch die Befriedigung einzelner Geschädigter unangemessen beeinträchtigt wird, § 35 Abs. 2 S. 2 AtG. Als Begründung für eine solche Regelung wurde angeführt, dass es zweckmäßiger sei, die Regelung den besonderen Erfordernissen des Schadensfalles anzupassen, als wenn diese zu einem Zeitpunkt erfolgt, wo das Ausmaß nicht abzusehen ist.[211] Eine zweite Zeitschwelle hält das AtG in § 32 Abs. 3 bereit: Die gerichtliche Geltendmachung von Ansprüchen in den ersten zehn Jahren sichert den Vorrang vor später erhobenen. Die dritte Schranke ist die dreißigjährige Verjährungsfrist, vgl. § 32 Abs. 1 AtG. Es liegt also ein gestuftes Prioritätsprinzip vor.

In der Literatur erfährt das Prioritätsprinzip überwiegend Kritik. *Kloepfer/Reinert*[212] sind der Ansicht, dass ein derart formalisierter Maßstab allein einem materiellen Gleichheitsgebot nicht genügen könne. Wo subjektive Ansprüche und materielle individuelle und öffentliche Interessen konkurrieren und kollidieren, müssten ziel- und zweckoptimale Verteilungslösungen angestrebt werden. Dabei wird zugestanden, dass sowohl der Gesichtspunkt der Praktikabilität unter dem Aspekt der Funktionsfähigkeit als auch der Gedanke möglichst hoher Berechenbarkeit einer Entscheidung aus Rechtsstaatsgesichtspunkten relevante Kriterien sind. Da aber Entscheidungen nach streng formalisierten Maßstäben immer berechenbarer seien als Abwägungsentscheidungen, könnten

---

211 S. näher dazu *Haedrich*, Atomgesetz, Taschenkommentar, § 35 Rdnr. 2.
212 *Kloepfer/Reinert*, a.a.O., S. 69.

diese Gesichtspunkte letztlich nicht ausschlaggebend sein, da komplexe Interessenkonkurrenzen auf solche Weise gerade nicht ausgeglichen werden könnten.

Koenig[213] gibt zu bedenken, dass das Prioritätsprinzip leicht unterlaufen werden könne. Es sei zwar wert- und sachneutral, aber auch unflexibel. Formale Verfahren wie das Prioritätsprinzip und auch das Losverfahren genügten dem grundrechtlichen Optimierungsgebot nicht. Sie widersprächen dem Grundsatz, dass die Einschränkung der Grundrechtsausübung eines abgelehnten Bewerbers zugunsten seines begünstigten Konkurrenten eine Abwägung der kollektiven Rechtsgüter und Belange erfordere. Willkürfreiheit allein reiche nicht aus. Zudem bestehe die Gefahr der allokativen Fehlleitung knapper Güter.

Tomuschat[214] bezeichnet das Prioritätsprinzip als „kaschierte Willkür", das nur einen „Schein der Ordnung" schaffe und sich auf keinen Fall generalisieren lasse, wenn es notwendig wird, die menschlichen Lebenschancen zu verwalten.

Nach *Berg*[215] dürfe bei Gütern, auf die ein subjektiv-öffentlicher Rechtsanspruch besteht, zeitliche Priorität im Sinne einer Wartezeit nur dann den Kollisionsfall entscheiden, wenn sich gerade hierin – wie bei einem Besitzstand – ein besonderes Wertverhältnis ausdrücke. Wie stets, wenn grundrechtliche Positionen tangiert werden, sei eine Abwägung vorzunehmen, in die alle Rechtsgüter einzubringen seien. Dagegen könnten Güter, auf die kein Rechtsanspruch besteht, ohne entsprechende Abwägung mit den Interessen des Einzelnen verteilt werden. Hier sei der Staat nur an das Willkürverbot gebunden. Dem könne – je nach Gesetzeslage – beim Abstellen auf die zeitliche Priorität Genüge getan sein. Zeitliche Priorität könne aber auch dann nur zusätzlicher Wertungsfaktor sein.

Berg[216] ist weiter der Auffassung, Praktikabilitätsargumente seien nur bei kurzfristigen und zufälligen Kollisionen uneingeschränkt brauchbar. Außerdem versage der Hinweis auf die zeitliche Reihenfolge bei gleichzeitigem Eingang der Anträge. Zudem seien der Verdacht der Manipulation und Abhängigkeit von rein technisch-formalen Zufälligkeiten Faktoren, die zu Reibungsverlusten führten.

---

213 *Koenig*, a.a.O., S. 224 f.
214 *Tomuschat*, in: Der Staat 1973, S. 455.
215 *Berg*, in: Der Staat 1976, S. 24 f.
216 *Berg*, in: Der Staat 1976, S. 25.

Nach Ansicht *Scholler's*[217] rechtfertige die Tatsache, dass im Privatrecht der Prioritätsgrundsatz herrsche[218], nicht den Rückschluss auf einen allgemeinen Rechtsgrundsatz, da die Strukturen der Rechtssysteme grundsätzliche Unterschiede aufweisen. Die iustitia commutativa könne sich häufig wegen der Autonomie der Privatrechtssubjekte nur am Zeitfaktor orientieren, während die iustitia distributiva als die verteilende Gerechtigkeit, die ein Gegenüber voraussetze, und nicht nur ein Miteinander kenne, materieller Kriterien für Leistung und Eingriff bedürfe. Er plädiert daher bei gleicher Ausgangslage zwischen mehreren Konkurrenten für den Vorrang des Chancengleichheitsprinzips. Dadurch würde auch die Neutralität der konkurrenzentscheidenden Behörde unterstrichen. Würde sich ein unterlegener Antragsteller wehren, so könne die Behörde nachweisen, dass die Auswahl rein objektiv erfolgte. Denn bei Berufung auf die Priorität müsste die Behörde immer mit dem gerechtfertigten oder ungerechtfertigten Einwand rechnen, dass einzelne Bewerber früher als andere von dem Vorhaben Kenntnis erlangt hätten. Eine Einschränkung sei nur dort vorzunehmen, wo der Prioritätsgrundsatz dem Gleichheitsgebot entspräche, so, wenn Anträge zeitlich ein oder mehrere Jahre auseinander lägen. Dann seien sie untereinander nicht mehr als gleichwertig anzusehen.[219]

Voßkuhle[220] spricht sich für eine Subsidiarität des Prioritätsprinzips aus. Das Prioritätsprinzip ist seiner Meinung nach dann zulässig, wenn aus einer zeitlichen Abfolge Rückschlüsse auf sachliche Kriterien möglich seien oder aufgrund der prinzipiell gleichen Eignung der Bewerber eine Auswahl nach inhaltlichen Kriterien ausscheide. In keinem Fall dürfe man sich der Verantwortung unter Hinweis auf Effizienzgesichtspunkte entziehen, wenn eine sachorientierte Verteilung aufwendig und kompliziert erscheine. Erst wenn die Funktionsfähigkeit der Verwaltung bei Anwendung jedes anderen sinnvollen Auswahlkriteriums ernsthaft gefährdet sei, sei der Rückgriff auf den „Verlegenheitsmaßstab" der Priorität zulässig.

Insgesamt ist festzustellen, dass das Prioritätsprinzip grundsätzlich als Verteilungskriterium bei der Organverteilung in Betracht kommt, wenn die zeitliche Priorität nicht isoliert entschieden, sondern mit einer materiellen Aussage verknüpft ist.

---

217 *Scholler*, a.a.O., S. 82.
218 In der Zwangsvollstreckung und im Grundbuch hat immer derjenige Gläubiger Vorrang, der als Erster eingetragen war; nach § 958 BGB erwirbt derjenige Eigentum an einer herrenlose Sache, der diese in Eigenbesitz nimmt.
219 *Scholler*, a.a.O., S. 87.
220 *Voßkuhle*, in: Die Verwaltung 1999, S. 37 ff.

8.4 Finanzielle Leistungsfähigkeit

In der Gesetzesbegründung zu den Strafvorschriften des TPG bezüglich des Organhandels[221] heißt es:

„(...) Darüber hinaus gilt es, die Transplantationsmedizin vor dem Anschein sachfremder Erwägungen zu bewahren, zumal mit einer Kommerzialisierung menschlicher Transplantate die Gefahr erwächst, dass die Verteilung lebenswichtiger Organe ungeachtet therapeutischer Dringlichkeit an die finanzielle Leistungsfähigkeit potenzieller Empfänger geknüpft wird. Eine solche Relativierung der medizinischen Indikation durch finanzielle Erwägungen könnte nicht hingenommen werden. (...)."

Zudem heißt es in der Begründung zu der Vorschrift über die Aufnahme in die Warteliste[222], dass diese nicht von finanziellen Erwägungen abhängig gemacht werden darf.

a) Verteilung über den Markt

Obwohl sich der Gesetzgeber gegen die Anwendung finanzieller Kriterien bei der Organvermittlung insgesamt ausgesprochen hat und damit auch gegen eine Übertragung auf den Marktmechanismus, in der die finanzielle Leistungsfähigkeit Maßstab der Güterverteilung ist, soll das Kriterium der finanziellen Leistungsfähigkeit dennoch näher betrachtet werden[223], da fast alle Güter, die der Deckung individueller Bedürfnisse dienen, kommerzialisiert und monetisiert sind, d.h. sie haben einen Marktpreis und können gegen Zahlung eines entsprechenden Entgelts erworben werden.[224]

Während die kommerzialisierte Blutspende für zulässig erachtet wird, da lediglich ein Ausgleich auf Spenderseite vorgenommen wird[225], steht der überwiegende Teil[226] der bezahlten Spende anderer Organe des

---

221 BT-Drs. 13/4355, S. 15.
222 BT-Drs. 13/8017, S. 42.
223 Ergänzend sei angeführt, dass eine Verteilung nach finanzieller Leistungsfähigkeit grundsätzlich auch durch den Staat möglich ist, in Form von Abgaben jedweder Art.
224 *Tomuschat*, in: Der Staat 1973, S. 434 f.
225 Gemäß § 10 S. 1 TFG (das TFG vom 1. Juli 1998 ist am 7. Juli 1998 in Kraft getreten) soll die Spende unentgeltlich erfolgen. Dem Spender kann jedoch eine Aufwandsentschädigung gewährt werden.
226 Vgl. *Kohlhaas*, NJW 1970, S. 1225; *Loewy*, Ethische Fragen in der Medizin, S. 174: das Wesen der Medizin widerspricht der Marktphilosophie; die allgemeine Auffassung, dass man für menschliche Organ keine Gegenleistung verlangen und geben darf, findet sich auch in der Resolution 44.25 vom 13. Mai 1991 und in einer Entschließung des Europäischen Parlamentes vom 14. September 1993, s. dazu BT-Drs. 13/4355, S. 15; das LSG Niedersachsen ist der Auffassung, es widerspräche der Achtung der

menschlichen Körpers ablehnend gegenüber. Unter Hinweis auf entgegenstehende ethische Grundsätze wird der Verkauf von Organen ausdrücklich abgelehnt.

Neben den mehr in Sitten- und Moralvorstellungen wurzelnden Vorbehalten gegen eine derartige marktwirtschaftliche Lösung des Problems nennt *Kübler*[227] andere Bedenken, die einen solchen Vorschlag auch rechtlich in Frage stellen. Sie weist auf die Schwierigkeiten hin, die ein freies Spiel der Kräfte für eine gerechte Krankenversorgung mit sich bringen würde. Wolle die Krankenversicherung ihrer Aufgabe als Teil der Daseinsvorsorge gerecht werden, könne sie sich nicht dem Vorwurf aussetzen, keine gerechte Verteilung der Lebens- und Gesundheitschancen garantieren zu können. Das aber werde die Gefahr sein, wenn sich Gesundheit derjenige kaufen könne, der das meiste dafür bietet, und sei daher ein wichtiges Argument gegen einen Organmarkt. Der besonderen Funktion der Krankenversorgung entspräche am ehesten ein zumindest nicht völlig von staatlichen Eingriffen freies System der Transplantatversorgung.

Nach *Walzer*[228] ist der Markt zwar einer der wichtigsten Mechanismen für die Verteilung von sozialen Gütern, er sei aber niemals ein allumfassendes Verteilungssystem, da es Dinge gäbe, die für Geld nicht zu haben seien. Er hat eine seiner Meinung nach umfassende Liste mit Gütern aufgestellt, die man für Geld nicht kaufen kann.[229] Dazu gehört an erster Stelle die Forderung, dass Menschen weder ge- noch verkauft werden dürfen. Personen oder die Freiheit von Personen seien nicht marktfähig, marktfähig seien nur die Dinge, die die Menschen herstellen. Tiere dagegen seien marktfähig, weil sie als Wesen ohne Persönlichkeit gelten.[230] Des Weiteren seien auch verzweifelte Tauschaktionen und Geschäfte im Sinne des „letzten Auswegs" verboten.[231]

Kloepfer/Reinert[232] stellen fest, dass dem Kriterium der finanziellen Leistungsfähigkeit bei der Verteilung existenznotwendiger Güter verfas-

---

Menschenwürde, wenn der Mensch Körperteile verkauft und sich zum Objekt erniedrigt, s. dazu *Schroeder*, ZRP 1997, S. 267. Dies gilt auch für die postmortale Organspende, BT-Drs. 13/4355, S. 29; Schroeder würdigt kritisch die Argumente gegen eine Organgabe gegen Entgelt, *Schroeder*, ZRP 1997, S. 265 ff.
227 *Kübler*, a.a.O., S. 129 f.
228 *Walzer*, a.a.O., S. 27.
229 *Walzer*, a.a.O., S. 156 ff.
230 *Walzer*, a.a.O., S. 157; hinsichtlich des Kriteriums der finanziellen Leistungsfähigkeit bei der Xenotransplantation s. im siebenten Kapitel.
231 *Walzer*, a.a.O., S. 159.
232 *Kloepfer/Reinert*, a.a.O., S. 71; so auch *Tomuschat*, in: Der Staat 1973, S. 448 f.

sungsrechtliche Grenzen gesetzt sind. Insbesondere Gleichheitssatz und Sozialstaatsprinzip markierten zwei Felder, wo der Einzelne nicht allein von seinen persönlichen Einkünften abhängig sein dürfe. Es sei bedenklich, wenn durch die Vermarktung bestimmter Güter die Wahrnehmung von Grundrechten vom individuellen wirtschaftlichen Leistungsvermögen abhinge.

Die herkömmlichen ökonomischen Verteilungstechniken gehen zudem stillschweigend von der Annahme aus, dass jedes Gut in quasi beliebiger Menge angeboten werden könne, wenn man nur die für seine Erzeugung notwendigen Produktionsfaktoren in ausreichender Menge einsetzte.[233] Bei dem Gut Organ handelt es sich hingegen um ein lebensnotwendiges Gut, das nicht ausreichend zur Verfügung steht, bei dem die Knappheitserscheinung andauern wird, und dessen Angebot nicht ohne weiteres erweitert werden kann.

In solchen Fällen erweist sich der Markt als ungeeignet, eine mit den Grundforderungen der Verfassung in Einklang stehende Güterverteilung sicherzustellen, so dass ein anderes Steuerungssystem zum Zuge kommen muss.[234] Gestützt wird diese Forderung dadurch, dass durch den Ausbau unseres Gesundheitssystems der sozialen Sicherheit Vorsorge getroffen ist, dass jedermann ärztliche Hilfe in Anspruch nehmen kann. Eine über die Beiträge hinausgehende Zahlungspflicht widerspräche diesem System.[235]

Eidenmüller[236] kommt bei der Frage, ob Recht nach Gesichtspunkten ökonomischer Effizienz gestaltet werden soll, zu dem Ergebnis, dass das ökonomische Effizienzziel zumindest als alleiniges oder überragendes Ziel der Rechtspolitik nicht zu rechtfertigen sei. Der Gesetzgeber könne sich aber entschließen, diesem Ziel sektoral in bestimmten Rechtsgebieten unter Abwägung mit anderen Zielen Rechnung zu tragen. Es ist

---

233 *Tomuschat*, in: Der Staat 1973, S. 438.
234 Vgl. auch *Flume*, Rechtsgeschäft und Privatautonomie, S. 145: bei der Verknappung lebenswichtiger Güter sei die Aufhebung der Privatautonomie hinsichtlich des Verkehrs mit diesem Gut die einzig richtige rechtliche Lösung und das verknappte Gut jedem, der dessen bedarf, autoritativ zuzuteilen.
235 In den U.S.A. gibt es eine private Organisation der Gesundheitsfürsorge, da man sich weigert, einen umfassenden staatlichen Gesundheitsdienst zu finanzieren. Eine Minimalversorgung für jedermann ist auf der Basis von städtischen Kliniken gewährleistet. Darüber hinaus existiert freies Unternehmertum, *Walzer*, a.a.O., S. 143; das amerikanische Gesundheitswesen ist hauptsächlich marktwirtschaftlich orientiert, aber auch in Europa besteht der Trend, Aspekte des Marktwesens in das Gesundheitswesen einzuführen, *Loewy*, a.a.O., S. 162.
236 *Eidenmüller*, a.a.O., S. 321.

nicht zu übersehen, dass auf allen Ebenen im Gesundheitswesen zunehmend Rationalisierungs- und Rationierungsüberlegungen angestellt werden. Infolge kostentreibender Einflüsse wird mit hoher Wahrscheinlichkeit der Punkt angesteuert, an dem trotz Ausschöpfung aller Einsparungsmöglichkeiten bestimmte Errungenschaften der Hochleistungsmedizin nicht mehr flächendeckend, sondern nur noch selektiv der Bevölkerung zur Verfügung gestellt werden können. *Fuchs*[237] nennt als Beispiel den Einsatz eines künstlichen Herzens. In der Transplantationsmedizin hat die Frage, ob alle in den Genuss des medizinischen Fortschritts kommen können, zwar in erster Linie einen anderen Ausgangspunkt, da hier (noch) nicht Finanzierungs- und Wirtschaftlichkeitsüberlegungen im Vordergrund stehen, sondern zunächst einmal die Knappheit des Guts Organ, nach *Fuchs*[238] sind aber auch die sozialen Folgekosten sowie die Kosten eines Mehr oder Weniger an Lebensqualität mit einzubeziehen. Eine Strategie, zu bestimmen, was im Gesundheitswesen angeboten und nach welchen Kriterien es verteilt wird, ist die Ausrichtung an bestimmten Gesundheitszielen.[239] *Fuchs*[240] kritisiert den Gesundheitsbegriff der WHO, wonach bis zum Jahr 2000 ein Zustand des vollkommenen biologischen, sozialen und psychischen Wohlbefindens erreicht werden soll, als utopisch, weil er unerfüllbare Erwartungen in menschliches Handeln setze, und als gefährlich, weil diese Erwartungen in Anforderungen und Ansprüche umgesetzt würden. Es werde eine Betreuungsmentalität in der Gesellschaft gefördert und erwartet, dass jede Störung des Befindens durch ärztliche Maßnahmen angegangen werden könne. Neuorientierung im Gesundheitswesen heißt nach Fuchs, einen besseren Gesundheitsbegriff zu entwickeln. So könne man Gesundheit nicht nur als die Abwesenheit von physischen oder psychischen Störungen, sondern auch als die Kraft verstehen, mit Störungen zu leben. Im Umkehrschluss wäre zu folgern, dass Krankheiten Lebensvorgänge jenseits der Grenze individuell möglicher Anpassungen an Störungen sind. Sodann wäre zu fragen, was auf dem Weg zu diesem Gesundheitsverständnis beachtet werden muss und welches die prioritären Gesundheitsziele sind.

Um herauszufinden, wie eine Rationierung vorgenommen werden soll, kann auf die philosophischen Gerechtigkeitstheorien zurückgegrif-

---

237 *Fuchs*, Ethik und Gesundheitsökonomie, S. 56.
238 *Fuchs*, a.a.O., S. 56 f.
239 Vgl. dazu *Fuchs*, a.a.O., S. 55, wobei darauf hinzuweisen ist, dass die Überlegungen wegen einengender finanzieller Ressourcen angestellt wurden.
240 *Fuchs*, a.a.O., S. 58 ff.

fen werden.²⁴¹ Auf der Grundlage der Gerechtigkeitsvorstellungen einer Gesellschaft kann untersucht werden, welcher philosophische Ansatz eine breit akzeptierte und schlüssige Grundlage für ein Rationierungskalkül bietet.²⁴²

Herrscht in einer Gesellschaft die Vorstellung, dass jeder seines eigenen Glückes Schmied ist, Krankheit und Gesundheit von Eigenverantwortung abhängen und es keine Gründe für eine institutionalisierte Solidarität gibt (Liberalismus), so kann auf Marktmechanismen mit privater Krankenversicherung als liberale und effiziente Lösung verwiesen werden. Ist eine Gesellschaft stark von christlicher Tradition der Nächstenliebe und Verantwortlichkeit geprägt, so könnte eine Pflichtenlehre (Deontologie) als Grundlage für ein weitgehend öffentlich finanziertes System der freien Gesundheitsversorgung dienen. Utilitaristische Ideen sehen die Gesellschaft vorrangig als ein Kollektiv, um die Summe der individuellen Nutzen zu maximieren, wobei entsprechende Kosten-Nutzen-Analysen ein Mittel sind, dieses Maximum zu erreichen. Der Kontrakualismus geht zurück auf die Idee eines hypothetischen Sozialkontrakts (*Rawls'* Gerechtigkeitstheorie), zu dem sich die Mitglieder einer Gesellschaft verpflichtet haben und der wesentliche Rechte und Pflichten regelt.

Da Marktmechanismen nur durch die Änderung unseres bisherigen Gesundheitssystems eingeführt werden können, wäre erste Voraussetzung, die Gesundheit nicht als rein öffentliches Gut anzusehen. *Tomuschat*²⁴³ spricht von einem öffentlichen Gut, bei dem ein Preismechanismus als Rationierungselement nicht vorgesehen ist, wenn es allen in gleicher Weise zugute kommt, ohne dass der Genuss des einen denjenigen des anderen schmälern würde (Beispiel: Luft). *Kloepfer/Reinert*²⁴⁴ finden eine andere Beschreibung. Danach liegt ein öffentliches Gut vor, wenn es gemeinschaftlich nutzbar ist (sog. Nichtrivalitätsbedingung) und keine Möglichkeit besteht, nutzwillige (aber zahlungsunwillige) Personen von der Nutzung auszuschließen (sog. Nichtausschließungsbedingung). Im Gegensatz dazu könne das Individuum mit der tatsächlichen Nutzung eines privaten Gutes andere von der Nutzung eben dieser Einheit ausschließen. In der Realität seien beide Bedingungen im strengen Sinne aber nur selten erfüllt.

---

241 S. Darstellung im ersten Kapitel unter 2.
242 S. dazu *Obermann*, MedKl 1999, S. 110, 114.
243 *Tomuschat*, in: Der Staat 1973, S. 436.
244 *Kloepfer/Reinert*, a.a.O., S. 42.

Nach *Höffe*[245] sind zumindest drei Faktoren für die Gesundheit ausschlaggebend: die gesellschaftlichen Umstände, eine natürliche Vorgabe und der eigene Lebensstil. Die Gesundheit sei ein spezielles, weder nur privates noch lediglich öffentliches Gut. Daher ist der Ansatz von *Höffe*[246] der, dass sich für ein soziales Minimum wie bei den Freiheitsrechten eine strenge Gleichbehandlung empfiehlt. Da die Gesundheit im Unterschied zu den Freiheitsrechten aber auch nicht ein nur öffentliches Gut sei, müsse man nach dem Prinzip Freiheit die Entscheidung, was einem die Gesundheit wert ist, selber treffen dürfen.[247] Er stellt aus diesem Grund die Frage, ob die Krankenversicherung nicht ein neues, mehrstufiges System bräuchte, und zwar eine Grundstufe, eine eventuell gesetzliche Krankenversicherung, die für das elementare Minimum zuständig ist, und eine Aufbaustufe, die genossenschaftlichen oder privaten Krankenkassen, die Mehraufwendungen übernimmt. Diese hätten das Recht, Risikofaktoren wie Übergewicht, Bewegungsmangel, Alkohol- und Nikotinmissbrauch als Parameter einzukalkulieren. Ähnlich wie private Lebensversicherungen die persönliche Altersvorsorge abrunden, sei auch in der Krankenversicherung eine Abrundungsstufe für Zusatzwünsche denkbar.

Auch *Schroeder*[248] ist gerade im Hinblick auf die Transplantationsmedizin der Auffassung, dass über eine spezielle Zusatzversicherung, wie sie schon heute für besondere Leistungen im Krankheitsfall üblich ist, nachzudenken sei.

Der Abschluss einer Versicherung, um bestimmte Gesundheitsleistungen im Bedarfsfall in Anspruch nehmen zu können, stellt automatisch ein Selektionskriterium auf der Mikroebene dar.[249]

Den Auffassungen von *Höffe* und *Schroeder* liegen egalitaristische Gerechtigkeitstheorien zugrunde. Sie folgen der Ansicht der weniger radikalen Egalitaristen, die eine strikte Gleichverteilung nur für jene Güter fordern, die für das Überleben und für die Teilhabe am gesell-

---

245 *Höffe*, FAZ vom 22. Februar 1997, S. 2, ders., DÄ 1998, S. 176.
246 *Höffe*, FAZ vom 22. Februar 1997, S. 2, ders., DÄ 1998, S. 177; zum mehrstufigen Gesundheitswesen s. auch *Loewy*, a.a.O., S. 175; ein solches Konzept einer adäquaten Minimalversorgung verstößt zugunsten von mehr Selbstbestimmung gegen die bisher praktisch ausschließlich egalitär orientierte Bedarfsgerechtigkeit. Es duldet subjektive Wünsche nach zusätzlichen Leistungen – und damit auch entsprechende Zusatzversicherungen, *Gäfgen*, Gesundheit, Gerechtigkeit und Gleichheit, S. 18.
247 Sog. Präferenzautonomie, dazu näher *Eidenmüller*, a.a.O., S. 326 ff.
248 *Schroeder*, ZRP 1997, S. 267.
249 Vgl. auch *Andreae/Theurl*, a.a.O., S. 19.

schaftlichen Leben unerlässlich sind.[250] Probleme ergeben sich jedoch bei der Frage, wo jeweils die Grenze zwischen einer notwendigen medizinischen Grundversorgung und dem liegt, was über diesen Mindeststandard hinausgeht und nicht mehr egalitär verteilt werden kann.[251]

Zur Umsetzung der aufgeführten Vorschläge müsste zumindest die generelle Transplantationsleistung aus dem Leistungskatalog der Krankenkassen, in denen aufgeführt ist, welche Leistungen erstattet werden, gestrichen werden. Die Erstellung einer Prioritätenliste wäre erforderlich. Eine solche ist beispielsweise seit 1994 in Oregon für die über die staatliche Medicaid versicherten einkommensschwachen Bürger in Anwendung. Die Einordnung der Erkrankungen auf einen bestimmten Rang der Prioritätenliste erfolgt nach 13 Kriterien, wie Lebensqualität, Lebenserwartung, Kosteneffizienz, Häufigkeit von Erkrankungen in der Bevölkerung, Therapien, die den Tod verhindern und zur völligen Wiederherstellung führen, stehen ganz oben auf der Prioritätenliste. Therapien, die nur minimal Verbesserungen der Lebensqualität erbringen, stehen weit unten. *Wiedemann/Thor-Wiedemann*[252] sind der Auffassung, dass dies auch Diskussionsgrundlage für das deutsche Gesundheitssystem sein könnte.

Entscheidet man sich nun für eine explizite Rationierung, d.h. die bewusste, auf bestimmten Regeln beruhende Gewährung bzw. Nichtgewährung von Leistungen, führte eine in diesem Rahmen stattfindende offene Diskussion zu mehr Kontrolle, Transparenz, Nachvollziehbarkeit und Gerechtigkeit. *Obermann*[253] ist der Ansicht, dass eine explizite einer impliziten Regelung in einer liberalen und demokratischen Gesellschaft vorzuziehen sei. Im Gegensatz zu impliziten Zuteilungsentscheidungen, in denen auf medizinische Parameter zurückgegriffen wird, werde geplant und nicht ad hoc entschieden. Als Beispiel für eine interne Zuteilungsentscheidung kann das HLA-Kriterium angeführt werden. Dieses wird zwar mit dem zu erwartenden besseren Ergebnis gerechtfertigt, ist aber letztlich ein Rationierungsmodus. Auch bei impliziten Zuteilungs-

---

250 Radikale Egalitaristen fordern eine strikte Gleichverteilung aller materiellen und nicht-materiellen Güter innerhalb einer Gesellschaft; dies würde bedeuten, dass entweder alle in gleicher Weise alles erhalten oder, wenn dies nicht möglich ist, keiner etwas erhält; im Falle der Organverteilung würde dies zu einem Verzicht auf die Transplantationsmedizin führen, und zwar so lange, wie der Gesamtbedarf an Organen nicht befriedigt werden kann.
251 *Ach*, a.a.O., S. 39.
252 *Wiedemann/Thor-Wiedemann*, MedKl 1999, S. 118 f.
253 *Obermann*, MedKl 1999, S. 113 f.

entscheidungen werden – bewusst oder unbewusst – Abwägungen vorgenommen und Wertentscheidungen gefällt.

Obermann[254] fordert also demokratische Entscheidungen, beispielsweise mittels Komitees von Bürgern und Experten oder Vorschläge von Experten, z.B. den ärztlichen Standesvertretungen und den entsprechenden medizinischen Fachgesellschaften. Hier sei jedoch noch intensive Forschung über die Einrichtung und entsprechendes institutionalisiertes Vorgehen mit regelmäßiger Anpassung an neue Entwicklungen notwendig. Entsprechende Leitlinien könnten aber niemals vollständig die individuelle klinische Entscheidung ersetzen.

b) Das Sozialstaatsprinzip in seiner Gewährleistungsfunktion

Gegen wie auch immer ausgestaltete Zusatzversicherungen könnte man einwenden, dass dies zu einer Bevorzugung der Privilegierten und Wohlhabenden führen würde, da nur diese die dafür erforderlichen Versicherungsbeiträge bezahlen können. Ein solcher Einwand übersieht aber den ursprünglichen Zweck des Sozialstaates. Er begann als gezielte Hilfe für sozial Schwache und hat sich erst im Laufe der Jahrzehnte zur umfassenden Fürsorge für die Mehrheit der Bevölkerung entwickelt, obwohl deren Pro-Kopf-Einkommen enorm gestiegen ist.[255] Das sich aus Art. 20 Abs. 1 GG und Art. 28 Abs. 1 GG ergebende Sozialstaatsprinzip verpflichtet den Staat zur Herstellung und Erhaltung sozialer Gerechtigkeit und sozialer Sicherheit. Es verlangt Vorsorge und Fürsorge sozial Schwacher. Eine umfassende Fürsorge entspricht nicht diesem Prinzip.[256] Es war nicht Intention der Bismarck'schen Sozialreform, Verteilungsprozesse über verschiedene soziale Schichten in Gang zu setzen.[257] Über mehr Selbstverantwortlichkeit kann also zumindest nachgedacht werden. Dabei sollten begrenzte Abstufungen, die sich viele finanziell leisten können, erwogen werden.[258]

Im Übrigen kann auch das Solidarprinzip, auf dem unser Gesundheitssystem im Wesentlichen beruht, zu unerwünschten Verteilungsergebnissen führen.[259]

---

254 *Obermann*, MedKl 1999, S. 114.
255 *Höffe*, DÄ 1998, S. 177.
256 Zu Inhalt und Bedeutung des Sozialstaatsprinzips, *Hesse*, a.a.O., Rdnr. 209 ff.
257 S. dazu *Haverkate*, Verfassungslehre, S. 264 ff.
258 Vgl. dazu *Gäfgen*, a.a.O., S. 19.
259 S. dazu *Haverkate*, a.a.O., S. 298 ff.

8.5 Wichtigkeit/Würdigkeit der Person (social worth, social value)

Es wäre denkbar, dass bei der Zuteilung von Organen soziale Kriterien wie die Bedeutung einer Person für den Staat oder die Gesellschaft eine Rolle spielen. Dies war zumindest bei der Wohnraumbewirtschaftung der Fall und auch in der Verordnung über das Schornsteinfegerwesen finden Umstände des Verheiratetseins und des Kinderreichtums bevorzugte Berücksichtigung. Dahinter steht der Gedanke, dass die Erhaltung der sozial Wertvollen letztlich von allgemeinem Nutzen sei.[260]

Für die Aufnahme in die Warteliste ist der Gesetzesbegründung[261] ausdrücklich zu entnehmen, dass diese nicht von sozialen Erwägungen abhängig gemacht werden darf. Aber auch auf der zweiten Selektionsstufe, wenn es also um die konkrete Vermittlung geht, bestehen Bedenken, da unsere geltende Rechtsordnung eine Differenzierung nach wichtigen und unwichtigen Personen nicht kennt. Zudem ist ein solches Auswahlkriterium auch nicht mit den Grundsätzen des § 34 StGB vereinbar. Bei der Interessenabwägung ist immer der Grad der den Rechtsgütern drohenden Gefahr zu berücksichtigen. Das menschliche Leben hat nach der Rechtsordnung den höchsten Wert, woraus folgt, dass dringliche Patienten vor nicht so dringlichen den Vorrang haben, gleichgültig welche Stellung sie in der Gesellschaft einnehmen. Eine Abstufung nach der Wichtigkeit einer Person würde auch gegen Art. 3 Abs. 1 GG verstoßen. Unabhängig von der Frage, wer die Vermittlung der Organe vornimmt – der Staat, eine beauftragte Vermittlungsstelle oder der Arzt selbst – ist Art. 3 GG zu beachten. Art. 3 GG entfaltet Bindungswirkung im Verhältnis des Patienten zu der Person oder Institution, die die Vermittlungsentscheidung trifft, da die Abhängigkeit insoweit genauso so groß ist wie im Verhältnis Staat – Bürger.[262]

Bei der Zuteilung von Organen ist das höchste Gut des Einzelnen, sein Leben bedroht. Da zwischen der Verschiedenheit der Sachverhalte und der Differenzierung kein innerer Zusammenhang besteht – eine Differenzierung nach Verdiensten oder zu erwartender Nützlichkeit hat keinen Zusammenhang mit der Gefährdung von Leib und Leben des Patienten – ist die Unterscheidung nicht sachgerecht und damit willkürlich.[263]

---

260 *Feuerstein*, a.a.O., S. 238.
261 BT-Drs. 13/8017, S. 42.
262 Zur Frage der Art und des Umfangs der Grundrechtsbindung und der „Ausstrahlung" der Grundrechte auf die gesamte Rechtsordnung s. *v. Münch*, in: v. Münch/Kunig, a.a.O., Bd. 1, Vorbemerkung Art. 1–19 Rdnr. 22.
263 Zum Erfordernis der sachgerechten Differenzierung s. *Kunig*, in: v. Münch/Kunig, a.a.O., Bd. 1, Art. 3 Rdnr. 30.

Eine Differenzierung nach Geschlecht, Abstammung, Rasse, Nationalität oder Religion verstößt schon gegen das spezielle Diskriminierungsverbot des Art. 3 Abs. 3 GG. Des Weiteren würde auch ein Verstoß gegen Art. 1 Abs. 1 GG vorliegen, da der Mensch zum bloßen Objekt im Staat gemacht wird.

Abgesehen von den verfassungsrechtlichen Einwänden dürfte eine Auswahl nach der Wichtig- bzw. Würdigkeit einer Person auch den standesrechtlichen Pflichten der Ärzte zuwiderlaufen. Zudem gäbe es Operationalisierungsschwierigkeiten, da Würdigkeitsmaßstäbe nicht ausreichend objektivierbar sind.[264] Insgesamt ist *Berg*[265] zu folgen, wenn er sagt, dass weder ein Bonus noch ein Malus nach irrationalen Würdigkeitsaspekten vergeben werden darf.

9 Ergebnis

Alle dargestellten Verteilungskriterien haben Vor- und Nachteile. Ein optimales Verteilungskriterium gibt es nicht. Es lässt sich nicht allgemein und abstrakt, sondern nur im Blick auf den konkreten zu regelnden Sachverhalt bestimmen, welches gerechte Kriterien sind[266], wobei vor allem nach der Art des zur Verteilung anstehenden Gutes zu fragen ist. Bis auf das Prioritätsprinzip kommen die genannten Kriterien aber schon aus grundsätzlichen Erwägungen bei der Organverteilung nicht weiter in Betracht.

---

264 *Krause*, a.a.O., S. 14; *Feuerstein*, a.a.O., S. 238; *Kloepfer/Reinert*, a.a.O., S. 72.
265 *Berg*, in: Der Staat 1976, S. 28 m.w.N.
266 Vgl. auch *Hesse*, a.a.O., Rdnr. 438.

Drittes Kapitel:
Stand der Organtransplantation und Organverteilung vor Inkrafttreten des Transplantationsgesetzes

Im Folgenden soll auf die jeweiligen Besonderheiten bei den routinemäßigen Transplantationen der Organe Niere, Herz und Leber eingegangen werden. Vermittlungspflichtig sind nach § 12 Abs. 1 S. 1 i.V.m. § 9 TPG daneben auch noch die Organe Lunge, Bauchspeicheldrüse und Darm. Des Weiteren wird die vor Inkrafttreten des Transplantationsgesetzes ausgeübte Allokationspraxis aufgrund der mit Eurotransplant[267] geschlossenen Verträge erläutert. Diese Verträge werden nun durch Vertrag nach § 12 Abs. 1 und 4 TPG abgelöst. Für das Zustandekommen eines Vertrages nach den Abs. 1 und 4 war ein Zeitraum von zwei Jahren nach Inkrafttreten des TPG vorgesehen, andernfalls hätte das Bundesministerium für Gesundheit durch Rechtsverordnung mit Zustimmung des Bundesrates die Vermittlungsstelle und ihre Aufgaben bestimmen müssen, vgl. §§ 12 Abs. 6, 25 Abs. 2 TPG. Die Übergangsfrist war also am 1. Dezember 1999 abgelaufen. Der Vertrag mit der Vermittlungsstelle nach § 12 TPG, welche weiterhin Eurotransplant ist, konnte dann aber Ende Januar 2000 abgeschlossen werden und nach Genehmigung durch das Bundesministerium für Gesundheit am 16. Juli 2000 in Kraft treten. Der Vertrag regelt auch die Umsetzung der Richtlinien der BÄK zur Organvermittlung. Die Richtlinien für die Organvermittlung, § 16 Abs. 1 Nr. 5 TPG, wie auch die für die Wartelisten, § 16 Abs. 1 Nr. 2 TPG, waren am 13. November 1999 vom Vorstand der BÄK verabschiedet worden[268] und sind nun mit dem Tag der Wirksamkeit der Verträge nach § 11 Abs. 2 TPG über die Koordinierungsstelle, deren Funktion die

---

267 Bei der „Eurotransplant Foundation", kurz Eurotransplant genannt, handelt es sich um eine im niederländischen Leiden im Jahre 1967 von J. J. van Rood gegründete, gemeinnützige Organisation, die für den administrativen und organisatorischen Ablauf der Organverteilung verantwortlich ist; die an Eurotransplant angeschlossenen Länder sind Deutschland, Österreich und die Benelux-Staaten, s. *Erhard/Daul/Eigler*, DÄ 1995, S. 31; seit Januar 2000 ist ET auch für Slowenien tätig; falls ET oder die jeweiligen Zentren keinen geeigneten Empfänger finden, wird das Organ bei anderen Verteilungsorganisationen in Europa (United Kingdom Transplant; Francetransplant) oder in den U.S.A. angeboten, wie auch umgekehrt, *Wiesing*, a.a.O., S. 229; BT-Drs. 11/7980, S. 27. Der Verteilungsmechanismus beruht auf Verträgen zwischen den Transplantationszentren und der DSO einerseits sowie der DSO und ET andererseits.
268 Zu den Richtlinien s. Anlage 4.

DSO übernimmt, und nach § 12 Abs. 4 TPG über die Vermittlungsstelle in Kraft. Die Richtlinien für die Vermittlung werden nach und nach mit Erstellung der notwendigen Anwendungsregelungen gemäß § 5 des Vermittlungsstellenvertrages wirksam werden. Bei der patientenbezogenen Organzuteilung ist für Niere und Bauchspeicheldrüse ein Übergangszeitraum von einem Monat, für Herz, Lunge und Leber ein solcher von drei Monaten vorgesehen. Innerhalb von acht Monaten werden die Richtlinien für die Vermittlung dieser Organe vollständig umgesetzt werden. Hinsichtlich der Wartelisten sind die insoweit beschlossenen Richtlinien unmittelbar wirksam geworden.[269]

Während des Übergangszeitraums gelten also die bisherigen Verteilungsregeln, die vor Inkrafttreten des TPG entwickelt worden sind, einschließlich der seit dem 1. Dezember 1997 erfolgten Änderungen weiter. So war hinsichtlich des Organs Herz auf die Vorschriften des TPG schon vor Erlass der Richtlinien reagiert worden. Auf die insoweit beschlossene Allokationsregelung wird aber erst im fünften Kapitel eingegangen.

Für jedes Organ gibt es ein eigenes, spezielles Verteilungsverfahren.

1 Nierentransplantation

1.1 Allgemeines

Die allogene Nierentransplantation ist das etablierte definitive Behandlungsverfahren der terminalen Niereninsuffizienz, d.h. des dialysepflichtigen Nierenversagens.[270] Da durch die Möglichkeit der Dialyse eine Ersatztherapie zur Verfügung steht, besteht nur in den Fällen, in denen ein Patient die Dialyse nicht verträgt, Lebensgefahr. Eine Indikation zur Nierentransplantation wird somit v.a. unter dem Gesichtspunkt der damit erreichbaren Verbesserung der Lebensqualität gestellt. Dieser Gesichtspunkt ist besonders auch bei nierenkranken Kindern wichtig, die nur bei erfolgreicher Transplantation ein normales Wachstum erfahren. Bei Kleinkindern ist eine Transplantation am günstigsten noch vor der Aufnahme der Dialyse, um Entwicklungs-, insbesondere Wachstumsstörungen vorzubeugen. Ausgeschlossen sind Patienten mit bösartigen Erkrankungen, kurzer Überlebenschance, unbehandelbaren Allgemein-

---

269 S. insgesamt dazu BÄK, DÄ 2000, S. 316.
270 *Abendroth/Schelzig/Storck*, Transplantationsmedizin Supplement 1998, S. 85 f.

infektionen und schweren allgemeinen Risikofaktoren, wie hochgradige Gefäßsklerose.[271]

Die erste erfolgreiche Nierentransplantation gelang im Dezember 1954. Sie wurde von dem Bostoner Chirurgen *J. E. Murray* durchgeführt. Der zuständige Internist war *J. P. Merill*.[272] Da Spender und Empfänger eineiige Zwillinge und damit genetisch identisch waren, kam es zu keiner Abstoßungsreaktion. Ansonsten wäre der Transplantation kein Erfolg beschieden worden, da sich damals die Ursachen einer Abstoßung, die körpereigenen Abwehrmechanismen, noch nicht unterdrücken ließen. Dies gelang erst im Jahr 1958 mit dem ersten immunsuppressiv wirkenden Medikament.

Die lebenslang erforderliche Immunsuppression ermöglicht ein einjähriges Transplantatüberleben von ca. 80 % und ein mehrjähriges Transplantatüberleben von ca. 60 %. Bei Versagen des Transplantats kann eine erneute Transplantation erfolgen. Die Wartezeit wird dann wieder durch die künstliche Niere (Dialyse) überbrückt.[273]

Die Unterdrückung des Immunvorganges schwächt jedoch die Abwehrkräfte gegen Viren oder Bakterien und steigert das Krebsrisiko. Die Immunabwehr ist umso stärker und deshalb schwerer zu unterdrücken, je fremder das Organ ist, so dass Spenderorgan und Empfänger zumindest weitgehend in ihren Hauptantigenen übereinstimmen müssen. Da es sich bei der Niere um ein gut durchblutetes Körperorgan handelt, kommt es nach dem Einpflanzen sofort zu einer immunologischen Gegenreaktion. Dem Grad der Übereinstimmung kommt damit besonders bei der Nierentransplantation eine große Bedeutung zu. Wesentlich sind vor allem drei Hauptantigenorte auf Chromosomen, die sogenannten Haupthistokompatibilitäts-Loci A, B und DR, die jeweils Antigenbesatz der Zellen (HLA-Humane Leukozyten Antigene) bestimmen.[274]

Bei der Explantation der Niere wird die Blutzufuhr unterbrochen. Das Organ wird mit einer geeigneten kalten Lösung durchspült. Damit wird der Stoffwechsel des Organs herabgesetzt und die Zellen des Organs können so mit einer geringeren Menge Sauerstoff auskommen. Die Aufbewahrungszeit in diesem Zustand beträgt bei der Niere 30–40 Stun-

---

271 *Pichlmayr*, a.a.O., S. 41.
272 *Pichlmayr*, a.a.O., S. 13.
273 *Pichlmayr*, a.a.O., S. 39.
274 *Pichlmayr*, a.a.O., S. 24; dies ist jedoch nicht unumstritten, zu den unterschiedlichen wissenschaftlichen Meinungen s. *Schmidt/Hartmann*, Lokale Gerechtigkeit in Deutschland, S. 225 f.

den.[275] Die Zeit, in der das entnommene Organ ohne Blutversorgung ist, ist die Ischämiezeit. In dieser Zeit muss die Gewebetestung des Spenders, die Auswahl des Empfängers und der Transport erfolgen. Ist ein Empfänger gefunden, wird er in die Klinik einbestellt. Neben einer allgemeinen Untersuchung wird ein sogenannter Cross-match-Test angesetzt. Bei diesem drei Stunden dauernden Test wird geprüft, ob der Empfänger gegen das vorgesehene Spenderorgan bereits Antikörper hat, die zu einer Abstoßung führen würden. Ist dies der Fall, wird das Organ an einen anderen Empfänger weitergeleitet.[276]

1.2 Praxis der Allokation von Nieren vor Inkrafttreten des Transplantationsgesetzes

a) Verfahren bis März 1996

Bis März 1996 ermittelte der Eurotransplant-Zentralcomputer den am besten geeigneten Empfänger nur nach der Blutgruppenkompatibilität und den Merkmalen einer Gewebeübereinstimmung, wobei „Fullhouse"-Nierenempfänger präferiert wurden.[277] Die Allokation von Spendernieren fußte auf dem sogenannten „HLA-A.B.DR Matching" zwischen Organspender und -empfänger. Unter „Matching" wird der Vorgang verstanden, aus der Warteliste die Patienten herauszufinden, die im Sinne der Histokompatibilität am geeignetsten erscheinen, ausgehend von dem Grundsatz: je größer der Histokompatibilitätsgrad zwischen Spender und Empfänger, desto kleiner die Wahrscheinlichkeit eines Organverlusts aus immunologischen Gründen. Seit der Einführung des Immunsuppressivums Cyclosporin-A wurde jedoch der Einfluss des HLA-Systems auf die Transplantatüberlebenszeit angezweifelt[278], da die Anwendung von Cyclosporin-A in der Frühphase nach allogener Nierentransplantation zu einer signifikanten Verbesserung der Funktionsraten geführt hat.[279]

Bei Nichtübereinstimmung auch nur eines der sechs wichtigsten Antigene konnte das für die Organentnahme zuständige Transplantationszentrum die Niere vor Ort, d.h. im eigenen Zentrum oder in anderen Zentren der Region vermitteln, wobei als Mindestanforderung eine

---

275 Die Forschung wird ggf. die Möglichkeit zur Ausdehnung des Aufbewahrungszeitraums bringen.
276 *Pichlmayr*, a.a.O., S. 41.
277 DTG, Transplantationsmedizin 1995, S. 155 f.
278 *Persijn* u.a., Transplantationsmedizin 1996, S. 69.
279 *Tenschert* u.a., Transplantationsmedizin 1997, S. 132.

HLA-Übereinstimmung von einem B- und einem DR-Locus gefordert wurde[280], und die Entfernung zwischen den Zentren nur ungefähr zwei Autostunden betragen durfte.[281] Dadurch sollte die regionale Vermittlung gefördert werden, auch im Interesse einer kurzen Ischämiezeit und aus Gründen der Kostenersparnis. Konnten die Mindestanforderungen an eine regionale Vermittlung nicht eingehalten werden, wurde die Niere über Eurotransplant vermittelt und gegebenenfalls auch andere Vermittlungsorganisationen im europäischen Ausland eingeschaltet.

Wiesen mehrere Patienten den gleichen Grad an HLA-Kompatibilität auf, hatte der Patient mit der längsten Wartezeit Priorität.[282] Der Prozentsatz von hochdringlich gemeldeten Patienten durfte pro Zentrumswarteliste 1 % nicht übersteigen. Ein einem HU (High Urgency)-Patienten angebotenes Organ durfte nicht mit dem Argument einer schlechten HLA-Kompatibilität zurückgewiesen werden.

Dieses Stufenmodell, das – von den hochdringlichen Fällen abgesehen – vom Grad der HLA-Kompatibilität als oberstem Allokationsparameter ausging und andere Gesichtspunkte erst zur Geltung kommen ließ, wenn diese keine weitere Unterscheidung der Kandidaten mehr erlaubte, wurde durch ein Punktesystem abgelöst, das eine Abwägung der wichtigsten allokativen Zielkonflikte ermöglichte.[283]

b) Verfahren seit März 1996

Seit März 1996 gibt es einen neuen Vergabemodus. Grundlage ist eine von dem Heidelberger Informatiker *Thomas Wujciak* in Zusammenarbeit mit dem Direktor des Instituts für Transplantationsimmunologie der Universität Heidelberg, Professor Dr. *Gerhard Opelz*, entwickelte mathematische Formel, der sogenannte Xcomb-Algorithmus.[284]

Insgesamt werden fünf Faktoren bei der Empfängerauswahl berücksichtigt:[285]

---

280 S. *Wollenberg* u.a., Transplantationsmedizin 1998, S. 118; *Schmidt/Hartmann*, a.a.O., S. 223.
281 Zu den im Zuge der Regionalisierung gebildeten Tx-verbünden, s. in diesem Kapitel unter 2.2 b), c), d).
282 DTG, Transplantationsmedizin 1995, S. 156, Punkte 4 und 5.
283 *Schmidt/Hartmann*, a.a.O., S. 253.
284 S. *Opelz/Wujciak*, Transplantation Proceedings 1995, S. 93 ff.; *Wujciak*, in: Ausschuss-Drs. 602/13, S. 3 ff.
285 S. DSO, Presseinformation April 1996, o.S.; *Schmidt/Hartmann*, a.a.O., S. 253.

- *Grad der Gewebeübereinstimmung (HLA-Kompatibiltät)*
Trotz der sehr kontrovers geführten Diskussion zur Wertigkeit der HLA-Kompatibilität zwischen Spender und Empfänger bei der allogenen Kadavernierentransplantation[286] wurde an dem Parameter der Gewebeübereinstimmung festgehalten. *Opelz* u.a.[287] fanden einen hochsignifikanten Einfluss der Spender-Empfänger-Kompatibilität auf den HLA-A, -B und -DR-Antigenen, wobei die Langzeit-Transplantatüberlebensrate nahezu linear mit der zunehmenden Anzahl von HLA-Inkompatibilitäten („mismatches") abnahm. Der zum Teil ungünstige Einfluss anderer relevanter, nichtimmunologischer Faktoren der Transplantatfunktion wie lange Ischämiezeit etc. wird dabei billigend in Kauf genommen.

Bei der Gewebeübereinstimmung handelt es sich danach um die wichtigste Voraussetzung für den medizinischen Erfolg, damit es nicht zu akuten Abstoßungsreaktionen oder einem späteren Transplantatverlust kommt, wobei aber auch angemerkt wird, dass der Einfluss der Immunsuppression nicht restlos geklärt ist.[288]

- *effektive Wartezeit*
Die im Durchschnitt bei drei bis vier Jahren liegende Wartezeit soll gesenkt werden. Kinder erhalten einen Bonus auf die Wartezeit.

- *Genetische Chance (Mismatch-Wahrscheinlichkeit)*
Genetische Chance bedeutet, dass einem Patienten mit seltenem Gewebetyp eine Spenderniere schon bei mittlerer Übereinstimmung zugeteilt wird.

- *Entfernung zwischen Spender und Empfänger*
Auch die Frage, ob eine längere Ischämiezeit den Erfolg der Transplantation gefährden kann, wird unterschiedlich beantwortet. Während einige Untersuchungen innerhalb bestimmter Toleranzgrenzen keinen direkten Einfluss der kalten Ischämiezeit auf das Langzeittransplantatüberleben zeigten, und auch ein indirekter Einfluss der kalten Ischämiezeit über die Dauer initialer Dysfunktion auf die Langzeitergebnisse nicht verifiziert

---

286 Zum Streitstand s. *Hofmann* u.a., Transplantationsmedizin 1995, S. 19; das Junctim „je höher der Histokompatibilitätsgrad, desto besser die Überlebenszeit" lässt die Frage offen: Warum werden 20–30 % der Transplantate abgestoßen, obwohl der Kompatibilitätsgrad hoch ist?" oder „Warum gehen Organe mit niedrigem Histokompatibilitätsgrad nicht verloren?", *Persijn* u.a., Transplantationsmedizin 1996, S. 71 f.
287 *Opelz* u.a., Infusionsther Transfusionsmed 1994, S. 198 ff.
288 *Abendroth/Schelzig/Storck*, Transplantationsmedizin Supplement 1998, S. 88 f.

werden konnte, geht die überwiegende Meinung davon aus, dass ein Zusammenhang besteht.[289] Jedoch gibt es hinsichtlich der Länge der Ischämiezeiten unterschiedliche Ansichten. Während einige den Zusammenhang bei einer Überschreitung der 30-Stunden-Grenze sehen, fanden andere ihn bereits bei einer kalten Ischämiezeit von länger als 12 Stunden, wieder andere sehen ihn sogar erst nach 48 Stunden als gegeben.[290] Der herrschenden Meinung folgend wird daher auch der Faktor Entfernung zwischen Spender und Empfänger mit einbezogen.

Dabei sollte nicht außer acht gelassen werden, dass sich möglicherweise die beiden Faktoren „kalte Ischämiezeit" und „HLA-Übereinstimmung" überschneiden. Ein weiträumiger Organaustausch mit der Zielsetzung einer optimierten Histokompatibilität zwischen Spender und Empfänger führt zwangsläufig zu längeren kalten Ischämiezeiten. Eventuell neutralisieren sich die beiden gegenläufigen Effekte letztendlich in der Langzeitüberlebenswahrscheinlichkeit.[291]

Der Faktor „lokale Transplantation" wurde aber auch aufgenommen, um dem Einwand zu begegnen, ein zu weiträumiger Organaustausch habe negative Anreizeffekte auf die Organgewinnungsbemühungen.[292]

– *Austauschbilanz zwischen den Eurotransplant-Mitgliedstaaten*
Die Zahl der möglichen Transplantationen wird von der jeweiligen nationalen Spenderzahl abhängig gemacht. Damit sollen gesetzgeberische und strukturelle Unterschiede der einzelnen Länder ausgeglichen werden.

Deutschland ist ein Importland, d.h. es hat mehr Spendernieren aus den anderen Eurotransplant-Mitgliedstaaten erhalten, als es selbst zur Verfügung gestellt hat.

Bei der Empfängerauswahl werden den verschiedenen Allokationsparametern in einem score-system Punkte in unterschiedlicher Gewichtung zugeteilt, wobei die HLA-Übereinstimmung den höchsten Multiplikator erhält[293] und „Fullhouse"-Empfänger bzw. HIT(Highly Immunized

---

289 *Westhoff* u.a., Transplantationsmedizin Supplement 1994, S. 28.
290 S. dazu *Hofmann* u.a., Transplantationsmedizin 1995, S. 19.
291 So *Hofmann* u.a., Transplantationsmedizin 1995, S. 19, die eine genaue Analyse dieses Zusammenhangs aber einer prospektiven Untersuchung vorbehalten wollen.
292 *Schmidt/Hartmann*, a.a.O., S. 254.
293 HLA-Kompatibilität max. 400 Punkte, 1-Jahres-Wahrscheinlichkeit besserer HLA-Kompatibilität max. 100 Punkte, Wartezeit max. 200 Punkte, Nationale Austauschbilanz max. 200 Punkte, Regionales Spenderaufkommen max. 300 Punkte, Das neue TPG, Regionale Aufgaben, Regionale Situation, Bericht 1996 – 1. Halbjahr 1997 Niedersachsen/Ostwestfalen, DSO, Organisationszentrale Hannover, S. 46.

Tray)- und AM(Acceptable Mismatch)-Patienten nach wie vor Priorität genießen. Es kommt dann zu einem sogenannten „mandatory exchange". Neu eingeführt wurde dagegen die Kategorie der hochdringlichen Nierentransplantationskandidaten. Bei solchen High Urgency-Patienten ist der Tod innerhalb von wenigen Wochen zu erwarten.

Eine Sonderregelung besteht hier zusätzlich für Kinder bis zum 16. Lebensjahr, die als Bonus für die HLA-Übereinstimmung den doppelten Punktewert erhalten.

Der Transplantationskandidat mit der höchsten Punktsumme erhält schließlich das Angebot der Organzuteilung. Der neue mehr patienten- als zentrumsorientierte Verteilungsmodus hat zum Ziel, dass Patienten mit seltenem Gewebemuster nicht überdurchschnittlich lange warten müssen und auch langwartende, terminal niereninsuffiziente Patienten eine Chance bekommen sollen.[294] Die Gerechtigkeit bei der Organverteilung sowie die Transparenz der Entscheidungen sollen verbessert werden.

c) Einfluss des neuen Allokationsverfahrens nach Wujciak

Am Transplantationszentrum Freiburg wird seit März 1996 bei der Nierentransplantation strikt nach den neuen Allokationsregeln nach *Wujciak* von Eurotransplant verfahren. In einer Studie wurde untersucht, welche Neuerungen dieses Allokationsverfahren gebracht hat.[295] Dazu wurden zwei Patientenkollektive retrospektiv miteinander verglichen. Der Untersuchungszeitraum betrug jeweils ein Jahr.

In der Gruppe 1 wurden die Ergebnisse von Nierentransplantationen untersucht, die 12 Monate vor Implementierung des *Wujciak*-Modells nach den üblichen Eurotransplant-Richtlinien stattgefunden hatten. In der Gruppe 2 fand die Allokation nach den neuen Eurotransplant-Richtlinien statt. Beide Patientengruppen wurden demographisch sowie hinsichtlich Wartezeit vor der Transplantation, Dialysedauer, HLA-Mismatch, Primärfunktion – definiert durch die nicht vorhandene Notwendigkeit einer Hämodialysebehandlung innerhalb der ersten sieben Tage nach der Transplantation, ausgenommen innerhalb der ersten 24 Stunden post transplantationem –, Abstoßungsreaktionen und Begleiterkrankungen untersucht.

---

294 S. *Wollenberg* u.a., Transplantationsmedizin 1998, S. 118 m.w.N.
295 *Wollenberg* u.a., Transplantationsmedizin 1998, S. 115 ff.

Die Wartezeit vor der Transplantation und damit auch die Dialysezeit war in der Gruppe 2 erheblich länger. Dies hatte schwere kardiale Begleiterkrankungen mit entsprechend komplizierten und längeren post-OP-Verläufen zur Folge. In der Gruppe 2 fand sich ein signifikant schlechteres HLA-Match als in der Vergleichsgruppe. Sogar 10 % der transplantierten Patienten hatten keine Übereinstimmung im HLA-DR-System, was seine Ursache beispielsweise in einer besonders langen Wartezeit und einer dadurch erfolgten hohen Punktzuweisung haben kann.[296] Trotzdem war die Primärfunktionsrate höher und die Häufigkeit von Abstoßungsreaktionen deutlich niedriger. Drei Monate nach dem Eingriff hatten beide Gruppen eine vergleichbar gute Transplantatfunktion.

Zusammenfassend wurde festgestellt, dass der Anteil der transplantierten Patienten mit einem Lebensalter unter 15 Jahren so deutlich erhöht worden ist, dass die Warteliste im Transplantationszentrum Freiburg nahezu abgebaut werden konnte.[297] Tatsächlich langwartende[298] und auch Patienten mit seltenen HLA-Matches konnten transplantiert werden. Das erhoffte Ziel wurde also erreicht.

Obwohl die HLA-Übereinstimmung in der Gruppe 2 schlechter, die Ergebnisse gegenüber denen der Gruppe 1 hingegen nicht schlechter waren, geben die die Studie betreuenden Ärzte zu bedenken, ob es nicht sinnvoll sei, die vormals bewährte HLA-Mindestanforderung wieder einzuführen, um so noch bessere Ergebnisse erzielen zu können. Insgesamt wurde das *Wujciak*-Modell aber als gerechter angesehen.

---

296 Nach Auffassung der die Studie betreuenden Ärzte lässt sich dieser Effekt aber nur mit einer zeitgleich eingeführten Änderung des immunsuppressiven Schemas zurückführen.
297 Der Anteil der transplantierten Patienten unter 15 Jahren war mit 20,8 % nach Einführung des neuen Allokationsmodells gegenüber 8,6 % vorher deutlich erhöht.
298 Eine Untersuchung von 719 Ersttransplantationen von Leichennieren zwischen 1968 und 1989 ergab aber, dass eine längerfristige Dialyse die Prognose des Transplantats verbessert, sowohl was die 1-Jahres- als auch die 5- und 10-Jahres-Funktionsrate anbelangt, *Heaf/Ladefoged*, Transplantationsmedizin 1998, S. 186.

1.3 Lösung der Allokationsprobleme bei der Nierentransplantation – Diskussionsstand in der Medizin

a) Doppelnierentransplantation vom marginalen Spender[299]

An der Universität Münster[300] wurden gute 1-Jahres-Ergebnisse erzielt mit der Doppelnierentransplantation vom marginalen Spender, d.h. Spender im Alter von 65 bis 84 Jahren, die von allen anderen Transplantationszentren aufgrund des hohen Lebensalters, histologischen Veränderungen am Organ oder zusätzlichen Begleiterkrankungen abgelehnt worden waren. Die sehr gute Transplantatfunktion der in der Studie untersuchten 15 Patienten zeige, dass mit der Doppelnierentransplantation auch Organe von marginalen Spendern zur Erweiterung des Spenderpools herangezogen werden könnten.

Auch eine seit Dezember 1994 an der Chirurgischen Klinik und Poliklinik, Klinikum Großhadern, Ludwig-Maximilians-Universität München[301] durchgeführte Studie kommt zu dem Ergebnis, dass Nieren von marginalen Spendern unter Einhaltung kurzer Ischämiezeiten und dem Verzicht auf nephrotoxische Medikamente in der frühen postoperativen Phase erfolgreich transplantiert werden könnten. Auch die Langzeitergebnisse dieser marginalen Organe seien vergleichbar mit den Organen von regulären Spendern. Der Einfluss der Ischämiezeit, insbesondere bei Organen von älteren Spendern, auf das Transplantatüberleben werde durch die Ergebnisse dieser Studie bekräftigt. Die Verwendung von marginalen Spenderorganen könne den „Donorpool" erweitern und die Zahl der Nierentransplantation erhöhen.

b) Alters-Match

Das Alter der Organspender hat bedeutenden Einfluss sowohl auf die frühe Funktionsaufnahme des Transplantats als auch auf das Langzeitüberleben.[302] Das Absinken der Transplantatfunktionsrate älterer Spenderorgane ist unabhängig vom Empfängeralter, d.h. ältere Nieren haben

---

299 Marginale Organe sind solche Organe, die noch gut genug sind, um eine Verwendung zu rechtfertigen, deren Transplantation aber mit vergleichsweise größerer Wahrscheinlichkeit zu postoperativen Komplikationen führt bzw. für die kürzere durchschnittliche Funktionszeiten erwartet werden, *Schmidt/Hartmann*, a.a.O., S. 241.
300 *Dietl* u.a., Transplantationsmedizin 1998, S. 191.
301 *Stangl* u.a., Transplantationsmedizin Supplement 1999, S. 68 f.
302 *Hofmann* u.a., Transplantationsmedizin 1995, S. 14.

auch bei älteren Empfängern eine schlechtere Funktionsrate.[303] Ein höheres Spenderalter[304] stellt damit unabhängig vom Empfängeralter einen Risikofaktor für die Früh- und Langzeitergebnisse dar. Dennoch sollten wegen des Mangels an Spenderorganen die Organe älterer Spender in den Spenderpool aufgenommen werden.[305]

Als Ausweg wird ein Alters-Match, eine Zuordnung älterer Spenderorgane auf ältere Patienten, diskutiert, das der Tatsache Rechnung trägt, dass ältere Transplantatempfänger häufiger mit funktionierendem Transplantat versterben.[306] Obwohl Untersuchungen gezeigt haben, dass ein Alters-Match die oben angesprochenen schlechten Resultate nicht kompensieren kann, wird dennoch eine altersorientierte Steuerung der Organvergabe aus ethischen Gründen vertreten. Die Zuordnung älterer Organe auf ältere Empfänger im Interesse einer optimalen Langzeitfunktion jüngerer und damit „besserer" Organe bei jüngeren Empfängern wird als möglicherweise gerechtfertigt angesehen.[307]

Im Januar 1999 lief im Eurotransplant-Bereich das zunächst auf ein Jahr befristete „ET Senior Program" (ESP) „Old-for-Old" an, dessen Hauptziel es war, die Vergabe von Nieren von Spendern über 65 Jahre spenderzentrumsnah und mit kurzer kalter Ischämiezeit an Empfänger über 65 Jahre zu ermöglichen und so auch diese Nieren mit größtmöglichem Nutzen zu transplantieren. Eine von Januar bis Juli 1999 durchgeführte Studie der Urologischen Klinik des Zentralkrankenhauses St.-Jürgen-Straße in Bremen[308] ergab, dass nach den bisherigen Ergebnissen das „Old-for-Old"-Programm sinnvoll erscheint. Allerdings sei eine kurze kalte Ischämiezeit als Hauptziel und Voraussetzung für den Erfolg ausschlaggebend. Langzeitergebnisse stehen allerdings noch aus.

---

303 *Albrecht/Friedrich/Pfeiffer*, Transplantationsmedizin 1994, S. 185.
304 Einige ziehen die Grenze bei 50 Jahren, *Hofmann* u.a., Transplantationsmedizin 1995, S. 18; andere bei 60 Jahren, *Albrecht/Friedrich/Pfeiffer*, Transplantationsmedizin 1994, S. 183 ff.
305 *Hofmann* u.a., Transplantationsmedizin 1995, S. 18; das Gleiche gilt i.Ü. auch für Organe von Spendern unter 16 Jahren, *Albrecht/Friedrich/Pfeiffer*, Transplantationsmedizin 1994, S. 185.
306 *Howard* u.a., Transplantation proceedings 1989, S. 2020 f.; zum age-matching vgl. auch *Schmidt*, a.a.O., S. 121 f.; *Schmidt/Hartmann*, a.a.O., S. 240 f.
307 *Albrecht/Friedrich/Pfeiffer*, Transplantationsmedizin 1994, S. 185.
308 *Leitenberger* u.a., Transplantationsmedizin Supplement 1999, S. 76.

c) Alter des Organempfängers als Ausschlusskriterium

Die Nierentransplantation bei Organempfängern älter als 65 Jahre wird in der Literatur diskutiert. Überwiegend[309] wird die Meinung vertreten, dass das Alter der Organempfänger keinen Einfluss auf den Zeitpunkt der Aufnahme der Transplantatfunktion und auf die Rate der chronischen Transplantatverluste hat. Es erschiene danach nicht gerechtfertigt, älteren Patienten eine Spenderniere vorzuenthalten, zumal im höheren Alter das Transplantat seltener abgestoßen werde. Komme es allerdings bei Empfängern über 60 Jahren zu Abstoßungskrisen, dann seien diese mit einer erhöhten Mortalität behaftet.

2 Herztransplantation

2.1 Allgemeines

Die Herztransplantation, für deren Indikationsstellung entscheidend ist, dass tatsächlich keine alternativen Therapiemöglichkeiten bestehen, hat sich als klinische Behandlungsmethode mit hohen Erfolgsaussichten durchgesetzt[310], während sich die Erwartungen, dass ein künstliches Herz als Langzeitersatz für das eigene Herz oder zur Überbrückung der Wartezeit verwendbar ist, bislang nicht realisiert haben. Die damit verbundenen Probleme einer geeigneten Form der Energiezufuhr und der Schädigung des Blutes durch die Mechanik einer künstlichen Pumpe sind nicht befriedigend gelöst.[311]

Die erste Herztransplantation beim Menschen wurde von *Christian Barnard* (Kapstadt, Südafrika) am 2. Dezember 1967 durchgeführt. Die Technik der Herztransplantation bereitet keine Schwierigkeiten mehr. Probleme ergeben sich durch eingeschränkte Transplantatfunktion und Transplantatversagen. Eine unzureichende Herzleistung kann kurzzeitig durch medikamentöse und mechanische Hilfen unterstützt werden. Die immunologische Abwehr des Empfängers gegen das neue Herz ist ausgeprägt und erfordert zeitlebens ihre medikamentöse Unterdrückung.[312]

Da das Herztransplantat nur eine kurze Aufbewahrungszeit, nämlich nur vier bis sechs Stunden, zulässt, muss es innerhalb dieser Zeit in den Empfänger eingesetzt werden, was zur Folge hat, dass eine Auswahl

---

309 S. dazu *Hofmann* u.a., Transplantationsmedizin 1995, S. 18 f. m.w.N.
310 *Loebe* u.a., Zent bl Chir 1992, S. 681.
311 *Pichlmayr*, a.a.O., S. 64 f.
312 *Pichlmayr*, a.a.O., S. 29.

bezüglich der Gewebeantigenübereinstimmung zumeist nicht stattfinden kann. Zunehmend wird aber ein HLA-Matching ebenso wie die Durchführung und Berücksichtigung des lymphozytotoxischen Kreuztestes für empfehlenswert gehalten.[313] Größere Studien ließen eine Beziehung zwischen Transplantationserfolg und HLA-Übereinstimmung auch bei der Herztransplantation erkennen.[314] Da aber die Funktionsaufnahme insbesondere von der Dauer der Konservierungszeit („kalte Ischämiezeit") abhängt, und eine sofortige und adäquate Funktionsaufnahme des Transplantats wiederum ausschlaggebend für den kurz- und langfristigen Transplantationserfolg ist, muss auf ein prospektives HLA-Matching derzeit verzichtet werden.

Obligatorisch ist dagegen eine Blutgruppenkompatibilität[315], und das Spenderorgan muss in der Größe zum Empfänger passen.[316] Der Empfänger befindet sich wegen seines schwerkranken Zustandes meist schon in stationärer Behandlung, häufig unter Intensivtherapie. Dies bewirkte, dass bislang das Kriterium der Dringlichkeit bei der Empfängerauswahl eine große Rolle spielte.[317]

Wenn das transplantierte Herz durch eine Vorschädigung im Spender, die in ihrem Ausmaß nicht erkannt worden war, die Funktion nicht oder nicht ausreichend aufnimmt, liegt die einzige Rettungsmöglichkeit in einer baldigen Zweittransplantation. Diese dringliche Lage wird nicht nur im Eurotransplantzentrum, sondern auch in anderen europäischen Vermittlungszentralen bekannt gegeben. Meist folgt ein weiteres Organangebot an den von Überbrückungssystemen abhängigen Patienten rechtzeitig.[318]

Die Feststellung einer Abstoßungsreaktion sowie andere Zeichen der Verschlechterung stellen für den Patienten eine erhebliche psychische Belastung dar. In einer solchen Situation ist die persönliche Stabilität des Patienten und die Hilfe durch seine Umgebung mit entscheidend für den Transplantationserfolg.[319] Da aber die präoperative Beurteilung der psychischen Kooperationsbereitschaft im späten Verlauf bei den schwerkranken Patienten kaum möglich scheint, hat zumindest das Deutsche

---

313 *Kunze/Richter/Vogt*, DÄ 1989, S. 28 ff.
314 *Opelz*, Transplantation Proceedings 1989, S. 794 ff.
315 *Kunze/Richter/Vogt*, DÄ 1989, S. 30.
316 Sog. „size match", *Schmidt*, a.a.O., S. 45.
317 *Pichlmayr*, a.a.O., S. 66; *Schmidt*, a.a.O., S. 45 f.
318 *Pichlmayr*, a.a.O., S. 68 f.
319 *Pichlmayr*, a.a.O., S. 69.

Herzzentrum Berlin[320] nie Patienten wegen ihrer sozialen oder psychischen Situation von der Transplantation ausgeschlossen. Hier sei vielmehr eine rechtzeitige psychotherapeutische Unterstützung angezeigt. Während in den 70er Jahren bei einem Transplantationskandidaten ein Alter zwischen 15 und 45 Jahren als unabdingbare Voraussetzung für die Aufnahme in ein Herztransplantationsprogramm gefordert wurde, ist die Altersgrenze mittlerweile fast völlig aufgehoben.[321] Der Selektion der Patienten hinsichtlich ihres Allgemeinzustandes kommt aber in dieser Gruppe eine besondere Bedeutung zu. Insbesondere pulmonale Infekte bedrohen diese Patienten erheblich.[322]

2.2 Praxis der Allokation von Herzen vor Inkrafttreten des Transplantationsgesetzes

a) Organvergabe durch Eurotransplant

Von Januar 1988 bis Anfang der 90er Jahre war die Warteliste für Herztransplantationen lediglich in Gruppen entsprechend der ABO Blutgruppenverträglichkeit gegliedert. Das Ranking der Patienten innerhalb dieser Liste war automatisch gegeben durch die Wartezeit, die diese Patienten bei Eurotransplant angesammelt hatten oder durch das Erreichen einer höheren Dringlichkeitsstufe. Die Organvergabe wurde zentral durch Eurotransplant für einen Patienten entsprechend dem Listenplatz reguliert.[323] Durch die Regionalisierung der Organvergabe innerhalb des Eurotransplantverbundes änderte sich diese Praxis.

b) Einfluss der Regionalisierung im Transplantverbund

Kam das an Eurotransplant gemeldete Spenderorgan für einen im Verbund gemeldeten HU-Patienten in Frage, so genoss dieser Priorität. Ansonsten hatte das den Spendefall meldende Transplantationszentrum die Wahl, das Organ durch Eurotransplant vermitteln zu lassen oder es im Wege des Selbstbehalts direkt einem Patienten vor Ort zuzuteilen.[324] Zu diesem Zweck waren regionale Verbünde geschaffen worden[325], deren

---

320 *Loebe* u.a., Zent bl Chir 1992, S. 683.
321 *Loebe* u.a., Z Kardiol 1988, S. 1404.
322 *Loebe* u.a., Zent bl Chir 1988, S. 682.
323 *Schmidt*, a.a.O., S. 45 ff.
324 *Schmidt/Hartmann*, a.a.O., S. 225.
325 *Deng/De Meester/Scheld*, Thorac Cardiovasc Surgeon 1999, S. 3; exemplarisch einige Transplantationsverbünde, die sowohl im Bereich der Organspende als auch auf dem

Ziel es war, die Identifikation der Bevölkerung mit ihrer Region zu fördern und so die Organspendebereitschaft zu erhöhen. Wie das Organ innerhalb des jeweiligen Transplantationsverbundes vermittelt wurde, hatten die Verbünde jeweils in eigener Zuständigkeit unterschiedlich geregelt. Die Transplantationszentren waren aber an den von ihnen selbst entwickelten Transplantationskodex[326] gebunden, in dem es unter Punkt 8 hieß:

> „Dringlichkeit der Transplantation und Erfolgsaussichten beim Empfänger entsprechend der Histokompatibilität bestimmen vorrangig Organvermittlung und Organaustausch. Jeweils aktuelle Empfehlungen unter Verwertung neuester Ergebnisse sowie die Abstimmung hierüber sind ein zentraler Aufgabenbereich der Transplantationsgesellschaft in Zusammenarbeit mit der Eurotransplant Foundation. (...).“

c) *Vergabemodus innerhalb des Transplantationsverbundes BHKM*

Exemplarisch soll der Vergabemodus des Transplantationsverbundes BHKM dargestellt werden.[327] Diesem Verbund waren die Transplantationszentren Bonn, Homburg, Kaiserslautern und Mainz angeschlossen, eine Ausdehnung auf Transplantationszentren in Hessen war im Gespräch. Die Kooperation galt neben dem Organ Herz auch für die Lunge. Bis März 1996 hatte sich die Koordinierung auch auf die Niere erstreckt. Nach Einführung der patientenorientierten Nierenallokation war dieser Verbund jedoch insoweit nur noch bezüglich der Vergabe eines Regionalbonus bei Spendern der eigenen Region von Interesse. Geplant war eine Erweiterung auf die Leber.

Alle Transplantationszentren in diesem Verbund führten Nierentransplantationen aus. Für Herztransplantationen gab es lediglich drei Zentren, nämlich Homburg, Kaiserslautern und Mainz, für Lungentransplantationen sogar nur zwei Zentren, nämlich Homburg und Mainz. Das koordinierende Zentrum in dieser Region war das Transplantationszen-

---

Gebiet der Allokation zusammenarbeiteten: Tx-verbund BHKM (Bonn, Homburg, Kaiserslautern, Mainz) – seit 1. September 1997, Mitteldeutscher Tx-verbund MDTV (Sachsen, Sachsen-Anhalt, Thüringen, Dresden, Halle, Jena, Leipzig) – seit 1995, UNI-NRW-Verbund (sieben nordrheinwestfälische Tx-zentren: Aachen, Bochum, Bonn, Düsseldorf, Essen, Köln, Münster) – seit 1996, Tx-verbund Uni Baden-Württemberg, Tx-zentren der Universitätskliniken Freiburg, Heidelberg, Tübingen, Ulm – seit Januar 1997.
326 DTG, Transplantationsmedizin 1995, S. 154 ff.
327 Protokoll des Treffens des Transplantationsverbundes BHKM am 25. Juni 1997 in Kaiserslautern, nicht veröffentlicht, o.S.

trum in Homburg (Saarland). Diesem Zentrum kam die Aufgabe zu, festzulegen, welches Transplantationszentrum das Spenderorgan bekommt. Jedes Zentrum führte eine separate Warteliste für seine Patienten. Das Ranking innerhalb dieser Listen war unabhängig von der angesammelten Wartezeit. Die Entscheidung der Organvergabe, d.h. wer als nächster transplantiert wird, wurde in den einzelnen Zentren getroffen.

Die Praxis des Rankings in Mainz bestand in einer monatlichen Konferenz des Transplantationsteams, bestehend aus Kardiologen, Kardiochirurgen und Mitarbeitern der Transplantationszentrale der Uniklinik. In dieser Sitzung wurden alle Patienten, die bereits in der Warteliste aufgenommen waren oder aufgenommen werden sollten, vorgestellt.[328] Entsprechend ihres klinischen Status erhielten sie einen Platz auf der Warteliste. Kurzfristige Änderungen innerhalb dieser Reihenfolge waren durch Absprachen innerhalb des Teams entsprechend des Befindens der Patienten möglich. Die Dringlichkeit, ein Organ zu erhalten, spiegelte sich in den Abstufungen T = Transplantabel, SU = Special Urgency und HU = High Urgency, entsprechend den Kriterien von Eurotransplant, wider. Weitere klinikinterne Abstufungen in der Reihenfolge der Organvergabe[329] wurden zwar monatlich fixiert, hatten aber keinen „offiziellen Charakter".

Entsprechend eines Rotationsprogramms wechselte die Priorität der jeweiligen Klinik innerhalb des Verbundes für ihre Patienten auf der Warteliste. Die Allokation erfolgte dabei alphabetisch nach den Städten, in denen sich die Transplantationszentren befanden, d.h. erst Homburg, dann Kaiserslautern, dann Mainz. Konnte ein Zentrum aus Gründen der mangelnden Kompatibilität oder Operationskapazität das Spenderorgan nicht annehmen, wurde die nächste Klinik im Rotationssystem angesprochen. Nahm eine Klinik das angebotene Organ an, kehrte sie auf die letzte Stelle des Rotationssystems zurück. Konnte sie aus Kapazitäts- oder Kompatibilitätsgründen nicht annehmen, erhielt sie das nächste Spenderorgan wieder in erster Priorität. Es erfolgte damit beim nächsten Organangebot eine Rückdrehung der Spirale. Das hieß, hatte das Zentrum „H" eine Transplantation abgelehnt, transplantierte „K". Das nächste Organangebot ging dann wiederum an „H".

---

328 S. auch *Schmidt*, a.a.O., S. 193 f.
329 HU-Organversagen nach primärer Tx; SU-instabile Patienten an Überbrückungssystemen und/oder Katecholaminen; T-stationäre Patienten, katecholaminabhängig, abhängig von Überbrückungssystemen; T-mehrmalige Dekompensation, wiederholte stationäre Aufnahme; T-zu Hause, stabiler Status; NT-nicht transplantierbar wegen Infektion, Nebenerkrankung.

Erreichte ein Patient in einer der Kliniken die High Urgency-Stufe, wurde Eurotransplant angerufen und vermittelte aus seinem Bereich das nächste verfügbare Organ.

Die anderen Zentren mussten im Falle einer Transplantation unterrichtet werden, damit der aktuelle Stand der „Spirale" bekannt war. Wurde das Transplantat zunächst akzeptiert und erst zu einem späteren Zeitpunkt, beispielsweise aus Qualitätsgründen, verworfen, erfolgte keine Rückdrehung der Spirale. Alle sechs Monate wurde Bilanz gezogen.[330]

d) Vergabemodus innerhalb des Mitteldeutschen Transplantationsverbundes

Mitglieder in diesem Verbund waren die Transplantationszentren in Sachsen, Sachsen-Anhalt und Thüringen. Die Allokationszentrale für Herz und Lunge war das Transplantationszentrum in Halle.

Die Herzallokation erfolgte nach einem patientzentrierten Modell auf der Basis einer gemeinsamen Wartelistenpolitik der beteiligten Zentren in der Region.[331]

3 Lebertransplantation

3.1 Allgemeines

Die Leber ist das Hauptstoffwechsel- und Syntheseorgan des Körpers. Ein Leberversagen führt in sehr kurzer Zeit zum Zusammenbruch der Leistungen auch aller anderen Organe. Das Gehirn wird durch toxische Stoffe vergiftet. Es tritt ein Leberkoma ein, das in wenigen Tagen zum Tod führt.[332] Neben einem akuten Zusammenbruch der Leber bei schwerem Verlauf einer Virusinfektion der Leber mit dem Hepatitisvirus B oder C sowie bei Vergiftungen ist vor allem das chronisch fortschreitende Leberversagen bei Leberzirrhose von lebensbedrohlicher Bedeutung. Die häufigste Ursache einer Leberzirrhose ist der chronische, übermäßige Alkoholgenuss.[333]

---

330 Diese Informationen basieren auf einer mündlichen Befragung des derzeitigen Tx-beauftragten der Klinik für Herz-, Thorax- und Gefäßchirurgie der Universitätsklinik Mainz, Dr. Kasper-König.
331 S. dazu *Zerkowski* u.a., DÄ 1997, S. 2397.
332 *Pichlmayr*, a.a.O., S. 52.
333 *Pichlmayr*, a.a.O., S. 53.

Die erste erfolgreiche Lebertransplantation wurde durch *Th. E. Starzl* (Denver/Pittsburg, USA) im Jahre 1967 durchgeführt. Anders als bei der Nierentransplantation ist die Bedeutung der Gewebeübereinstimmung bei der Lebertransplantation noch unklar. Wegen des Fehlens einer künstlichen Leber zur Überbrückung eines Leberversagens kann in der Regel aber nicht auf eine gute Gewebsübereinstimmung gewartet werden, zumindest nicht in einem größeren territorialen Bereich, da die Aufbewahrungszeit für die Leber nur etwa 15 Stunden beträgt.[334] Immunologische Abwehrreaktionen setzen sofort nach der Implantation der Leber ein. Eine lebenslange immunsuppressive Behandlung ist erforderlich. Bei Nichtfunktion einer transplantierten Leber ist eine sofortige Zweittransplantation angezeigt, da die Leistungen der Leber durch keine anderen Maßnahmen voll ersetzt werden können.[335]

3.2 Praxis der Allokation von Lebern vor Inkrafttreten des Transplantationsgesetzes

a) Verfahren bis April 1991

Von Januar 1988 bis April 1991 wurde die Zuteilung der Organe über Eurotransplant nach Übereinstimmung im ABO-System, nach den Größenverhältnissen von Spender- und Empfängerleber[336] und nach Dringlichkeitsstufen durchgeführt.[337]

Dringlichkeitsstufe 0 bedeutete, dass der Patient entweder durch akutes Versagen innerhalb weniger Tage ohne Transplantation zu Tode kommen würde oder dass nach einer Transplantation eine Funktionslosigkeit des Transplantats festgestellt worden war. In einem solchen Fall genoss dieser Patient Priorität. Dringlichkeitsstufe I lag vor, wenn wegen des Fortschreitens der Erkrankung in wenigen Tagen bis höchstens Wochen der Tod eintreten würde. Dringlichkeitsstufe II bezeichnete Patienten, bei denen prinzipiell eine Transplantation indiziert, die Erkrankung aber noch nicht in ein erkennbares Endstadium eingetreten ist. Bei Patienten der Stufe III bestand grundsätzlich eine Indikation, aber zurzeit, beispielsweise wegen eines Infekts, war der Patient nicht transplantierbar.

---

334 *Eigler*, Entscheidungskriterien und Konflikte am Beispiel der Lebertransplantation, S. 1.
335 *Pichlmayr*, a.a.O., S. 29.
336 Die Leber kann aber auch durch Zuschnitt verkleinert werden, *Pichlmayr*, a.a.O., S. 59.
337 *Eigler*, a.a.O., S. 1.

b) Verfahren seit April 1991

Da eine große Zahl von möglichen Lebertransplantationen aus organisatorischen Gründen nicht durchgeführt werden konnte, wurde ein neues Allokationssystem entwickelt, bei dem nach wie vor die ABO-Übereinstimmung sowie die Dringlichkeitsstufe 0 gilt. Danach haben HU-Patienten weiterhin Priorität. Findet sich kein solcher Patient, hat zunächst das Spenderzentrum die Wahl, das Organ selbst zu behalten. Erst wenn dieses ablehnt, erfolgt das Angebot an das Zentrum, das in Anwendung des entwickelten Rotationssystems an der Reihe ist. Die Reihenfolge ergibt sich aus einem Punktesystem, das sich an der Zahl der an jedem Zentrum gewonnenen Lebertransplantate und der Transplantationsaktivität des jeweiligen Zentrums im Vorjahr ausrichtet. Die Entscheidung, welcher der Patienten im Zentrum die Leber bekommen soll, wird dem jeweiligen Zentrum überlassen. Ziel ist es, sicherzustellen, dass die jeweils dringlichere Situation vor Ort entscheiden kann, weil mit dem früheren System die Gefahr bestand, dass ein wartender Patient erst dann eine Leber bekam, wenn er in das Stadium I eingestuft wurde, sich also in einem schlechteren Allgemeinzustand befand.[338]

Zwar sind die Leberangebote, die aus organisatorischen Gründen nicht akzeptiert werden konnten, deutlich zurückgegangen, jedoch liegt das Problem jetzt darin, dass sich das Allokationssystem primär nach der Aktivität der einzelnen Zentren richtet und erst in zweiter Linie patientenorientiert ist. Zudem birgt es die Gefahr erhöhter Intransparenz. Die Entscheidung liegt in der Hand der Transplanteure, die regional unterschiedlichen Allokationspolitiken verpflichtet sind.[339] Dass dies unbefriedigend ist, wird zugestanden.[340] Da aber die Lebertransplantation nach wie vor mit einem sehr großen personellen Aufwand und einer intensiven postoperativen Betreuung verbunden ist, könnte ein „völlig gerechtes Verteilungssystem" nur erreicht werden, wenn ad hoc die jeweiligen Möglichkeiten ausgenutzt würden bzw. Patienten zur Lebertransplantation an andere Zentren überwiesen werden könnten, was aber aus den verschiedensten Gründen nicht praktikabel sei.

---

338 *Schmidt*, a.a.O., S. 50 ff.
339 *Schmidt*, a.a.O., S. 52.
340 *Eigler*, a.a.O., S. 2.

Viertes Kapitel:
Die gesetzlichen Grundlagen zur Organallokation im Transplantationsgesetz

1 Die gesetzlichen Vorschriften

Die zentralen Vorschriften im Transplantationsgesetz zur Frage der Organallokation sind die §§ 10 Abs. 2 Nr. 2 und 12 Abs. 3 S.1, 2 TPG.

In § 10 Abs. 2 Nr. 2 TPG heißt es:

„Die Transplantationszentren sind verpflichtet, über die Aufnahme in die Warteliste nach Regeln zu entscheiden, die dem Stand der Erkenntnisse der medizinischen Wissenschaft entsprechen, insbesondere nach Notwendigkeit und Erfolgsaussicht einer Organübertragung."

§ 12 Abs. 3 S. 1, 2 TPG lauten:

„Die vermittlungspflichtigen Organe sind von der Vermittlungsstelle nach Regeln, die dem Stand der Erkenntnisse der medizinischen Wissenschaft entsprechen, insbesondere nach Erfolgsaussicht und Dringlichkeit für geeignete Patienten zu vermitteln. Die Wartelisten der Transplantationszentren sind dabei als eine einheitliche Warteliste zu behandeln."

Hier wird die Mehrstufigkeit des Entscheidungsgeschehens, die bei allen Auswahlsituationen auftritt, deutlich. Der erste Schritt besteht in der Bestimmung eines Pools geeigneter Kandidaten, unter denen dann im zweiten Schritt die letztendlichen Empfänger ausgewählt werden. Im Gesundheitssektor ist der ersten Stufe in der Regel noch eine weitere Stufe vorgeschaltet, nämlich die Überweisung oder Nichtüberweisung der Patienten durch ihre auf früheren Versorgungsstufen verantwortlichen Ärzte an ein Transplantationsprogramm, der ebenfalls schon eine Selektionsfunktion zukommt, da längst nicht alle, die davon profitieren können, überhaupt je in einem Transplantationszentrum vorgestellt werden.[341]

Bei der Aufnahme in die Warteliste wie auch bei der konkreten Vermittlung im Einzelfall soll die Entscheidung nach Regeln vorgenommen werden, die dem Stand der Erkenntnisse der medizinischen Wissenschaft entsprechen. Nach § 16 Abs. 1 Nr. 2 und 5 TPG stellt jeweils die Bundesärztekammer den Stand der Erkenntnisse der medizinischen Wissen-

---

341 *Schmidt*, a.a.O., S. 54; *Schmidt/Hartmann*, a.a.O., S. 15, 180.

schaft in Richtlinien fest.[342] In beiden Fällen nennt der Gesetzgeber auch vorrangige Kriterien.

Sowohl bei dem Begriff „Stand der Erkenntnisse der medizinischen Wissenschaft" als auch bei den ausdrücklich genannten Kriterien „Notwendigkeit", „Erfolgsaussicht" und „Dringlichkeit" handelt es sich aus rechtssystematischer Sicht um unbestimmte Rechtsbegriffe. Unter einem unbestimmten Rechtsbegriff versteht man einen Begriff, dessen Inhalt und Umfang weitgehend ungewiss ist.[343] Die Verwendung unbestimmter Rechtsbegriffe spiegelt die Komplexität des betroffenen Lebensbereiches wider, durch die eine umfassende gesetzliche Normierung unmöglich wird. Bei Sachverhalten, die oft an neue Erkenntnisse aus Wissenschaft und Forschung angepasst werden müssen, ist die Wahl unbestimmter Rechtsbegriffe demnach notwendig.[344] Der Rückgriff auf unbestimmte Rechtsbegriffe zeigt eine entwicklungsoffene, zukunftsfähige Kodifikation. Unbestimmte Rechtsbegriffe müssen von staatlichen Behörden im Einzelfall ausgefüllt werden und unterliegen vollständiger gerichtlicher Nachprüfung.[345] Wegen ihrer Unbestimmtheit sind sie in hohem Maße auslegungsfähig.

---

342 Der Frage, ob der BÄK zu Recht eine so weitgehende Kompetenz eingeräumt wurde oder nicht der Gesetzgeber derart wesentliche Fragen selbst konkreter hätte regeln müssen (zur Wesentlichkeitstheorie des BVerfG s. BVerfGE 46, 1, 12; 56, 54, 73; 77, 170, 214) soll hier nicht näher nachgegangen werden. Verfassungsrechtliche Zweifel sind jedoch angezeigt. Deutsch, der die Verlagerung der Entscheidung auf die BÄK als *outsourcing* bezeichnet, hält diese Regelung für mindestens verfassungsrechtlich bedenklich. Es sei zwar bekannt, dass zur Vollziehung verwaltungsrechtlicher Aufgaben sog. beliehene Unternehmer aus dem Privatrecht herangezogen werden können, hier werde jedoch eine „Arbeitsgemeinschaft der Ärztekammern der Länder" rein privatrechtlichen Zuschnitts nicht nur mit der Durchführung, sondern auch mit der Aufstellung der Regeln für die Zuteilung der Organe betraut, *Deutsch*, Arztrecht, Rdnr. 518. Nach den Einbecker Empfehlungen der DGMR fällt der BÄK diese Aufgabe zu, weil sie über den gebotenen medizinischen Sachverstand verfügt und fortlaufend den aktuellen Stand der Erkenntnisse berücksichtigen kann, DGMR, Einbecker Empfehlungen, MedR 1998, S. 532 Nr. 6; so auch *Kriele*, NJW 1976, S. 358: unvermeidlich wissenschaftliche Entscheidungen können nur von Selbstverwaltungsorganen getroffen werden, die lediglich unter der Rechtsaufsicht des Staates stehen und so organisiert sind, dass die Majorisierung von „Richtungen" ausgeschlossen bleibt; generell zum Zweck des Erlasses von Richtlinien, s. BVerfGE 33, 125, 156.
343 *Engisch*, Einführung in das juristische Denken, S. 138.
344 Vgl. insoweit auch *Larenz*, Methodenlehre der Rechtswissenschaft, S. 317.
345 Dabei lässt sich die immer noch h.M. von der Theorie leiten, es gäbe bei unbestimmten Rechtsbegriffen nur eine einzige richtige Entscheidung, die es nur zu finden gälte, *Lewandowski*, DAZ 1980, S. 1369 m.w.N.

2 Methode der Gesetzesauslegung

Die Kriterien der Auslegung sind der Wortsinn, der Bedeutungszusammenhang des Gesetzes sowie die Regelungsabsicht, Zwecke und Normvorstellungen des historischen Gesetzgebers.[346] Es gilt zudem das Gebot verfassungskonformer Auslegung.[347] Dies bedeutet, dass den in Verfassungsrang erhobenen Prinzipien eine gesteigerte Bedeutung zukommt, die bei der Auslegung zu beachten sind. Dazu gehören die Prinzipien und Wertentscheidungen, die im Grundrechtsteil der Verfassung Ausdruck gefunden haben wie der Vorrang der „Würde des Menschen" (Art. 1 GG), der umfassende Schutz des persönlichen Freiheitsraumes mit seinen Konkretisierungen in Art. 2, 4, 5, 8, 9, 11, 12 GG und der Gleichheitsgrundsatz mit seinen Konkretisierungen in Art. 3 Abs. 2 und 3 GG.

Nach den Einbecker Empfehlungen der DGMR[348] dürfen unter rechtsstaatlichen Gesichtspunkten verbindliche Regelungen zur Vermittlung von Organen in der Transplantationsmedizin nur solche Auswahlkriterien umfassen, die mit den Grundrechten auf Schutz der Menschenwürde, auf Leben und körperliche Unversehrtheit sowie dem grundrechtlichen Anspruch auf Gleichbehandlung in Einklang stehen.

Als Auslegungselement, das bei der Ermittlung des rechtlich maßgebenden Sinnes einer gesetzlichen Vorschrift bedeutsam ist, kommt zunächst der Wortlaut der Norm in Frage, wobei die Regeln der Grammatik, der allgemeine Sprachgebrauch und die besondere Fachsprache der Juristen zu berücksichtigen sind.[349] Ein weiteres Auslegungskriterium ist der Zusammenhang sowie das Verhältnis der zu interpretierenden Vorschrift zu anderen Bestimmungen. Diese systematische Auslegung beruht auf dem Rechtsgedanken des § 133 BGB, der für die Auslegung einer Willenserklärung bestimmt, dass der wirkliche Wille zu erforschen und nicht an dem buchstäblichen Sinn des Ausdrucks zu haften ist. Darüber hinaus kann die Entstehungsgeschichte des Gesetzes Hinweise für die Sinnermittlung geben (historische Auslegung). Maßgeblich sind die Vorstellungen der an der Gesetzgebung beteiligten Personen.[350] Insbe-

---

346 Vgl. dazu ausführlich *Larenz/Canaris*, Methodenlehre der Rechtswissenschaft, S. 141 ff.; *Fikentscher*, Methoden des Rechts, Bd. IV, S. 361 ff.
347 *Larenz/Canaris*, a.a.O., S. 159 ff.
348 S. DGMR, Einbecker Empfehlungen, MedR 1998, S. 532 Nr. 5.
349 Dies ist nicht unumstritten. Nach Engisch kommt es stets auf den „technisch-juristischen Sinn" an, der schärfere Grenzen besitzt als der Begriff der Umgangssprache, *Engisch*, a.a.O., S. 93.
350 Vorentwürfe, Begründungen, Protokolle der Ausschüsse und Parlamentsverhandlungen.

sondere ist aber eine gesetzliche Vorschrift nach Sinn und Zweck (der ratio legis) auszulegen, den der Gesetzgeber damit verfolgt (teleologische Auslegung).[351] Auf diese Weise kann ermittelt werden, ob ein Begriff weit oder eng auszulegen ist.[352] Es kommt dabei auf den Sinn der einzelnen Vorschrift an, nicht auf den des Gesetzes insgesamt. Der Telos einer konkreten Vorschrift kann nicht aus dem Ziel eines Gesetzes insgesamt rekonstruiert werden, sondern muss hergeleitet werden aus dem Ziel, welches einer konkreten Vorschrift im Gesetzeswerk zukommt.[353]

Die reine „Wortinterpretation" wird durch die systematische und die teleologische Interpretation zurückgedrängt.[354] Dies hat seinen Grund vor allem darin, dass auch der technisch-juristische Sprachgebrauch nicht immer so scharf ist. Oft verbindet der Gesetzgeber mit ein und demselben Wort innerhalb desselben Gesetzes und innerhalb verschiedener Gesetze einen verschiedenen Sinn.[355] Diese „Relativität der Rechtsbegriffe" ergibt sich aus dem Eingehen der Begriffe in jeweils andere systematische und teleologische Zusammenhänge.[356]

Bevor die ausdrücklich genannten Kriterien auf ihre Bedeutung hin untersucht werden, soll in einem ersten Schritt geklärt werden, was allgemein unter dem Stand der Erkenntnisse der medizinischen Wissenschaft zu verstehen ist, und inwieweit grundsätzlich auch andere Kriterien als die explizit genannten in Betracht kommen können.

3 Stand der Erkenntnisse der medizinischen Wissenschaft

3.1 Begriff

Heymann[357] definiert den Begriff „wissenschaftliche Erkenntnis" als ein Ergebnis, das durch methodisches Vorgehen gefunden wurde und das auf Erfahrung (sinnliche Wahrnehmung) oder begrifflicher Vermittlung (folgern, schließen) beruht. Dabei könnten die Methoden so vielfältig sein wie die Erkenntnisgegenstände selbst (Beobachtung, Experiment,

---

351 Zu der Reihenfolge der Zwecke s. *Fikentscher*, a.a.O., S. 365 f.
352 Zum Sonderproblem der „engen" und „weiten" Auslegung vgl. *Larenz/Canaris*, a.a.O., S. 174 ff.; *Larenz*, a.a.O., S. 353 ff.
353 *Larenz/Wolf*, Allgemeiner Teil des Bürgerlichen Rechts, § 4 Rdnr. 36 ff.; *Engisch*, a.a.O., S. 90 ff.
354 Vgl. dazu *Fikentscher*, a.a.O., S. 361 ff.
355 *Larenz/Canaris*, a.a.O., S. 133.
356 *Engisch*, a.a.O., S. 94.
357 S. v. *Heymann*, DAZ 1974, S. 1902.

Deutung, Ableitung) und die Besinnung über Möglichkeiten und Grenzen der angewandten Verfahren einschließen.

3.2 Verwendung in anderen Rechtsvorschriften

Der Begriff taucht in ähnlicher Form auch in anderen Gesetzen auf, so beispielsweise in §§ 4 Abs. 2 Nr. 3 und 7 Abs. 2 Nr. 3 AtG („Stand von Wissenschaft und Technik") sowie im Arzneimittelgesetz. Gemäß § 25 Abs. 2 S. 1 Nr. 2 AMG darf das Bundesgesundheitsamt die Zulassung für ein Arzneimittel versagen, wenn das Arzneimittel nicht nach dem „jeweils gesicherten Stand der wissenschaftlichen Erkenntnisse" ausreichend geprüft worden ist. Die Vorschriften im AMG und im TPG unterscheiden sich dadurch, dass das TPG von dem „Stand der Erkenntnisse der medizinischen Wissenschaft" spricht, während die Prüfungen des Arzneimittels sich an dem jeweiligen, d.h. aktuellen, *gesicherten* Stand der wissenschaftlichen Erkenntnisse auszurichten haben. Zugleich gibt das TPG in § 10 Abs. 2 Nr. 2 TPG und § 12 Abs. 3 S. 1 TPG jeweils zwei vorrangige Kriterien vor. Eine genauere tatbestandliche Fixierung der Anforderungen an die Prüfungen war nach *Kloesel/Cyran*[358] im AMG hingegen nicht möglich, da sich der ständig ändernde Wissensstand einer abstrakten Normierung entziehe, die zudem für alle Stoffe und Indikationen Gültigkeit besitzen müsste. Unter den wissenschaftlichen Erkenntnissen werden im AMG Aussagen über die Richtigkeit von Prüfmethoden oder über Eigenschaften bzw. Wirkungen von Arzneimitteln verstanden, deren Ergebnisse aufgrund abstrakter Denkvorgänge und/oder Erfahrungen mit Hilfe geeigneter, zielgerichteter Methoden gefunden wurden. Wissenschaftliche Erkenntnisse entsprechen dem jeweiligen Stand und sind allgemein anerkannt, wenn sie in der Theorie von einer Mehrzahl von Wissenschaftlern akzeptiert sowie in den für die praktische Anwendung der wissenschaftlichen Erkenntnisse jeweils maßgeblichen Kreisen, d.h. einer Mehrzahl von Arzneimittelherstellern, durchweg als richtig anerkannt sind.[359]

Dass der Stand wissenschaftlicher Erkenntnisse dort als Maßstab für die Verkehrsfähigkeit eines Arzneimittels untauglich ist, wo er gerade durch die Kontroversen zwischen verschiedenen wissenschaftlichen Lehrmeinungen charakterisiert ist, veranlasste den Bundestagsausschuss für Jugend, Familie und Gesundheit dazu, nur auf den *gesicherten* Kernbereich der wissenschaftlichen Erkenntnisse abzustellen. Damit sollte deutlich

---

[358] *Kloesel/Cyran*, Arzneimittelrecht, Kommentar, § 25 Rdnr. 15.
[359] *v. Heymann*, DAZ 1974, S. 1902 f.

gemacht werden, dass ein wissenschaftlicher Streit zwischen den verschiedenen therapeutischen Lehrmeinungen nicht dadurch entschieden werden darf, dass sich die Zulassungsbehörde die wissenschaftlichen Methoden und Denkansätze einer bestimmten Lehre zu eigen macht und sie als *den* Stand der wissenschaftlichen Erkenntnisse deklariert.[360] Somit soll nicht jede unter Anwendung wissenschaftlicher Methoden gewonnene Erkenntnis der Zulassungsentscheidung zugrunde gelegt werden können, sondern nur solche, die eine breite wissenschaftliche Anerkennung erfahren haben und die innerhalb der wissenschaftlichen Diskussion einer kritischen Überprüfung unterzogen worden sind und sich in dieser als stichhaltig erwiesen haben.[361] Es besteht so die Möglichkeit, unhaltbare Einzelansichten zu eliminieren.[362] Zum Teil werden auch entgegengesetzte Entscheidungen als wissenschaftlich richtig dargestellt, die dann auch dem Stand der medizinischen Wissenschaft entsprächen. Da es eine einzig und allein richtige Entscheidung nicht geben kann, soll der Rekurs auf Wissenschaftlichkeit lediglich die Berechenbarkeit der behördlichen Entscheidung sichern. Er beseitigt nicht den behördlichen Ermessensspielraum, kann ihn aber einschränken. Es besteht auch die Möglichkeit, dass die als unsinnig erscheinende Alternative sich eines Tages als wissenschaftlich überlegen erweist und durchsetzt. Mit dem Abstellen auf wissenschaftliche Maßstäbe ist Rechtssicherheit beabsichtigt, nicht eine wissenschaftliche Erkenntniszunahme.[363] *Plagemann*[364] ist zuzustimmen, wenn er sagt, dass es sich bei dem so gewonnenen „jeweils gesicherten Stand der wissenschaftlichen Erkenntnisse" nur um eine methodische Fiktion handeln könne, da eine Gesamtheit des Wissens nicht auffindbar sei.

Um den Stand der wissenschaftlichen Erkenntnisse hinsichtlich der durchzuführenden Prüfungen konkreter zu gestalten und allen Beteiligten zur Kenntnis zu bringen und damit die Rechtsunsicherheit zu mindern, ist in § 26 Abs. 1 S. 1 AMG der Erlass von Arzneimittelprüfrichtlinien vorgesehen. Durch den Bundesminister für Jugend, Familie und Gesundheit (§ 6 Abs. 1 AMG) sollen nach der Anhörung von Sachverständigen und mit Zustimmung des Bundesrates in Form allgemeiner Verwaltungsvorschriften die von der zuständigen Bundesoberbehörde an die analytischen, pharmakologisch-toxikologischen und klinischen Prü-

---

360 Vgl. dazu *Plagemann*, Wirksamkeitsnachweis, S. 118 m.N.; *Müller-Römer*, Arzneimittelrecht von A-Z, S. 289.
361 *Kloesel/Cyran*, a.a.O., § 25 Rdnr. 16; *Henning*, NJW 1978, S. 1675.
362 Vgl. auch *Kloesel/Cyran*, a.a.O., § 26 Rdnr. 8.
363 *Lewandowski*, DAZ 1980, S. 1370.
364 *Plagemann*, a.a.O., S. 118 f.

fungen zu stellenden Anforderungen festgelegt werden. Die Gestalt allgemeiner Verwaltungsvorschriften wurde gewählt, um den notwendigen permanenten Anpassungsprozess zu ermöglichen. So bestimmt auch § 26 Abs. 1 S. 2 AMG, dass die Vorschriften dem jeweils gesicherten Stand der wissenschaftlichen Erkenntnisse entsprechen müssen und laufend an diese anzupassen sind. Die Arzneimittelprüfrichtlinien sind als vorgefertigte Gutachten zu werten, die den jeweils gesicherten Stand der wissenschaftlichen Erkenntnisse objektivieren sollen.[365]

Im AtG bedeutet „Stand von Wissenschaft und Technik" die jeweils allgemein anerkannten Ergebnisse wissenschaftlicher Forschung und die jeweiligen bereits realisierten oder faktisch derzeit ohne weiteres realisierbaren Möglichkeiten der Technik.[366]

3.3 Bedeutung in § 10 Abs. 2 Nr. 2 und § 12 Abs. 3 S. 1 TPG

Es stellt sich die Frage, wann die Regeln dem medizinisch wissenschaftlichen Erkenntnisstand entsprechen bzw. ob sich dieser überhaupt fixieren lässt.

Speziell für die Transplantationsmedizin bezweifelt *Schmidt*[367], dass es einen solchen Stand im Sinne einigermaßen konsentierten Fachwissens wegen der in vielen Bereichen herrschenden extremen Unsicherheiten überhaupt gibt.

Nach Ansicht *Schaefer's*[368] gibt es grundsätzlich einen Stand der Wissenschaft, den aber – bedingt durch die Uferlosigkeit und Kompliziertheit des Wissens – niemand genau kennen würde, und selbst bei genauester Kenntnis habe er einen „dogmatisierenden" Saum, in dem jede Meinung problematisch bleibe. Ein Urteil über den Stand der wissenschaftlichen Erkenntnis sei vielmehr nur im Sinne einer gewissen Wahrscheinlichkeit verlässlich. Die Möglichkeit lediglich eines Wahrscheinlichkeitsurteils ergibt sich auch daraus, dass der Stand der wissenschaftlichen Erkenntnisse in der Regel gerade dadurch gekennzeichnet ist, dass er kontrovers diskutiert wird[369] und sich ständig erweitert.[370]

---

365 *Hasskarl*, DÄ 1979, S. 165; *Kloesel/Cyran*, a.a.O., § 26 Rdnr. 4.
366 *Fischerhof*, Deutsches Atomgesetz und Strahlenschutzrecht, Kommentar, § 4 Rdnr. 9, § 7 Rdnr. 17.
367 *Schmidt*, in: Ausschuss-Drs. 602/13, S. 31.
368 *Schaefer*, Was heißt: „Nach dem neuesten Stande der Wissenschaft?", S. 375 f.
369 *Kriele*, NJW 1976, S. 356; *Schubert*, JuS 1983, S. 750: gerade im Bereich der Medizin lässt sich Wissenschaft nicht in jedem Fall gleichsetzen mit Reproduzierbarkeit der Ergebnisse.
370 *Grillmaier*, Int. J. clin. Pharmacol. 1969, S. 320.

Aus dem ärztlichen Haftungsrecht ist bekannt, dass sich der in der medizinischen Praxis anzuwendende Standard auch am Erkenntnisstand der medizinischen Wissenschaft orientiert. Von den in § 276 BGB genannten Schuldformen Vorsatz und Fahrlässigkeit kommt für die ärztliche Haftung nur Fahrlässigkeit in Betracht. Nach der Legaldefinition des § 276 BGB handelt fahrlässig, „wer die im Verkehr erforderliche Sorgfalt außer acht lässt", womit deutlich wird, dass ein objektiver Maßstab anzulegen ist. Der zivilrechtliche Sorgfaltsmaßstab ist dabei vom strafrechtlichen Schuldvorwurf zu unterscheiden.[371] Der zivilrechtliche Sorgfaltsmaßstab setzt an der Haftungsaufgabe an, ein Unterschreiten des Standards guter ärztlicher Behandlung wenigstens finanziell auszugleichen und hat keine persönliche Schuld zu ahnden wie das Strafrecht. Dem objektiven Maßstab wird man gerecht, indem man bei der Beurteilung der Frage, ob ein ärztliches Verhalten den bestimmten Sorgfaltspflichten entspricht, auf den Erkenntnisstand der medizinischen Wissenschaft zur Zeit der Behandlung abstellt.[372] Dann muss aber auch für die Festlegung des Erkenntnisstandes der medizinischen Wissenschaft ein objektiver Maßstab gelten. Dabei ist nicht gemeint, dass dem „Kontroversstand" Rechnung getragen und man sich auf das beschränken soll, worüber Einigkeit besteht. Vielmehr macht der fehlende Zusatz „gesichert" deutlich, dass in einem wissenschaftlichen Meinungsstreit Partei ergriffen und Entscheidungen getroffen werden sollen, die auch denjenigen Wissenschaftlern gegenüber verbindlich sind, die eine abweichende Meinung vertreten.[373] Ein objektiver Maßstab verlangt aber, dass die Richtlinien so ausgestaltet werden, dass zumindest die vorherrschende Auffassung der Experten der medizinischen Wissenschaft und Praxis als Ausdruck der gegenwärtigen Sicht der Fachwelt wiedergegeben wird.

3.4 Konkretisierung der Regeln

Sieht man sich die Gesetzesbegründung zu beiden Vorschriften[374] an, fällt auf, dass jeweils von „medizinisch begründeten Regeln" gesprochen wird und von der Heranziehung von Kriterien, die unter „medizinischen Gesichtspunkten" für die jeweils ausdrücklich genannten Kriterien von

---

371 *Steffen*, Neue Entwicklungslinien der BGH-Rechtsprechung zum Arzthaftungsrecht, S. 36.
372 Vgl. nur BGH VersR 1983, S. 729 = NJW 1983, S. 2080; i.Ü. *Giesen*, Arzthaftungsrecht, Rdnr. 73 mit zahlreichen Beispielen aus der Rechtsprechung in Fn. 31.
373 *Kriele*, NJW 1976, S. 356.
374 BT-Drs. 13/4355, S. 26; BT-Drs. 13/8017, S. 42.

Bedeutung sind. Weiter heißt es in der Begründung zu § 12 Abs. 3 S. 1 TPG, dass in angemessener Gewichtung auch weitere Umstände, die nach „medizinischer Beurteilung" Einfluss auf Dringlichkeit und Erfolg einer Transplantation haben können, einzubeziehen sind. In der Begründung zu beiden Vorschriften heißt es dann wieder, dass die Vorschriften der Chancengleichheit nach Maßgabe „medizinischer Kriterien" dienen.

Es stellt sich die Frage, was unter „medizinischen Kriterien" zu verstehen ist. Wiesing[375] kritisiert, dass eine Verteilung nach medizinischen Kriterien suggeriert, es könne eine Exaktheit, eine Wissenschaftlichkeit und eine Wertfreiheit erwartet werden. Im Grunde würde der Begriff „medizinisch" aber gerne benutzt, um getroffene Wertentscheidungen unkenntlich zu machen.

Schon die Gesetzesbegründung legt nahe, dass nicht nur medizinische Kriterien im engeren Sinn gemeint sind. Nach Holznagel[376] beschränkt sich die medizinische Wissenschaft nicht auf die klinischen Disziplinen und die Fächer der genetischen Grundlagenforschung. Sie umfasse z.B. auch die Medizinsoziologie und -ethik ebenso wie die Gesundheitsökonomie, die Datenverarbeitung in der Medizin und die Psychologie. Zudem ist Feuerstein[377] Recht zu geben, wenn er von einer mangelnden Trennschärfe der sozialen, medizinischen und personenbezogenen Kriterien spricht.

Die Auffassung, dass nicht nur medizinische Kriterien im engeren Sinn ausschlaggebend sein sollen, wird bestärkt, wenn man sich vergegenwärtigt, dass den im Gesetz ausdrücklich genannten Kriterien Erfolgsaussicht und Dringlichkeit ethische Prinzipien zugrunde liegen. So kehrt in der gesamten Gesetzgebungsgeschichte[378] zur Organvermittlung der Hinweis wieder, dass für die Erfolgsaussicht bei der Nierentransplantation die HLA-Kompatibilität entscheidend sei. Insofern orientierte man sich stets an der vor dem Inkrafttreten des Transplantationsgesetzes ausgeübten Praxis der Nierenverteilung: „Full-house"-Patienten bekamen bevorzugt ein Organ zugeteilt. Indem man die HLA-Kompatibilität bei der Niere hervorhebt, entscheidet man sich für das ethische Prinzip des größtmöglichen individuellen Nutzens, da man davon ausgeht, dass bei einer hohen HLA-Kompatibilität die Zeit, mit der der Patient mit dem funktionierenden neuen Organ lebt, länger ist. Dem Kriterium Dringlichkeit liegt dagegen das Prinzip der Schadensvermei-

---

375 *Wiesing*, a.a.O., S. 239 f.
376 *Holznagel*, DVBl. 1979, S. 399 f.
377 *Feuerstein*, a.a.O., S. 235 ff.
378 S. dazu die Zeittafel im Anhang.

dung zugrunde, das allerdings im Widerspruch zu dem Prinzip des größtmöglichen individuellen Nutzens steht.[379] Auch das Prinzip der Chancengleichheit ist erwähnt.

Man hat sich also nicht für ein ethisches Prinzip entschieden, sondern der Verteilungsmodus basiert auf verschiedenen, sich widersprechenden Wertentscheidungen. Medizinisches Wissen wird bei der Umsetzung der getroffenen Wertentscheidungen benötigt. Fragen, bei welchem Patienten der größte individuelle Nutzen erwartet werden darf oder wann irreversible Schäden (Tod) eintreten, sind medizinischer Natur und können nur von Medizinern beantwortet werden.[380] Nur so muss man auch die Begründung zum Gesetzesantrag der Länder Hessen und Bremen[381] verstehen, wonach die Begriffe der Erfolgsaussicht und der Dringlichkeit, die als Mindestvorgaben für eine möglichst gerechte Verteilung festgelegt wurden, deshalb vom Gesetzgeber nicht näher definiert werden können, da sie ärztliche Entscheidung bleiben. Die den Kriterien zugrunde liegende Wertentscheidung ist dagegen Aufgabe des Gesetzgebers. Obwohl die Vergabe also vermischt nach mehreren ethischen Prinzipien erfolgt, kann man sagen, medizinische Kriterien sind solche Kriterien, deren Ausführung medizinisches Wissen voraussetzt.

Es fällt auf, dass in der Gesetzesbegründung zu § 10 Abs. 2 Nr. 2 TPG, anders als in der zu § 12 Abs. 3 S. 1 TPG, nicht genannt ist, dass weitere Umstände, die nach medizinischer Beurteilung Einfluss auf die ausdrücklich genannten Kriterien haben, in angemessener Gewichtung einzubeziehen sind. Ausdrücklich wird hier sogar gesagt, dass die Aufnahme in die Warteliste nicht von nicht medizinischen, zum Beispiel finanziellen oder sozialen, Erwägungen abhängig gemacht werden darf.

Daraus lässt sich schließen, dass bei den in Betracht kommenden weiteren Kriterien bei § 10 Abs. 2 Nr. 2 TPG eine unmittelbarere Beziehung zu den Kriterien Notwendigkeit und Erfolgsaussicht vorliegen soll als in § 12 Abs. 3 S. 1 TPG.

Dass sich die weiteren Kriterien in beiden Vorschriften unterscheiden sollen, zeigt auch die bei der Bestimmung der Richtlinien vorgesehene unterschiedliche Beteiligung von Personengruppen.

§ 16 Abs. 1 Nr. 2 TPG bestimmt, dass für die Regeln zur Aufnahme in die Warteliste nach § 10 Abs. 2 Nr. 2 TPG einschließlich der Dokumentation der Gründe für die Aufnahme oder die Ablehnung der Aufnahme

---

379 *Wiesing*, a.a.O., S. 227 ff., insbesondere S. 230 ff.
380 *Wiesing*, a.a.O., S. 239.
381 BR-Drs. 682/94, S. 30 f.

die Bundesärztekammer den Stand der Erkenntnisse der medizinischen Wissenschaft in Richtlinien feststellt. Bei der Erarbeitung dieser Richtlinien sollen Personen mit der Befähigung zum Richteramt und Personen aus dem Kreis der Patienten angemessen vertreten sein, vgl. § 16 Abs. 2 2. Hs. TPG.

Ebenso stellt nach § 16 Abs. 1 Nr. 5 TPG die Bundesärztekammer den Stand der Erkenntnisse der medizinischen Wissenschaft in Richtlinien fest für die Regeln zur Organvermittlung nach § 12 Abs. 3 S. 1 TPG. Bei der Erarbeitung dieser Richtlinien sollen Ärzte, die weder an der Entnahme noch an der Übertragung von Organen beteiligt sind oder Weisungen eines Arztes unterstehen, der an solchen Maßnahmen beteiligt ist, angemessen vertreten sein, sowie darüber hinaus Personen mit der Befähigung zum Richteramt, Personen aus dem Kreis der Patienten und ferner Personen aus dem Kreis der Angehörigen von Organspendern nach § 3 oder 4 des Transplantationsgesetzes, vgl. § 16 Abs. 2 TPG. In § 15 Abs. 2 des Entwurfs BT-Drs. 13/4355[382] war noch eine alleinige Vertretung von Ärzten vorgesehen. Durch die Beteiligung verschiedener Personengruppen und vor allem durch die Erweiterung in § 16 Abs. 2 TPG auch auf andere als nur ärztliche Personenkreise hat man zum Ausdruck gebracht, dass es sich bei der Verteilung von Spenderorganen um ein interdisziplinäres Problem handelt, das medizinische, ethische, juristische und patientenorientierte Aspekte einschließt. Auch dies bestärkt die Annahme, dass es nicht nur um medizinische Kriterien im engen Sinne gehen kann.

Nach *Gubernatis*[383] haben interdisziplinäre Kommissionen nur dann einen Sinn, wenn sie auch über andere als medizinische Kriterien entscheiden dürften. Auch *Wiesing*[384] meinte, dass für die Festlegung von Vergabekriterien die Gesellschaft Entscheidungsinstanz sein solle, da die – früher praktizierte – Verteilung eben nicht auf fachlichen Kriterien, sondern auf moralischen Entscheidungen beruhe. Nach *Schmidt/Hartmann*[385] ist es nicht verwunderlich und üblich, dass für die Endauswahl im Gegensatz zur ersten Stufe, auf der nur eine Vorselektion erfolge, weitere, z.T. auch weitaus anspruchsvollere Kriterien verwendet werden. Dies könnten nach Lage der Dinge nur allgemeine ethisch-moralische Maximen sein.

---

382 Zur §§-Verschiebung s. die Zeittafel im Anhang.
383 *Gubernatis*, in: Ausschuss-Drs. 599/13, S. 53; s. auch Anhang.
384 *Wiesing*, a.a.O., S. 242.
385 *Schmidt/Hartmann*, a.a.O., S. 15, 261.

Wenn bei der Erarbeitung der Richtlinien für die Regeln zur Aufnahme in die Warteliste die Beteiligung von Ärzten nicht vorgesehen ist, zeigt dies, dass Punkte, auf die die Ärzte bei der Entscheidung, wen sie auf die Warteliste setzen, Einfluss nehmen können, außer Betracht zu bleiben haben. Ärztliche Eigenmächtigkeit soll hier ausgeschlossen werden.

4 Bedeutung der vom Gesetzgeber ausdrücklich genannten Kriterien

Anhand der in diesem Kapitel unter 2 dargestellten Auslegungsregeln soll versucht werden, Inhalt und Umfang der vom Gesetzgeber gewählten Begriffe zu klären.

4.1 Notwendigkeit

a) Begriff

Zur Konkretisierung der Pflicht, einen Patienten auf die Warteliste aufzunehmen, verwendet der Gesetzgeber in § 10 Abs. 2 Nr. 2 TPG zunächst den Begriff „Notwendigkeit".

Nach dem allgemeinen Sprachgebrauch ist – ethische – Notwendigkeit die unabdingbare Bestimmtheit einer Handlung durch ein sittliches Prinzip. Eine bestimmte Handlung ist nicht mehr zu umgehen, sie ist unerlässlich.[386]

b) Verwendung in anderen Rechtsvorschriften

Der Begriff „Notwendigkeit" findet sich in mehreren Rechtsvorschriften, so beispielsweise in § 12 SGB V. Abs. 1 dieser Vorschrift lautet:

„Die Leistungen müssen ausreichend, zweckmäßig und wirtschaftlich sein; sie dürfen das Maß des *Notwendigen* nicht überschreiten. Leistungen, die nicht notwendig oder unwirtschaftlich sind, können Versicherte nicht beanspruchen, dürfen die Leistungserbringer nicht bewirken und die Krankenkassen nicht bewilligen."

Der Maßstab wird durch den medizinischen Zweck der Leistung erschlossen. Eine Behandlung ist notwendig, wenn gerade sie nach Art und Ausmaß zur Zweckerzielung zwangsläufig, unentbehrlich, unvermeidlich ist.[387] Wählen Versicherte aufwendigere Leistungen als die notwendigen, so haben sie die Mehrkosten selbst zu tragen.

---

386 *Brockhaus*, Enzyklopädie, Bd. 16, o.S.
387 *Hauck/Haines*, Sozialgesetzbuch SGB V, Kommentar, § 12 Rdnr. 13.

Die damit anklingende Unterscheidung „notwendig-nützlich" findet sich auch in anderen gesetzlichen Bestimmungen.

So spricht § 994 BGB von *notwendigen* und § 996 BGB von „anderen" Verwendungen, wobei streitig ist, inwieweit eine Unterteilung in nützliche Verwendungen und in Luxusverwendungen vorzunehmen ist.[388] Verwendungen im Sinne von § 994 BGB sind notwendig, wenn sie zur Erhaltung oder ordnungsgemäßen Bewirtschaftung der Sache objektiv erforderlich sind, die also der Besitzer dem Eigentümer, der sie sonst hätte machen müssen, erspart hat und die nicht nur den Sonderzwecken des Besitzers dienen.[389]

Nach § 547 Abs. 1 BGB ist der Vermieter verpflichtet, dem Mieter die auf die Sache gemachten *notwendigen* Verwendungen zu ersetzen. In der Kommentierung wird auf den Begriff der Notwendigkeit in § 994 BGB verwiesen.[390] Die Auslegung wird im Schuld- wie im Sachenrecht also gleich vorgenommen. Notwendige Verwendungen sind danach Leistungen, die zur Erhaltung oder Wiederherstellung der Mietsache erforderlich sind.[391] Sonstige Verwendungen im Sinne von Abs. 2 werden definiert als alle Verwendungen, die nicht notwendig sind.[392]

Nach § 744 Abs. 2 BGB ist jeder Teilhaber einer Gemeinschaft berechtigt, die zur Erhaltung des Gegenstandes *notwendigen* Maßregeln ohne Zustimmung der anderen Teilhaber zu treffen. Notwendige Erhaltungsmaßnahmen sind solche, die im Interesse der Gemeinschaft zur Erhaltung der Substanz oder des wirtschaftlichen Wertes im Rahmen ordnungsgemäßer Verwaltung objektiv erforderlich sind.[393] Nicht ausreichend ist es, dass die Maßnahme lediglich im Interesse aller Miteigentümer geboten ist. Dies ist etwa bei Veränderungen der Sache anzunehmen, die nicht der Beseitigung oder der Abwehr von Schaden, sondern lediglich der Wertsteigerung dienen.[394]

In der Zivilprozessordnung taucht der Begriff „notwendig" in § 91 Abs. 1 S. 1 auf. Nicht alle Prozesskosten sind erstattungsfähig, sondern nur die *notwendigen*. Nötig ist derjenige Aufwand, den eine vernünftige Partei treibt. Eine vernünftige Partei aber prozessiert so sparsam, wie es

---

388 S. näher dazu *Müller, K.*, Sachenrecht, Rdnr. 586.
389 BGHZ 64, 333, 339.
390 *Putzo*, in: Palandt, Bürgerliches Gesetzbuch, Kommentar, § 547 Rdnr. 5.
391 BGH NJW 1993, S. 523.
392 *Putzo*, in: Palandt, a.a.O., § 547 Rdnr. 8.
393 BGHZ 6, 76, 81.
394 *Müller, K.*, a.a.O., Rdnr. 394.

die Sach- und Rechtslage zulässt.[395] Nötig sind nur die gesetzlichen Gebühren und Auslagen des Prozessanwalts, § 91 Abs. 2 S. 1 ZPO. Wer seinem Anwalt ein höheres Honorar verspricht, § 3 Abs. 1 BRAGO, muss die Differenz selbst tragen.

Auch in der Strafprozessordnung finden sich Vorschriften, die den Begriff „notwendig" zum Inhalt haben.

Der Begriff „notwendige Auslagen" taucht in den §§ 464 Abs. 2, 465 Abs. 2, 467, 467 a, 469, 470, 471, 472, 472 b, 473 StPO auf. Erläutert wird er in § 464 a Abs. 2 StPO:

„Zu den notwendigen Auslagen eines Beteiligten gehören auch
1. die Entschädigung für eine notwendige Zeitversäumnis nach den Vorschriften, die für die Entschädigung von Zeugen gelten, und
2. die Gebühren und Auslagen eines Rechtsanwalts, soweit sie nach § 91 Absatz 2 der Zivilprozessordnung zu erstatten sind."

Der Begriff ist in Abs. 2 also nicht abschließend geregelt. Er führt nur die am häufigsten vorkommenden Fälle auf. Allgemein gilt, dass nur solche Auslagen notwendig sind, die durch Verteidigungsmaßnahmen entstanden sind. Kosten für Besuche in der Untersuchungshaftanstalt fallen beispielsweise nicht darunter.[396] Auch hier wird die Abgrenzung „notwendige Auslagen" – „sonstige Auslagen" deutlich.

§ 140 Abs. 1 StPO, der die notwendige Verteidigung regelt, benennt einzelne Fälle, in denen dem Beschuldigten zwingend ein Verteidiger zu bestellen ist.[397] Die Vorschrift, deren Katalog hier allerdings abschließend ist, ist eine Konkretisierung des Rechtsstaatsprinzips. Mit dem Institut der notwendigen Verteidigung und mit der Bestellung eines Verteidigers ohne Rücksicht auf die Einkommens- und Vermögensverhältnisse des Angeklagten sichert der Gesetzgeber das Interesse, das der Rechtsstaat an einem prozessordnungsgemäßen Strafverfahren und zu diesem Zweck nicht zuletzt an einer wirksamen Verteidigung des Beschuldigten hat.[398] Die Regelung wird durch die Generalklausel des § 140 Abs. 2 StPO ergänzt. Sie ermöglicht die Pflichtverteidigerbestellung, wenn sie unter Abwägung der Besonderheiten des Einzelfalles erforderlich erscheint. Sieht man sich den Katalog des § 140 Abs. 1 StPO an, wird deutlich, dass er auf die Fälle beschränkt ist, in denen für den Beschuldigten die Gefahr einer hohen Strafe besteht. Ansonsten wird dem Beschuldigten zugemu-

---

395 OLG Köln, AnwBl. 1986, 37 f.
396 *Kleinknecht/Meyer-Goßner*, Strafprozessordnung, § 464 a Rdnr. 5.
397 § 68 JGG erweitert die Fälle bei Jugendlichen.
398 *Kleinknecht/Meyer-Goßner*, a.a.O., § 140 Rdnr. 1.

tet, selbst für die Kosten eines Verteidigers einzustehen oder sich selbst zu verteidigen, vorausgesetzt es liegt kein Fall des § 140 Abs. 2 StPO vor. Aber auch hier ist die Pflichtverteidigerbestellung nur unter engen Voraussetzungen möglich.

Es konnte gezeigt werden, dass der Begriff „Notwendigkeit" in allen Vorschriften einen engen Anwendungsbereich hat. In Abgrenzung dazu wird stets darauf verwiesen, dass es auch andere Behandlungen, Verwendungen, Auslagen und Verteidigungsmöglichkeiten gibt.

c) *Bedeutung in § 10 Abs. 2 Nr. 2 TPG*

Die Vorschrift des § 10 Abs. 2 Nr. 2 TPG wurde erst relativ spät im Gesetzgebungsverfahren eingefügt.[399] In der Begründung[400] heißt es dazu, die Regelung diene angesichts der Knappheit an Spenderorganen der Chancengleichheit nach Maßgabe medizinischer Kriterien. Sie schließe aus, die Aufnahme in die Warteliste von nicht medizinischen, zum Beispiel finanziellen oder sozialen, Erwägungen abhängig zu machen. Zudem wird die Bedeutung der Aufnahme in die Warteliste für die Behandlungschance hervorgehoben.

Aus dem ausdrücklichen Hinweis auf den Mangel an Spenderorganen lässt sich folgern, dass der Gesetzgeber in § 10 Abs. 2 Nr. 2 TPG den Begriff „Notwendigkeit" deshalb wählte, um den Kreis derjenigen, die auf die Warteliste aufgenommen werden, von Anfang an so einzugrenzen, dass nur wirklich Bedürftige berücksichtigt werden. Nur so kann der Situation der Knappheit der zur Verfügung stehenden Organe Rechnung getragen werden. Sinn und Zweck der Festlegung von Kriterien schon in dem Stadium, in dem es um die Entscheidung geht, ob ein Patient auf die Warteliste aufgenommen wird oder nicht, ist, dass angesichts des Mangels an Spenderorganen eine erste Selektion zu erfolgen hat. Daneben hat der Gesetzgeber die Bedeutung der Aufnahme in die Warteliste für die Behandlungschance herausgestellt. Von einer echten Chance kann aber nur gesprochen werden, wenn nach der ersten Selektionsstufe die Zahl der wartenden Patienten nicht unübersehbar groß ist, abgesehen davon, dass unter Umständen auch falsche Hoffnungen bezüglich der Realisation der Chance geweckt werden. Die Tatsache, dass sich bei Herzerkrankungen im Endstadium die Herztransplantation zu einer Therapie mit kalkulierbarem Risiko entwickelt hat, hatte zu einer Ausweitung der Indikationen und Vergrößerung der Wartelisten geführt.

---

399 Vgl. dazu die Zeittafel im Anhang.
400 BT-Drs. 13/8017, S. 42.

Eine unübersehbare Ausweitung der Wartelisten kann aber gerade nicht gewollt sein.

Das aus Art. 2 Abs. 2 S. 1 des Grundgesetzes abzuleitende Grundrecht auf Leben und körperliche Unversehrtheit gebietet auch nicht, dass die Transplantation jedem angeboten werden muss. Es gibt keinen grundrechtlich geschützten individuellen Anspruch auf medizinische Versorgung.[401] Als wertsetzendes Programm für staatliches Handeln leitet Art. 2 Abs. 2 S. 1 GG lediglich objektiv rechtlich und in Verbindung mit dem Sozialstaatsprinzip zum Aufbau und zur Unterhaltung einer leistungsfähigen Versorgungsstruktur an.[402]

Nach allen Auslegungsarten ist demnach eine enge Auslegung des Begriffs „Notwendigkeit" angezeigt, und zwar im Sinne medizinischer Notwendigkeit, basierend auf dem individuellen Gesundheitszustand und der Krankheitsprognose ohne Behandlung.[403]

Dabei kann aber unter „Notwendigkeit" nicht bei allen Organen dasselbe zu verstehen sein. Würde man nämlich beispielsweise bei allen Organen das Vorliegen einer – wenn auch noch nicht zwingend akuten – Lebensgefahr fordern, so käme es beispielsweise bei dem Organ Niere erst dann zu einer Transplantation, wenn bei der Ersatztherapie, der Dialyse, Komplikationen auftreten. Damit würde man aber der Art der Erkrankung nicht gerecht werden. In der Mehrzahl der Fälle kommt es nicht zu Komplikationen bei der Dialyse, sondern die Patienten müssen aufgrund des zwei- bis dreimal wöchentlich erforderlichen, mehrere Stunden dauernden Anschlusses an das Dialysegerät eine erhebliche Einschränkung ihrer Lebensqualität hinnehmen. Diese gilt es hier zu verbessern.[404] Wenn aber ein Patient – aus welchen Gründen auch immer – mit der Ersatztherapie besser zurecht kommt, hätte eine Transplantation für ihn speziell keine Verbesserung der Lebensqualität zur Folge. Eine Transplantation wäre dann nicht notwendig.

---

401 *Kunig*, in: v. Münch/Kunig, a.a.O., Bd. 1, Art. 2 Rdnr. 60.
402 Vgl. dazu *Schmidt-Didczuhn*, ZRP 1991, S. 266 ff.
403 Im Gegensatz zu sozialer Notwendigkeit, basierend auf der sozialen Produktivität des Patienten und der Zahl der Personen, die von ihm abhängig sind, oder sonstigen Faktoren, wie sie z.T. neben Wartezeit und medizinischer Notwendigkeit für den National Health Service in Großbritannien vorgeschlagen wurde, vgl. *Andreae/ Theurl*, a.a.O., S. 30; dieser Vorschlag verwundert im Hinblick auf die utilitaristische Tradition nicht.
404 Das Gleiche gilt für die Organe Pankreas und Dünndarm, da auch hier die Funktion der Organe durch künstliche Mittel kompensiert werden kann; beim Pankreas durch Insulininjektion, beim Dünndarm durch die parenterale Ernährung, *Largiadèr*, Allokation bei Patienten auf der Warteliste, S. 21.

Bei den Organen Lunge, Herz und Leber ist eine Ersatztherapie – zumindest nach dem derzeitigen Stand der Wissenschaft – nicht möglich. Unter Zugrundelegung einer engen Auslegung des Begriffes „Notwendigkeit" müsste hier zu erwarten sein, dass ohne eine Transplantation der Patient innerhalb eines bestimmten Zeitraums verstirbt. Dies würde umgekehrt bedeuten, dass ein Patient, der schon lange auf der Warteliste ist und dem noch kein geeignetes Organ vermittelt werden konnte, wieder von der Warteliste gestrichen werden müsste, da eine Transplantation dann offenbar doch nicht notwendig und die bisherige medizinische Behandlung ausreichend ist. Zumindest muss ein längerfristig unveränderter Zustand eines Patienten oder gar eine Verbesserung des Zustands zu einer Re-Evaluation der Indikation führen.

4.2 Erfolgsaussicht

a) Begriff

Das Kriterium der Erfolgsaussicht wird sowohl in § 10 Abs. 2 Nr. 2 TPG als auch in § 12 Abs. 3 S. 1 TPG ausdrücklich genannt. Dies heißt aber nicht, dass es auch in beiden Fällen die gleiche Bedeutung haben muss. Es kommt vielmehr auf den Zusammenhang an, in dem der Begriff jeweils gebraucht wird und welchen Zweck der Gesetzgeber damit verfolgt.[405]

b) Verwendung in anderen Rechtsvorschriften

Der Begriff „Erfolgsaussicht" findet sich z.B. auch in § 114 ZPO. Gemäß dieser Vorschrift wird Prozesskostenhilfe nur bei hinreichender Erfolgsaussicht gewährt. Durch das Erfordernis der hinreichenden Erfolgsaussicht kommt zum Ausdruck, dass das Gesetz nicht die volle formelle Gleichheit der Prozessgegner anerkennt. Das BVerfG[406] hat aber festgestellt, dass dies mit dem Gerechtigkeitsgedanken vereinbar sei. Allerdings dürfen die Anforderungen nicht überspannt werden. Es muss eine nach den bisherigen Umständen gewisse Wahrscheinlichkeit vorliegen; eine überwiegende Wahrscheinlichkeit ist nicht nötig.[407] Das Wort „hinreichend" kennzeichnet, dass das Gericht sich mit einer vorläufigen

---
405 S. dazu in diesem Kapitel unter 2.
406 BVerfGE 9, 124, 130 f.
407 *Baumbach/Lauterbach/Albers/Hartmann*, Zivilprozessordnung, § 114 Rdnr. 80 m.N.

Prüfung der Erfolgsaussicht begnügen darf und muss.[408] Der Erfolg braucht also noch nicht gewiss zu sein.[409]

c) Bisherige Verwendung in der Transplantationsmedizin

Nach *Schmidt*[410] finden in der Transplantationsmedizin drei Erfolgsparameter Verwendung. Der de facto wichtigste sei die Organfunktionsdauer, d.h. die Zeitspanne, die ein transplantiertes Organ voraussichtlich im Empfängerorganismus überleben und funktionieren wird. Ein zweiter Erfolgsstandard sei die sog. Halbwertzeit, d.h. der Zeitpunkt, zu dem die Hälfte aller übertragenen Organe noch funktioniert. Der dritte Erfolgsmaßstab stelle auf die Kosten-Nutzen-Bilanz für einen Patienten ab. Es gehe um die Frage, ob der wahrscheinliche Nutzen die damit verbundenen Risiken und Belastungen übersteige.

Beim dritten Erfolgsbegriff werden im Gegensatz zu den ersten beiden Erfolgsbegriffen nicht die Prognosen verschiedener Patienten miteinander verglichen. Nur er folgt dem einzelfallbezogenen Ansatz der medizinischen Ethik. Die anderen Maßstäbe beinhalten interpersonale Nutzenvergleiche und stellen auf die Maximierung des Gesamtwohls ab, gründen also in utilitaristischen Prämissen.[411]

d) Bedeutung in § 10 Abs. 2 Nr. 2 TPG

Die bislang in der Transplantationsmedizin verwendeten Erfolgsbegriffe waren im Hinblick auf die Regeln zur Organvermittlung entwickelt worden. Eine Regelung zur Aufnahme in die Warteliste existierte im Transplantationskodex der Arbeitsgemeinschaft der Transplantationszentren nicht.

Hier geht es noch nicht um die konkrete Vermittlungsentscheidung, sondern man befindet sich erst auf der ersten Stufe der Selektion. Durch die Wahl des Kriteriums „Erfolgsaussicht" zeigt der Gesetzgeber wie in § 114 ZPO, dass er nicht die volle formelle Gleichheit aller bedürftigen Patienten anerkennt. Er bringt damit – wie schon mit der Wahl des Kriteriums der Notwendigkeit – zum Ausdruck, dass die Knappheit der Organe nicht außer Betracht bleiben darf. Der Erfolg muss jedoch auch

---

408 Vgl. BVerfG, FamRZ 1993, 664 f.
409 So auch *Thomas/Putzo*, Zivilprozessordnung, § 114 Rdnr. 3 a: Erfolgsaussicht heißt nicht Gewissheit.
410 *Schmidt*, a.a.O., S. 77 ff., ders., in: Ausschuss-Drs. 602/13, S. 28; *Schmidt/Hartmann*, a.a.O., S. 196 ff.; *Schmidt*, Transplantationsmedizin 1996, S. 41.
411 Vgl. dazu die Ausführungen zum Utilitarismus im ersten Kapitel unter 2.1.

noch nicht gewiss sein, da bei der Aufnahme in die Warteliste eine später zu treffende Vergabeentscheidung lediglich vorbereitet wird. Nur derjenige, der einen Platz auf der Warteliste erhält, erwirbt die Chance auf eine spätere Transplantation. Eine Chance darf die Zugangsvoraussetzung aber nicht unangemessen einschränken.

Dementsprechend ist Erfolgsaussicht, wenn es um die Aufnahme in die Warteliste geht, weit auszulegen und so zu verstehen, dass überhaupt ein medizinischer Erfolg voraussehbar ist, gewissermaßen im Sinne einer Transplantationseignung. Dabei ist auf die allgemeinen Ziele ärztlichen Handelns zurückzugreifen, die sind: Lebensrettung, Wiederherstellung und Verbesserung der Gesundheit sowie Verminderung von Leid.[412] *Lachmann/Meuter*[413] weisen darauf hin, dass diese Ziele unterschiedlich erfolgreich realisiert werden können im Sinne eines „optimalen", „akzeptablen" und „minimalen" Erfolges. Unter Zugrundelegung einer weiten Auslegung des Begriffes Erfolgsaussicht ist weder die Aussicht auf einen optimalen noch auf einen akzeptablen Erfolg zu fordern, es muss jedoch die Aussicht auf Verwirklichung eines minimalen Erfolges bestehen. Da noch kein konkretes Organ zur Diskussion steht, kann ein Vergleich von Prognosen verschiedener Empfänger noch gar nicht stattfinden. Hier ist in jedem Fall nur auf den zu erwartenden Nutzen des Einzelnen abzustellen, d.h. es geht um die generelle Prognose der Heilungschance des Organempfängers. Der Erfolg muss noch nicht gewiss sein, er muss aber nach den vorhandenen Gegebenheiten, nämlich der Grunderkrankung des Patienten und den medizinischen Möglichkeiten, eine gewisse Wahrscheinlichkeit für sich erkennen lassen. Da beim Vorliegen von schweren medizinischen Kontraindikationen generell kein Erfolg zu erwarten ist, kann an der bisher praktizierten Praxis festgehalten werden, dass schwere medizinische Kontraindikationen, beispielsweise eine HIV-Infektion und schwere Tumorerkrankungen, fehlen müssen.[414] Der Patient muss zudem die Kriterien der Operabilität erfüllen.[415]

---

412 *Lachmann/Meuter*, a.a.O., S. 60, der darauf hinweist, dass diese Zielbestimmung sich an die generelle Fassung des „ärztlichen Auftrags" anlehnt, so wie sie von der BÄK 1994 in der Berufsordnung formuliert wurde.
413 *Lachmann/Meuter*, a.a.O., S. 68.
414 Ausführlich zu medizinischen Kontraindikationen *Schmidt/Hartmann*, a.a.O., S. 205 f.; *Land*, Das Dilemma der Allokation von Spenderorganen, S. 66; *Largiadèr*, a.a.O., S. 21; zur Relativität von Kontraindikationen vgl. aber *Künschner*, a.a.O., S. 91.
415 Vgl. auch *Wiesing*, a.a.O., S. 230.

e) Bedeutung der Auslegung für die Anwendung weiterer Kriterien

Mit der Aufzählung der Kriterien Notwendigkeit und Erfolgsaussicht sind Ansätze für Verteilungskriterien gegeben.

Als weitere Gründe für die Nichtaufnahme auf die Warteliste waren u.a. genannt worden: hohes Lebensalter, mangelnde Compliance, nichtintaktes soziales Umfeld, ohnehin zu lange Warteliste und Sucht, insbesondere Alkoholismus.[416] Es fällt auf, dass es sich dabei nicht um medizinische Kriterien im engeren Sinne handelt. Wie oben dargestellt, sollen aber durchaus auch weitere Kriterien in Betracht kommen, die einen unmittelbaren Bezug zu den ausdrücklich genannten Kriterien aufweisen.

Es ist zu untersuchen, ob die oben aufgeführten Kriterien unter Zugrundelegung einer weiten Fassung des Erfolgsbegriffes zur Nichtaufnahme in die Warteliste führen dürfen.

aa) Alter

Da nur auf die Kosten-Nutzen-Bilanz des Patienten abgestellt wird, kann das Alter auf dieser ersten Selektionsstufe grundsätzlich kein Ausschlusskriterium sein.

In der allgemeinen Operationspraxis, also gleich, um welche Art von Operation es sich handelt, werden Patienten aber dann nicht mehr angenommen, wenn aufgrund ihres Alters und der dadurch bedingten physischen Konstitution die Risiken einer Operation höher eingestuft werden als die Chancen eines Operationserfolges. Nur wenn diese Voraussetzungen vorliegen, ist einem Patienten aus Altersgründen ein Platz auf der Warteliste zu versagen, da in einem solchen Fall eine negative Kosten-Nutzen-Bilanz vorliegt. Ein hohes Lebensalter darf also für sich genommen noch nicht zum Ausschluss von der Warteliste führen, zumal biologisches und chronologisches Alter oft nicht übereinstimmen.[417] Der Patient muss lediglich generell die Kriterien der Operabilität erfüllen.

---

416 Nachzulesen bei *Thiel*, Excuses of nephrologists not to transplant, S. 353 ff.; hier ist aufgelistet, welche Argumente von Nephrologen angebracht wurden, jemanden gar nicht erst beim zuständigen Transplantationszentrum zu melden bzw. – wenn jemand bereits auf der Warteliste aufgenommen war – bei einem aktuellen, für sie zutreffenden Organangebot nicht freigegeben zu haben. In manchen Fällen mögen sich auch wirtschaftliche Gründe hinter der Nichtanmeldung verborgen haben. Die Versorgung eines nierenkranken Patienten ist für den Dialysearzt durchaus ein lukratives Geschäft, vgl. auch *Land*, a.a.O., S. 64 f.

417 *Largiadèr/Candinas/Mosimann*, Organ-Allokation, S. 66, das biologische Alter ist das Alter gemessen am Zustand einzelner Organe, der Leistungsfähigkeit und der

bb) Compliance

Unter Compliance versteht man die aktive Fähigkeit und engagierte Bereitschaft eines Patienten, an allen zu seiner Gesundung erforderlichen Maßnahmen mitzuarbeiten und seinen Lebenswandel in einer dafür notwendigen Weise zu organisieren.[418] Dem Kriterium liegt kein biologischer, sondern ein personenbezogener Sachverhalt zugrunde. Da aber Noncompliance-Verhalten nach der Transplantation den Erfolg in erheblicher Weise negativ beeinflussen kann, beispielsweise in Form der unzuverlässigen und unregelmäßigen Einnahme der immunsuppressiven Medikamente, die zu einer Organabstoßung führen kann[419], ist es dennoch als medizinisches Kriterium zu werten, da ihm erfolgsfunktionale Bedeutung zukommt.

Hinsichtlich des Compliance-Kriteriums wurde in den einzelnen Zentren bislang unterschiedlich verfahren. Manche bezogen es schon für die Indikationsstellung mit in die Entscheidungsfindung ein, andere lehnten dies wegen der Operationalisierungsschwierigkeiten ab.[420]

Letztere sind auch der Grund, der dafür spricht, bei einer weiten Auslegung des Begriffs Erfolgsaussicht im Stadium der Entscheidung über die Aufnahme in die Warteliste das Compliance-Kriterium nur dann mit in die Entscheidung einfließen zu lassen, wenn der sichere Misserfolg einer Transplantation vorhersehbar ist.[421] Das wird nur in Ausnahmefällen der Fall sein. Indem man hier dem Arzt einen Ermessensspielraum belässt, innerhalb dem er die absolute Ungeeignetheit beurteilen darf, wird man auch der Forderung gerecht, dass ein Arzt nicht die Möglichkeit haben soll, eine primär gegebene Chance ungenutzt zu lassen oder sogar zu vereiteln.[422]

---

geistigen Vigilanz, S. 67, dies muss höher bewertet werden als das chronologische Alter, S. 69; *Künschner*, a.a.O., S. 95; in Großbritannien wird das Lebensalter dagegen schon auf dieser Stufe berücksichtigt. Es gibt zwar keine offizielle Altersgrenze, jedoch werden an den meisten Dialysezentren Patienten, die 55 Jahre oder älter sind, nicht mehr aufgenommen. Auch in Deutschland spielte das Alterskriterium anfänglich noch eine Rolle, vgl. dazu *Schmidt/Hartmann*, a.a.O., S. 193.
418 *Lachmann/Meuter*, a.a.O., S. 182; *Schmidt*, a.a.O., S. 91 f.
419 *Lachmann/Meuter*, a.a.O., S. 65, 182; zu den Ursachen mangelnder Compliance vgl. auch *Schmidt/Hartmann*, a.a.O., S. 207 ff.
420 S. Darstellung bei *Lachmann/Meuter*, a.a.O., S. 65; näher zu den Operationalisierungsschwierigkeiten und Veränderbarkeit der Compliance, *Lachmann/Meuter*, a.a.O., S. 184 f.
421 *Lachmann/Meuter*, a.a.O., S. 185.
422 *Land*, a.a.O., S. 66.

Bei Patienten, die die Landessprache nur unzureichend beherrschen, daher den Anweisungen der Ärzte nicht Folge leisten können und somit der Erfolg nicht gesichert erscheint, ist zu überlegen, ob diesen Patienten nicht ein Dolmetscher zur Seite zu stellen ist, zumal aus Art. 3 Abs. 3 GG folgt, dass die Sprache keine Rolle spielen darf. Die Konstruktion ist aus dem Strafrecht bekannt. Liegt ein Fall der notwendigen Verteidigung vor, hat der Staat neben der Bestellung eines Pflichtverteidigers auch die Pflicht, die Kosten eines Dolmetschers zu tragen.[423] Im Fall der notwendigen Transplantation würde dies die Verpflichtung nach sich ziehen, auch die Durchführung der Transplantation zu ermöglichen.

Inwieweit das Compliance-Kriterium möglicherweise auf der zweiten Selektionsstufe, wenn es um die konkrete Vermittlungsentscheidung geht, Bedeutung erlangt, wird später untersucht.

cc) Verschulden

Chronische Niereninsuffizienz kann z.B. eine Folge jahrelangen Schmerzmittelmissbrauchs sein.[424] Rauchen gilt als eine der Hauptursachen von Herzkranzgefäßerkrankungen, die eine Herztransplantation notwendig machen können. Die häufigste Ursache von Leberzirrhosen und damit der theoretisch wichtigste Grund für Lebertransplantationen ist übermäßiger Alkoholkonsum.[425]

Unsere Rechtsordnung kennt hingegen keine Verwirkung oder Minderung des Lebensrechts. Dies wird deutlich, wenn man das Institut des rechtfertigenden Notstandes, § 34 StGB, betrachtet. Eine schuldhafte Herbeiführung der Gefahrenlage für die Schutzwürdigkeit des bedrohten Rechtsgutes ist zumindest dann ohne Bedeutung, wenn ein weniger sicheres Mittel nicht in Betracht kommt.[426] Dies ist hier gerade der Fall, da auch die Notwendigkeit einer Transplantation gegeben sein muss, also andere Therapien nicht mehr ausreichend sind. Wenn aber die Ursache weiter besteht, der Patient also weiterhin regelmäßig Schmerzmittel einnimmt, das Rauchen und/oder Trinken nicht aufgibt, und deswegen

---

423 *Kleinknecht/Meyer-Goßner*, a.a.O., § 140 Rdnr. 30 a; vgl. zum Problemkreis der Kenntnis der Landessprache auch *Schmidt/Hartmann*, a.a.O, S. 184, 210.
424 *Schmidt*, a.a.O., S. 66.
425 *Feuerstein*, a.a.O., S. 247; ausführlich dazu *Schmidt/Hartmann*, a.a.O., S. 188 ff.; die Existenz eines Alkoholismus bei chronisch leberkranken Patienten wurde als negativer Auswahlfaktor zur Aufnahme in ein Lebertransplantationsprogramm aufgeführt, *Land*, a.a.O., S. 66.
426 *Lenckner*, in: Schönke/Schröder, Strafgesetzbuch Kommentar, § 34 Rdnr. 42 m.w.N.

nicht einmal eine minimale Erfolgsaussicht gegeben ist, muss etwas anderes gelten. Der Misserfolg muss jedoch sicher prognostizierbar sein. Dann kann die Aufnahme in die Warteliste vom Wegfall der Ursachen abhängig gemacht werden.[427]

Insgesamt lässt sich feststellen, dass Patienten, die aufgrund medizinischer Kriterien zur Transplantation geeignet sind, die Aufnahme auf die Warteliste aufgrund anderer Überlegungen nicht versagt werden kann.

f) Bedeutung in § 12 Abs. 3 S.1 TPG

Auch auf der zweiten Selektionsstufe, bei der es um die Vermittlung eines konkret zur Verfügung stehenden Spenderorgans geht, wurde das Kriterium Erfolgsaussicht gewählt. Es stellt sich die Frage, ob auch hier lediglich auf die Kosten-Nutzen-Bilanz des Einzelnen abzustellen und welche Art von Erfolg, ein minimaler, ein akzeptabler oder ein optimaler Erfolg, zu fordern ist, ob also ein bestimmtes Ausmaß des zu erwartenden Erfolgs ausschlaggebend sein kann.

In der Gesetzesbegründung[428] heißt es, dass es für die Erfolgsaussicht auf die Blutgruppe, bei Nierentransplantationen zusätzlich auf den HLA-Status und bei anderen Organen, insbesondere Herz und Leber, auch auf Größe und Gewicht des Spenderorgans ankommt. Bei der Nierentransplantation ist eine genauere Untersuchung der immunologischen Ähnlichkeit zwischen Spender und Empfänger möglich. Bei den anderen Organen steht weniger Zeit zwischen Explantation und Implantation zur Verfügung, als die immunologische Kompatibilität es zu testen erfordert.[429] Diese Faktoren sind in jedem Fall zu berücksichtigen[430], reichen aber bei der Bestimmung des letztendlichen Organempfängers in der Regel nicht aus, weil sie meist von einer Mehrzahl der betreffenden Kandidaten erfüllt werden.[431] Dies bedeutet, dass der dritte Erfolgsbegriff der Kosten-Nutzen-Bilanz zur Lösung des Auswahlproblems ungeeignet ist. Es kann also nicht ausreichen, auf der zweiten Selektionsstufe nur auf das persönliche Wohl des einzelnen Kranken abzustellen.

---

427 In Großbritannien wird den Patienten dagegen die Aufnahme in die Warteliste versagt, bis sie ihr Verhalten geändert haben, *Schmidt/Hartmann*, a.a.O., S. 189.
428 BT-Drs. 13/4355, S. 26.
429 *Wiesing*, a.a.O., S. 228 f.
430 Wobei sich die Auffassungen mehren, die dem Grad der HLA-Kompatibilität nicht mehr eine solche Gewichtung beimessen, vgl. dazu drittes Kapitel unter 1.2 und *Schmidt*, in: Ausschuss-Drs. 602/13, S. 29.
431 *Schmidt*, in: Ausschuss-Drs. 602/13, S. 27.

Hinter der Entscheidung für die HLA-Kompatibilität – mag diese nun ausschlaggebend sein oder nicht –, erkennt man das Anliegen, die Organfunktionslaufzeiten zu optimieren.[432] Auch die anderen geforderten gesundheitlichen Mindestbedingungen basieren letztlich auf der Maxime, dass ein Organ möglichst lange im Organismus arbeiten soll.[433] Man erhofft sich, dass der Nutzen – im Fall der Nierentransplantation heißt dies gewonnene Lebensjahre ohne Dialyse – für den Einzelnen möglichst groß werden wird, da man davon ausgeht, dass die Zeit mit einem funktionierenden Transplantat in der Regel für den Patienten einen Nutzen darstellt.[434]

Hinter der Regelung steht also das Prinzip des größtmöglichen Nutzens für ein Individuum. Sie ist, da das Erfordernis der HLA-Kompatibilität in Fachkreisen unterschiedlich beurteilt wird, durch medizinisches Expertenwissen jedoch allein nicht zu begründen. Dieses Prinzip des größtmöglichen individuellen Nutzens trifft sowohl im medizinischen Bereich als auch in der Bevölkerung auf große Zustimmung, denn es verspricht gleichermaßen eine hohe Produktivität des Mitteleinsatzes und ein großes Maß an Fairness. Bei diesem Kriterium bestimmt die körperliche Beschaffenheit des Patienten den Zugang zum limitierten Therapieangebot. Auf diese Weise trägt die (medizinisch optimale) Patientenauswahl Züge einer von den Zufällen der Natur bestimmten Selektion.[435]

Mit einem so verstandenen Effizienzgebot ist dagegen nicht gemeint, dass sich die Allokation am Prinzip des größtmöglichen kollektiven Nutzens zu orientieren habe. Dies würde bedeuten, dass Organe so vergeben werden, dass die Summe der komplikationslosen Jahre aller Patienten möglichst groß wird. Dann müsste man bei gleicher Kompatibilität gewisse Patientengruppen bevorzugen, nämlich junge Patienten mit hoher Lebenserwartung. Denn wenn ein Empfänger vor Ablauf der Funktionsfähigkeit eines Transplantats stirbt, hat ein Organ bei diesem Patienten zur Summe der gewonnenen Jahre aller Transplantate nicht das Optimum beigetragen. Genau dieses Prinzip der Maximierung des kollektiven Nutzens soll aber keine Anwendung finden, wenn man in erster Linie nach der HLA-Kompatibilität verteilt. Da man sich gerade am größtmöglichen individuellen Nutzen orientiert, scheidet die Anwen-

---

432 *Schmidt*, in: Ausschuss-Drs. 602/13, S. 29.
433 *Wiesing*, a.a.O., S. 231.
434 *Wiesing*, a.a.O., S. 230; auch Gutmann/Land messen den Nutzen an der Transplantatüberlebenszeit, *Gutmann/Land*, a.a.O., S. 99.
435 *Feuerstein*, a.a.O., S. 243.

dung der in diesem Kapitel unter 4.2 c) genannten ersten beiden Fassungen des Erfolgsbegriffes ebenfalls aus. Da unsere Rechtsordnung nicht erlaubt, einem Einzelnen Schaden zuzufügen, um den kollektiven Nutzen zu mehren, kann sich eine utilitaristische Argumentation nicht durchsetzen. Dies widerspräche auch der ärztlichen Tradition. Bereits im Hippokratischen Eid ist der Arzt dem Wohle seines Patienten und nicht dem Wohl einer Gruppe verpflichtet.[436]

Da es auf den größtmöglichen individuellen Nutzen ankommen soll, spielt es eine Rolle, ob ein minimaler, akzeptabler oder optimaler Erfolg zu erwarten ist. Die Kosten-Nutzen-Bilanzen der Patienten werden also miteinander verglichen. Ein optimaler Erfolg ist einem akzeptablen oder minimalen, ein akzeptabler Erfolg einem minimalen Erfolg vorzuziehen. Bereits im Jahre 1994 legte man den größtmöglichen Erfolg zugrunde.[437] Hier kommt der im Grundrechtsbereich geforderte Effizienzgedanke (im Sinne einer hohen Erfolgsaussicht) zur Anwendung, nicht zuletzt, weil Effizienz auch zum Abbau von Knappheiten beiträgt.[438]

Gefordert ist auf dieser Stufe also eine engere Auslegung als in § 10 Abs. 2 Nr. 2 TPG, so dass zusammenfassend gesagt werden kann, dass Erfolgsaussicht in § 12 Abs. 3 S. 1 TPG bedeutet, dass davon auszugehen ist, dass das Organ beim ausgewählten Patienten im Vergleich zu den Patienten, die auch für das zur Verfügung stehende Organ grundsätzlich in Frage gekommen wären, abstrakt gesehen die höchste Funktionsrate im Sinne des komplikationslosen Funktionierens hat. Es geht um eine mit niedrigerem Risiko besetzte größere Heilungschance.[439] Eine längere Überlebensdauer darf dagegen kein relevantes Unterscheidungskriterium sein.[440]

4.3 Dringlichkeit

a) Begriff

Dringlichkeit bedeutet nach dem allgemeinen Sprachgebrauch, dass eine Sache aufgrund ihrer Besonderheit in tatsächlicher Hinsicht nicht den

---

436 Vgl. zum Ganzen *Wiesing*, a.a.O., S. 231 f.; der Hippokratische Eid, die Grundlage der ärztlichen Standesethik, ist im griechischen Originaltext abgedruckt bei *Moor*, Die Freiheit zum Tode, S. 24, die deutsche Übersetzung findet sich auf S. 25; ebenso bei *Deutsch*, a.a.O., Rdnr. 1029.
437 BT-Drs. 12/8063, S. 10.
438 *Schmidt/Hartmann*, a.a.O., S. 225.
439 *Kopetzki*, Organgewinnung, S. 125.
440 *Künschner*, a.a.O., S. 93, 328.

normalen Weg gehen kann, ohne dass Nachteile entstehen. Ein Aufschub kann nicht geduldet werden. Eine eilige Erledigung ist angezeigt.[441]

b) *Verwendung in anderen Rechtsvorschriften*

Dringlichkeit spielt vor allem im Rahmen des einstweiligen Verfügungsverfahrens eine entscheidende Rolle.
So heißt es in § 937 Abs. 2 ZPO:
„Die Entscheidung kann in dringenden Fällen sowie dann, wenn der Antrag auf Erlass einer einstweiligen Verfügung zurückzuweisen ist, ohne mündliche Verhandlung ergehen."
Ein dringender Fall gemäß Abs. 2, 1. Hs. liegt nur dann vor, wenn die Eilbedürftigkeit der Maßnahme über die dem einstweiligen Verfügungsverfahren ohnehin innewohnende Dringlichkeit (Verfügungsgrund) hinausgeht und selbst eine innerhalb kürzester Frist terminierte mündliche Verhandlung nicht abgewartet werden kann, oder wenn der Zweck der einstweiligen Verfügung gerade den Überraschungseffekt der Beschlussverfügung erfordert.[442] Es muss also eine gesteigerte, zusätzliche Dringlichkeit vorliegen.[443]
§ 944 ZPO bestimmt darüber hinaus:
„In dringenden Fällen kann der Vorsitzende über die in diesem Abschnitt erwähnten Gesuche, sofern deren Erledigung eine mündliche Verhandlung nicht erfordert, anstatt des Gerichts entscheiden."
Dringender Fall im Sinne von § 944 ZPO ist demnach zu unterscheiden von der allgemeinen Dringlichkeit, die schon der Verfügungsgrund als solcher fordert, und der besonderen Dringlichkeit gemäß § 937 Abs. 2 ZPO, die das Gericht zur Entscheidung ohne mündliche Verhandlung ermächtigt. Entscheidung ohne mündliche Verhandlung ist Tatbestandsmerkmal des § 944 ZPO, so dass die für die Entscheidungsbefugnis des Vorsitzenden erforderliche Dringlichkeit über die besondere Dringlichkeit gemäß § 937 Abs. 2, 1. Hs. ZPO hinausgehen muss. Der Vorsitzende kann folglich nur dann allein entscheiden, wenn der vorgetragene Sachverhalt den sofortigen Erlass der einstweiligen Verfügung erfordert, also die Zeit bis zum Zusammentreten des Kollegialorgans zur Vermeidung irreparabler Rechtsverluste nicht mehr abgewartet werden kann.[444]

---

441 *Duden*, o.S.
442 *Zöller*, Zivilprozessordnung, § 937 Rdnr. 2.
443 *Baumbach/Lauterbach/Albers/Hartmann*, a.a.O., § 937 Rdnr. 5.
444 *Zöller*, a.a.O., § 944 Rdnr. 1.

Auch in § 942 Abs. 1 ZPO kommt der Begriff „in dringenden Fällen" zur Anwendung. Dort heißt es:

„In dringenden Fällen kann das Amtsgericht, in dessen Bezirk sich der Streitgegenstand befindet, eine einstweilige Verfügung erlassen, unter Bestimmung einer Frist, innerhalb der die Ladung des Gegners zur mündlichen Verhandlung über die Rechtmäßigkeit der einstweiligen Verfügung bei dem Gericht der Hauptsache zu beantragen ist."

Ein dringender Fall liegt hier in Abgrenzung zu §§ 937 und 944 ZPO dann vor, wenn der Antragsteller durch die Anrufung des zuständigen Gerichts der Hauptsache einen nicht hinnehmbaren Rechtsverlust erleiden würde, der durch die dann eintretende zeitliche Verzögerung entstehen würde.[445]

Die Darstellung hat gezeigt, dass der Begriff der Dringlichkeit unterschiedlich ausgelegt werden und es mehrere Dringlichkeitsstufen geben kann. Je höher die Bedürftigkeit im Sinne eines irreparablen oder zumindest schwer wiederherstellbaren Rechtsverlustes ist, desto geringere Voraussetzungen werden an die Entscheidungsreife gestellt.

c) *Bedeutung in § 12 Abs. 3 S. 1 TPG*

In der Gesetzesbegründung[446] heißt es, dass zur Beurteilung der Dringlichkeit der Gesundheitszustand des Patienten im Hinblick auf seine verbleibenden Überlebenschancen herangezogen wird. Damit verbunden ist eine Unterteilung in Dringlichkeitskategorien, die zwar gegen das Prinzip des größtmöglichen individuellen Nutzens verstößt[447], aber dem Prinzip der Schadensvermeidung Genüge tut. Da Lebensgefahr besteht, ist die Durchbrechung des Gleichheitsgrundsatzes gerechtfertigt. Aufgrund der Dringlichkeit ist man bereit, die zu erwartende Zeit komplikationslosen Funktionierens geringer in Betracht zu ziehen. Die Bildung von Dringlichkeitskategorien ist auch aus der Katastrophenmedizin bekannt.[448] In der bisherigen Praxis der Transplantationsmedizin wurden ebenfalls verschiedene Dringlichkeitsstufen unterschieden.[449] Es müssen organspezifische Abstufungen der Dringlichkeit festgelegt werden. Die DGMR[450] empfiehlt, bei der Konkretisierung der Dringlichkeit medizi-

---

445 *Zöller*, a.a.O., § 942 Rdnr. 1.
446 BT-Drs. 13/4355, S. 26.
447 *Wiesing*, a.a.O., S. 235.
448 Näher dazu s. in diesem Kapitel unter 6.2 a).
449 T = Transplantabel; SU = Special Urgency; HU = High Urgency, s. dazu im dritten Kapitel.
450 DGMR, Einbecker Empfehlungen, MedR 1998, S. 532 Nr. 13.

nisch objektivierbare Kriterien im Sinne einer Prioritätenbildung zu erstellen.

5 Weitere Kriterien

Bisher wurden die im Gesetz ausdrücklich genannten Kriterien erörtert. Die Vermittlung soll aber nicht ausschließlich nach diesen Kriterien erfolgen. Durch die Formulierung „insbesondere" zeigt der Gesetzgeber, dass es über Erfolgsaussicht und Dringlichkeit hinaus weitere Kriterien geben muss. Bei den genannten Kriterien handelt es sich lediglich um eine beispielhafte, also keine abschließende Aufzählung.

Aber auch wenn eine Vorschrift nur auf bestimmte Kriterien abstellt, sind Modifikationen denkbar, wie Art. 33 Abs. 2 GG zeigt. Danach wird jedem Deutschen nach seiner Eignung, Befähigung und fachlichen Leistung gleicher Zugang zu jedem öffentlichen Amte gewährt. Nach dem eindeutigen Wortlaut darf nur auf die drei in Abs. 2 genannten Kriterien abgestellt werden. Die Kriterien können aber gewisse Modifikationen durch das Sozialstaatsprinzip erfahren. Die Sozialstaatsklausel zielt auf eine gerechte und ausgeglichene Gestaltung der gesellschaftlichen Verhältnisse.[451] Hauptsächliches Ziel ist die Bewältigung sozialer Notlagen und Beeinträchtigungen, wie sie z.B. durch Krankheit, Alter, Invalidität, Arbeitslosigkeit und sonstige benachteiligende Lebensumstände herbeigeführt werden.[452]

In der Gesetzesbegründung[453] heißt es, dass über die Kriterien Dringlichkeit und Erfolgsaussicht hinaus in angemessener Gewichtung weitere Umstände, die nach medizinischer Beurteilung Einfluss auf Dringlichkeit und Erfolg einer Transplantation haben können, wie z.B. die bereits verstrichene und eine weitere Wartezeit hinsichtlich eingetretener oder absehbarer zusätzlicher gesundheitlicher Belastungen, einzubeziehen sind. Die Erörterung von in Betracht kommenden weiteren Kriterien soll mit der Wartezeit als in der Gesetzesbegründung ausdrücklich genanntes Kriterium beginnen.

5.1 Wartezeit

Im zweiten Kapitel wurde dargestellt, dass der Prioritätsgedanke oft bei Verteilungsentscheidungen eine Rolle spielt. Der Gesetzgeber hat sich

---
451 BVerfGE 22, 204.
452 *Seifert/Hömig*, Grundgesetz, Art. 20 Rdnr. 4.
453 BT-Drs. 13/4355, S. 26.

auch im TPG dem Prioritätskriterium nicht verschlossen. Das Wartezeitkriterium ist aber nur als weiteres in Betracht kommendes Kriterium angesprochen. Eine alleinige Anwendung des Prioritätsprinzips hätte sich auch nicht mit den Kriterien im Hinblick auf den Nutzen oder die Dringlichkeit vertragen.[454]

Nach dem Willen des Gesetzgebers muss das Wartezeitkriterium eine medizinische Komponente haben, die aber zunächst nur latent vorhanden ist. Die Wartezeit kann Einfluss auf die vom Gesetzgeber ausdrücklich genannten Vermittlungskriterien der Erfolgsaussicht und Dringlichkeit nehmen. Bei einer langen Wartezeit verschlechtert sich in der Regel der medizinische Gesamtzustand eines Patienten, was Einfluss auf die Erfolgsaussicht einer Transplantation haben kann.[455] Bei einer gravierenden Verschlechterung des Gesundheitszustandes kann das Wartezeitkriterium auch dem Dringlichkeitskriterium zugeordnet werden.

Gerade bei den Organen Herz und Leber wird die Wartezeit zum Indikator für Dringlichkeit. Da kein Patient mit Herz- oder Leberversagen im Endstadium lange Wartezeiten überstehen würde, kommt es hier nicht zu extremen Wartezeitunterschieden. Wartezeiten im eigentlichen Sinne des Wortes spielen dagegen vor allem bei der Niere eine Rolle, da die Zeit bis zu einer Transplantation durch die Ersatztherapie überbrückt werden kann. Vor Einführung des *Wujciak*-Modells gab es einen hohen Anteil sehr lang Wartender, was darauf zurückzuführen war, dass in vielen Zentren erst bei gleich „passenden" und/oder dringlichen Patienten die Wartezeit entschied und zunächst eine Abstufung nach HLA-Kompatibilität vorgenommen wurde.[456] Will man die Wartezeit aber berücksichtigen, sind derartige Abstufungen nicht mehr möglich.

Die Vorteile des Auswahlkriteriums Wartezeit werden darin gesehen, dass die Erfüllung rechtlich jedermann möglich[457] und die Durchführung einfach und einheitlich, nachvollziehbar, patientenbezogen und nicht abhängig von der Leistungsfähigkeit des Transplantationszentrums ist.[458]

---

454 *Künschner*, a.a.O., S. 376 ff.; *Feuerstein*, a.a.O., S. 250, der sich gegen eine strikte Anwendung des „first-come first-served"-Kriteriums ausspricht und als weiteren Grund anführt, dass in Amerika materiell besser situierte Patienten offensichtlich einen schnelleren Zugang zur Warteliste finden. Durch die Regelung in § 10 Abs. 2 Nr. 2 TPG dürfte dies indes – zumindest auf dem legalen Weg – ausgeschlossen sein.
455 *Schmidt*, a.a.O., S. 135.
456 *Schmidt/Hartmann*, a.a.O., S. 230 f., 238.
457 BVerfGE 33, 303, 348.
458 *Drees/Scheld*, Herztransplantation, S. 30.

Fuchs[459] ist der Auffassung, dass bei Berücksichtigung der Wartezeit die Chancengleichheit am ehesten gewahrt bliebe. Die Berücksichtigung des Prinzips der Chancengleichheit – nach Maßgabe medizinischer Kriterien – ist auch der Gesetzesbegründung[460] zu entnehmen.

Das Wartezeitkriterium hat immer auch formalen Charakter. Die Ausführungen zum Prioritätsprinzip im zweiten Kapitel schilderten die Bedenken, Entscheidungen dort von formalen Kriterien abhängig zu machen, wo es sich um existenzielle Güter handelt, zumal Manipulationen denkbar sind, die den grundsätzlichen Gleichheitsanspruch des Wartezeitkriteriums relativieren.[461] So kann der Zeitpunkt der Aufnahme auf die Warteliste von vielen Faktoren abhängen, nämlich vom individuellen Bemühen[462] oder den unterschiedlichen Überweisungspraktiken der Fachärzte, für die die Durchführung der Dialyse ein lukratives Geschäft darstellt.[463]

Es stellt sich damit die Frage, von welchem Zeitpunkt an das Wartezeitkriterium eine Rolle spielen soll, damit die chancenausgleichende Funktion gewahrt bleibt.

Bei den Organen Herz und Leber weist die Wartezeit auf die Dringlichkeit hin, so dass die gewonnenen Daten bezüglich der Sterblichkeit auf der Warteliste ausgewertet werden müssten. Bei einer Retransplantation zählt die Zeit, seit der der Patient erneut auf der Warteliste steht. Falls er jedoch in weniger als einem Jahr nach der Transplantation dort wieder aufgeführt wird, besteht eine höhere Dringlichkeit fort, so dass für diesen Fall die Zeit seit der vorherigen Aufnahme in die Warteliste gilt.[464]

Bei der Niere ist die Ausgangslage anders. Es muss nicht eine möglicherweise plötzlich eintretende Lebensgefahr abgewendet werden, sondern es geht darum, dass der Patient von den Unannehmlichkeiten, die die Dialyse mit sich bringt, befreit werden will. Um bereits diese psychische Belastung mit einzubeziehen, könnte man daran denken, die Wartezeit vom Tag der Erkrankung und Feststellung der Dialysepflichtigkeit

---

459 *Fuchs*, a.a.O., S. 10; *Giesen*, JZ 1990, S. 942, der zudem betont, dass die Entscheidung im Fall der Zurückweisung psychologisch leichter sei und das Vertrauen in die Arzt-Patienten-Beziehung vor Furcht und Misstrauen geschützt werde.
460 BT-Drs. 13/4355, S. 26.
461 *Feuerstein*, a.a.O., S. 250.
462 *Loewy*, a.a.O., S. 177, der feststellt, dass Menschen, die eine bessere Ausbildung haben, in der Regel früher zum Arzt gehen und so einen Wartezeitvorteil haben.
463 *Lachmann/Meuter*, a.a.O., S. 202.
464 *Wiesing*, a.a.O., S. 234, Fn. 16.

an zu berechnen, zumal der Gesetzesbegründung ausdrücklich die Berücksichtigung gesundheitlicher Belastungen zu entnehmen ist.[465] Da damit auch nicht von Bedeutung ist, wann die Überweisung an das Transplantationszentrum stattfindet, ist der Vorteil gegenüber einer Berechnung der Wartzeit vom Zeitpunkt der Aufnahme auf die Warteliste, dass durch fehlende Manipulationsmöglichkeiten ein neutralerer Beginn der Warteliste erreicht würde.

Will man dagegen auf den Zeitpunkt der Aufnahme auf die Warteliste abstellen, könnte dem Vorwurf, dass unterschiedliche Überweisungspraktiken möglicherweise den Ausschlag für die Bevorzugung eines Patienten geben, dadurch begegnet werden, dass bei der Berechnung der Wartezeit größere Zeiteinheiten zugrunde gelegt werden. Nach den Auffassungen von *Berg*[466] und *Scholler*[467] soll die zeitliche Priorität nur dann entscheiden, wenn sich gerade hierin ein besonderes Werteverhältnis ausdrückt. Das bedeutet, dass minimale Wartezeitdifferenzen nicht ausreichen, um einen Patienten einem ebenso geeigneten Patienten vorzuziehen. Dieser Gedanke findet sich auch in § 32 Abs. 3 S. 1 Nr. 1 S. 3 HRG, wonach Qualifikationsgrade, die nur geringfügig voneinander abweichen, als ranggleich behandelt werden können. Während *Lachmann/ Meuter*[468] eine Zeitspanne von einem Monat oder einem Quartal in Erwägung ziehen, wäre zwecks Ausgleich von unterschiedlichen Überweisungspraktiken ein noch längerer Zeitraum vonnöten. Bei einer Berechnung der Wartezeit vom ersten Tag der Nierenersatztherapie dürften lediglich minimale Wartezeitdifferenzen keine Rolle spielen.

Die chancenausgleichende Funktion des Wartezeitkriteriums erfordert weiter, dass das Kriterium eine ernsthafte Zulassungschance eröffnet. Dies kann durch die Zuteilung einer hohen Quote an länger wartende Patienten erreicht werden, da dann gesichert ist, dass jeder Bewerber ein Organ erhält, sofern er ausreichend lange wartet.

5.2 Ischämiezeit

Weite Transportwege sowie lange Konservierungszeiten sollen vermieden werden. Für die Organe Herz, Leber und Lunge gilt dies schon aufgrund der ohnehin kurzen Ischämietoleranz. Bei der Nierentransplanta-

---

465 BT-Drs. 13/4355, S. 26.
466 *Berg*, in: Der Staat 1976, S. 24.
467 *Scholler*, Interpretation des Gleichheitssatzes, S. 87.
468 *Lachmann/Meuter*, a.a.O., S. 203.

tion wird die Frage, inwieweit die kalte Ischämiezeit den Erfolg beeinflusst, nicht einheitlich beantwortet.[469]

Im Vordergrund steht das Bestreben, die Qualität des Transplantats so gut wie möglich zu erhalten, indem man die Zeit zwischen Explantation und Implantation kurz hält. Da ein gut erhaltenes Organ im Empfängerorganismus wesentlich länger funktioniert als ein geschädigtes, liegt auch diesem Kriterium das ethische Prinzip des größtmöglichen individuellen Nutzens zugrunde und lässt sich auf das Erfolgskriterium zurückführen.

Nach den Einbecker Empfehlungen der DGMR[470] darf die Entfernung zwischen Spenderorgan und möglichem Empfänger im Hinblick auf die Erfolgsaussicht nur berücksichtigt werden, wenn die durch den Transport des Spenderorgans bedingte unvermeidbare Ischämiezeit den für das jeweilige Organ kritischen Zeitraum erreicht. Für den Transport ist das im Hinblick auf die Ischämietoleranz des jeweiligen Organs gebotene Transportmittel zu verwenden.

5.3 Gen-Chance, Gen-Faktor

Die Orientierung der Organvergabe bei der Niere am Grad der HLA-Kompatibilität stellt formal eine Gleichbehandlung dar. Allerdings würde dies bei strikter Anwendung bewirken, dass der Zugang für bestimmte Patientenkategorien erschwert wird, da die Chance, ein passendes Organ zu finden um so geringer wird, je höher die Immunisierung eines Patienten (IM = Immunized Patient, HIP = Highly Immunized Patient) ist. Auch Träger der Blutgruppe 0 haben stets eine statistisch signifikant geringere Chance, ein Organ zugeteilt zu bekommen.[471] In der Gesetzesbegründung[472] wird das Prinzip der Chancengleichheit herausgestellt. Das BVerfG[473] hat ausgeführt, dass jedes Auswahlsystem auch dem Benachteiligten eine Chance geben muss. Es ist also auch eine faktische Gleichbehandlung zu gewährleisten, d.h. eine Vergabepraxis, die allen medizinisch-geeigneten Patienten auf der Warteliste auch real gleiche Chancen auf die Versorgung mit einem Organ gibt. Das Prinzip der Chancengleichheit wird hier verwirklicht, wenn man der von Natur aus gegebenen Benachteiligung entgegenwirkt, indem eine Bevorzugung stattfindet. Da erfahrungsgemäß die Wartezeit von Patienten mit der

---

469 *Wiesing*, a.a.O., S. 231, dort Fn. 11.
470 DGMR, Einbecker Empfehlungen, MedR 1998, S. 532 Nr. 11.
471 *Gutmann/Land*, a.a.O., S. 103.
472 BT-Drs. 13/4355, S. 26.
473 Nachweise in Fn. 142 im zweiten Kapitel.

Blutgruppe 0 deutlich länger ist, kann ihnen auch ein höherer Grad an Dringlichkeit zugestanden werden.[474] Das Kriterium kann dann auch auf das Dringlichkeitskriterium zurückgeführt werden.

5.4 Alter

Das Alterskriterium wird u.a. wegen der steigenden Lebenserwartung der Menschen immer wieder diskutiert. Per se kann es auch auf der zweiten Selektionsstufe kein Ausschlussgrund sein. Dies würde die Zugrundelegung der in diesem Kapitel unter 4.2 c) genannten ersten beiden Fassungen des Erfolgsbegriffes bedeuten, die zu einer Benachteiligung der Älteren führen, da mit fortschreitendem Alter die Lebenserwartung abnimmt und damit auch die mögliche Funktionsdauer des Transplantats. Das Prinzip des größtmöglichen kollektiven Nutzens ist der Begründung zu der Vorschrift des § 12 Abs. 3 S. 1 TPG aber gerade nicht zu entnehmen.

Als Ausschlussgrund kommt das Alter auch unter rechtlichen Gesichtspunkten nicht in Betracht. Der Rückgriff auf moralische Aspekte ist dafür gar nicht erforderlich.[475] Die Tatsache, dass ältere Patienten im allgemeinen Wesentliches für die Gesellschaft geleistet haben, sie während ihres Erwerbslebens neben Steuern auch für die Gesundheitsversorgung bezahlt und möglicherweise selten Leistungen in Anspruch genommen haben, sie dafür aber im Notfall – und kommt er auch erst in einem späteren Lebensabschnitt – jede Hilfe verdienen, stützt nur die Rechtsprechung[476], die immer wieder postuliert, dass der Wert des Lebens mit zunehmendem Alter nicht abnimmt. Das Recht auf Leben und körperliche Unversehrtheit ist ein in Art. 2 Abs. 2 S. 1 des Grundgesetzes verbürgtes Grundrecht. Mit dieser zentralen Aussage räumt das Grundgesetz dem menschlichen Leben im Wertgefüge der Grundrechtsnormen den höchsten Rang und zugleich Anspruch auf den ungeteilten Schutz der Rechtsordnung ein.

Die Rechtsordnung schützt also jedes Menschenleben schon aufgrund seiner realen Existenz und ohne Rücksicht auf seine künftige Dauer in völlig gleicher Weise. Im Strafrecht folgt daraus der Grundsatz des absoluten Lebensschutzes.[477] Das Leben des Menschen genießt uneinge-

---

474 *Wiesing*, a.a.O., S. 236.
475 So aber *Feuerstein*, a.a.O., S. 241.
476 Vgl. BVerfGE 39, 1, 42.
477 *Maurach/Schroeder/Maiwald*, Strafrecht, Besonderer Teil, Teilband 1, § 1 II, S. 12.

schränkten Schutz ohne Rücksicht auf die Lebensfähigkeit, die Lebenserwartung oder das Lebensinteresse des Einzelnen, auf das Alter des Rechtsgutsträgers und seinen Gesundheitszustand, auf seine gesellschaftlich-soziale Funktionstüchtigkeit und die ihm von anderen entgegengebrachte Werteinschätzung.

Zu prüfen ist, ob das Alter unter erfolgs- oder dringlichkeitsfunktionalen Gesichtspunkten Bedeutung erlangt, also als weiterer Abwägungsfaktor in Betracht gezogen werden muss. *Fuchs*[478] ist der Auffassung, dass das Alter des Patienten in prognostische Erwägungen einfließen kann. So wird man dies bejahen müssen, wenn aufgrund einer altersbedingten Gefäßerkrankung der Anschluss des transplantierten Organs erschwert wäre[479], wobei aber auf das biologische Alter abzustellen ist. Chronologisches und biologisches Alter differieren oft erheblich.

Dass das Alter bei Verteilungsentscheidungen Bedeutung erlangen kann, zeigt das Anciennitätsprinzip. Danach spielt es eine Rolle, ob gerade im Lebensalter der für eine Wertabwägung entscheidende Faktor liegt. Dies wurde im Rahmen des Anciennitätsprinzips bislang nur im Falle eines höheren Lebensalters erwogen. Es kann aber auch umgekehrt gelten, wenn gerade in einem jungen Lebensalter ein besonderes Werteverhältnis zum Ausdruck kommt. Gedacht ist hier an die Bevorzugung von Kindern bei der Nierentransplantation, da diese sonst in ihrer psycho-sozialen und körperlichen Entwicklung beeinträchtigt sind. Unter diesem Aspekt kann man die Bevorzugung von Kindern am Dringlichkeitsfaktor festmachen. Es liegt hier ebenfalls das Prinzip der Schadensvermeidung zugrunde.

5.5 Compliance

Wie in diesem Kapitel unter 4.2 e) bb) dargestellt, setzt sich das Compliance-Kriterium aus der psychischen Kompetenz des Patienten und der sozialen Unterstützung, die dieser erfährt, zusammen. Es handelt sich um ein ergebniskonsequentialistisches Element.[480] Wie im ersten Kapitel dargestellt, ist medizinisches Handeln häufig ergebniskonsequentialistisch ausgerichtet. Es ist daher nicht einzusehen, dass nur Kriterien, die dem Handlungskonsequentialismus folgen, ausschlaggebend sein sollen. Das Compliance-Kriterium lässt sich, da der Erfolg einer Transplantation entscheidend auch von der Mitwirkung eines Patienten

---

478 *Fuchs*, Allokation der Mittel im Gesundheitswesen, S. 10.
479 *Schmidt*, a.a.O., S. 74; *Schmidt/Hartmann*, a.a.O., S. 194.
480 *Fuchs*, a.a.O., S. 9.

abhängt, mit dem ethischen Prinzip des größtmöglichen individuellen Nutzens vereinbaren. Es kann damit auch auf das Kriterium Erfolgsaussicht zurückgeführt werden. Im Unterschied zu den Kriterien der Dringlichkeit und der Erfolgsaussicht unter Zugrundelegung der vorhandenen medizinischen Werte ist hier eine Einflussmöglichkeit des Einzelnen gegeben. Bei Beurteilung der Compliance, die der behandelnde Arzt vornimmt bzw. die er auf andere geeignete Personen wie Psychologen oder Sozialarbeiter delegiert[481], sollte daher auch in erster Linie auf die innere Bereitschaft abgestellt werden als auf das soziale Umfeld, da man dieses nicht ohne weiteres ändern kann.[482]

5.6 Solidar- und Clubmodell

Dem von *Gubernatis*[483] entwickelten Solidarmodell liegt der Gedanke zugrunde, dass die eigene Spendebereitschaft zu einer Bevorzugung bei der Organzuteilung führen soll, da der spendeunwillige Patient letztlich mitverantwortlich für den Organmangel ist. Der Hauptfaktor, der ursächlich für den Rationierungszwang ist, soll in die Verteilung mit eingehen. Im Gegensatz zum Clubmodell, deren Vertreter[484] in Spenderorganen ein Clubgut mit privatvertraglichen Zugangs- und Ausschlussoptionen sehen und demnach Personen, die selbst nicht zur Organspende bereit sind, von der Möglichkeit der Transplantation ausschließen wollen, bedeutet hier die mangelnde Solidarität kein definitives Ausschlusskriterium. Die Solidarität ist vielmehr als Abwägungskriterium bei mittleren Graden vorgesehen. Hohe Erfolgsaussicht und Dringlichkeit haben ungeachtet der eigenen Spendebereitschaft des Patienten weiterhin Priorität.

Dieses Kriterium ist jedoch weder ein medizinisches Kriterium im engeren Sinne noch hat es sonst irgendeinen Einfluss auf Erfolgsaussicht

---

481 *Schmidt*, a.a.O., S. 95 f.
482 Die Ursachen mangelnder Compliance, s. dazu *Schmidt*, a.a.O., S. 92 f., sind nicht genau vorauszusehen. Es ist insbesondere schwer, postoperatives Verhalten vorherzusagen. Bei der Niere kann auf das beobachtete Verhalten unter konservativer Therapie abgestellt werden, *Schmidt*, a.a.O., S. 94.
483 *Gubernatis*, a.a.O., S. 21 ff., *ders.*, in: Ausschuss-Drs. 599/13, S. 54 ff., 62 ff.; dargestellt auch bei *Lachmann/Meuter*, a.a.O., S. 232 ff.; Kühn nennt eine solche Lösung „Motivationslösung", *Kühn*, Die Motivationslösung, S. 140 ff.
484 *Kliemt*, „Gerechtigkeitskriterien" in der Transplantationsmedizin, S. 262 ff., *ders.*, Wem gehören die Organe?, S. 276 ff.; *Breyer/Kliemt*, Solidargemeinschaften der Organspender, S. 135 ff.; nähere Darstellung auch bei *Lachmann/Meuter*, a.a.O., S. 231 f.

oder Dringlichkeit. Die Ausführung setzt kein medizinisches Wissen voraus. Das Kriterium lässt sich auch nicht auf ein den ausdrücklich genannten Kriterien zugrunde liegendes ethisches Prinzip zurückführen. Weiterhin missachtet es die Einstufung von Organen als Gemeingut und Spende.[485] Es handelt sich zwar um ein ergebniskonsequentialistisches Element, dies läuft aber hier auf soziale Würdigkeitsaspekte hinaus, die gerade nicht ausschlaggebend sein sollen.[486]

Die eigene Spendebereitschaft war bisher nicht im Vergabemodus berücksichtigt und ist trotz der oben dargestellten Vorschläge auch später nicht aufgenommen worden. Auch wenn die Argumente einleuchtend sind und von der Verfassungsmäßigkeit des Solidarmodells ausgegangen werden kann[487], ist nach der geltenden Rechtslage kein Raum für eine derart liberale Sichtweise. Der Gesetzgeber hat eine solche Verfahrensweise nicht gewollt.[488]

5.7 Ergebnis

Wartezeit, Alter, Compliance und Ischämiezeit sind neben den medizinisch/biologischen Kriterien erfolgs- oder dringlichkeitsfunktional, nicht dagegen wie auch immer geartete Würdigkeitsaspekte.

6 Wertigkeit der Begriffe

Von der Auslegung und Anwendung der Auswahlkriterien ist die Gewichtung der einzelnen Kriterien zu unterscheiden. Geklärt werden muss, in welchem Verhältnis die anzuwendenden Maßstäbe stehen.

---

485 *Gutmann/Land*, a.a.O., S. 94; *Largiadèr/Candinas/Mosimann*, a.a.O., S. 33; dies ist – wie auch Kliemt feststellt – die h.M., er regt allerdings an, sich mit der Eigentumsfrage auseinanderzusetzen, wobei die Folge einer nicht am Gemeineigentum orientierten Auffassung ein volles Verfügungsrecht an Organen ist, vgl. dazu *Kliemt*, Wem gehören die Organe?, S. 271 ff.; auch Schroeder, der sich i.Ü. für den Begriff Organ*gabe* – statt Organ*spende* – ausspricht, und Hylton denken über eine legale Kommerzialisierung nach, *Schroeder*, ZRP 1997, S. 265 ff.; *Hylton*, The Law and Ethics of Organ Sales, S. 115 ff.
486 Soziale Kriterien finden erst dann Berücksichtigung, wenn sichergestellt ist, dass jeder einen Platz bekommt, s. bei der Studienplatzvergabe, zweites Kapitel unter 6.
487 S. dazu *Kühn*, a.a.O., S. 17, 173 ff.
488 So sehen das i.Ü. auch *Gubernatis/Kliemt*, Transplantationsmedizin 1999, S. 4 ff., sie treten aber dafür ein, nicht einfach am status quo festzuhalten, sondern Schritt für Schritt vorsichtig das Solidarmodell einzuführen.

6.1 Notwendigkeit und Erfolgsaussicht

Die beiden Begriffe „Notwendigkeit" und „Erfolgsaussicht" sind durch das Wort „und" miteinander verbunden. Dies legt nahe, dass sie für sich in jedem Einzelfall erfüllt sein müssen. Erst wenn der Einzelfall die beiden Begriffe ausfüllt, kann die Frage nach weiteren Kriterien gestellt werden. Anders als der Begründung zu § 12 Abs. 3 S. 1 TPG[489] ist der Begründung zu § 10 Abs. 2 Nr. 2 TPG nicht zu entnehmen, dass zu den Regeln auch Kriterien gehören, nach denen im Konfliktfall Notwendigkeit und Erfolgsaussicht gegeneinander abzuwägen sind. Bei § 10 Abs. 2 Nr. 2 TPG soll gerade keine Abwägung stattfinden. Ausgehend vom Sinn und Zweck dieser Vorschrift müssen die Kriterien zur Aufnahme in die Warteliste gleichermaßen erfüllt sein, da eine Notwendigkeit ohne Erfolgsaussicht ebenso wie eine Erfolgsaussicht ohne Notwendigkeit zur Verschwendung des Organs führen und damit der Knappheitssituation nicht gerecht würde.

6.2 Erfolgsaussicht und Dringlichkeit

Auch hier sind die beiden Begriffe „Erfolgsaussicht" und „Dringlichkeit" durch das Wort „und" miteinander verbunden. Dass sie dennoch nicht in jedem Einzelfall erfüllt sein müssen, folgt schon daraus, dass die Zielkriterien für sich genommen widersprüchlich sind.[490] Schwerkranke Patienten haben schlechtere Erfolgsaussichten. Je dringlicher die Transplantation ist, desto schlechter ist der Gesundheitszustand des Patienten. Abgesehen von den rechtlichen Schwierigkeiten der exakten Festlegung des Begriffs der akuten Lebensgefahr ist dieser Zeitpunkt medizinisch oft nicht der günstigste für eine aussichtsreiche Transplantation.[491] Die gesetzliche Regelung lässt aber nicht erkennen, wie das Spannungsverhältnis im Konfliktfall aufzulösen ist. Nach Ansicht der BÄK[492] lässt sich die Abwägung von Erfolgsaussichten gegenüber der Dringlichkeit auch nicht gesetzlich regeln.

Der gesamten Gesetzgebungsgeschichte[493] für den Bereich der Organvermittlung lässt sich entnehmen, dass das Kriterium der Erfolgsaussicht für die Niere und das Kriterium der Dringlichkeit für Herz und Leber

---

489 BT-Drs. 13/4355, S. 26.
490 Gutmann/Land sprechen von einem „prinzipiellen Spannungsverhältnis", *Gutmann/Land*, a.a.O., S. 92 ff.
491 *Kübler*, a.a.O., S. 120.
492 BÄK, in: Ausschuss-Drs. 594/13, S. 2 f.
493 S. dazu die Zeittafel im Anhang.

als ausschlaggebend angesehen wurde. Das Kriterium der Erfolgsaussicht gilt also eher für die Niere, das der Dringlichkeit eher für Herz, Leber und wohl auch Lunge. Damit hat die Reihenfolge ausschließlich redaktionelle Bedeutung und stellt keine Gewichtung der Kriterien dar. Dies ergibt sich auch aus der weiteren Gesetzesbegründung[494], in der es heißt, dass zu den Vermittlungsregeln auch Kriterien gehören, nach denen im Konfliktfall Dringlichkeit und Erfolgsaussicht gegeneinander abzuwägen sind. „Gegeneinander" bedeutet, dass die ohne Rangordnung vorgegebenen Belange nach den konkreten Gegebenheiten zu gewichten sind.[495]

Der Gesetzgeber hat das Abwägungsproblem absichtlich offengelassen. In den Einbecker Empfehlungen der DGMR[496] wird angeraten, dass die BÄK auch Kriterien für eine Abwägung zwischen Dringlichkeit und Erfolgsaussicht benennen sollte. Die Regelungsbefugnis der BÄK erstrecke sich auch auf die Benennung konkreter Verteilungskriterien einschließlich ihrer Gewichtung sowie von Verfahrensregeln.

Abwägungsprobleme tauchen in der Medizin im Katastrophenfall auf. Es soll daher untersucht werden, wie diese dort unter Rückgriff auf allgemeine Rechtsprinzipien gelöst werden.

a) Behandlungsprioritäten in der Katastrophenmedizin als Entscheidungshilfe

In der Katastrophenmedizin taucht die Frage auf, in welcher Reihenfolge die Verletzten zu behandeln sind. Den Arzt bzw. die gesamte Rettungsmannschaft treffen bei Vorliegen einer Katastrophensituation[497] eine

---

494 BT-Drs. 13/4355, S. 26.
495 *Battis/Krautzberger/Löhr*, Baugesetzbuch, Kommentar, § 1 Rdnr. 100; in § 1 Abs. 6 BauGB taucht ebenfalls eine solche Formulierung auf; auch den in § 1 Abs. 5 i.d.F. des BBauG 1960 zuerst als berücksichtigungswert genannten Erfordernissen für Gottesdienst und Seelsorge konnte man nicht absolute Priorität bei der Bauleitplanung zumessen, wie der Gestaltung des Landschaftsbildes nicht den letzten Rang.
496 DGMR, Einbecker Empfehlungen, MedR 1998, S. 532 Nr. 6; ob damit die Anforderungen an die Rechtsprechung des BVerfG (BVerfGE 33, 303, 345 f.), wonach der Gesetzgeber zumindest die Art der anzuwendenden Auswahlkriterien und auch das Rangverhältnis untereinander selbst festlegen muss, eingehalten sind, soll hier dahinstehen.
497 Eine solche liegt vor, wenn das Leben und die Gesundheit zahlreicher Menschen und erhebliche Sachwerte durch ein außergewöhnliches Schadensereignis in einem solchen Maße gefährdet oder beeinträchtigt sind, dass eine Bewältigung mit den vorhandenen Mitteln nicht möglich und Hilfe von außen nötig ist, *Kirchhoff*, Triage im Katastrophenfall, S. 9.

Vielzahl von Handlungspflichten, da sie allen Verletzten helfen müssen. Hier tritt oft der Fall auf, dass die Erfüllung der einen Pflicht die der anderen ausschließt.[498] Eine Wertung der Pflichten richtet sich in erster Linie nach der Wertigkeit des betreffenden Rechtsgutes, woraus sich jedoch im Katastrophenfall keine Reihenfolge entnehmen lässt, da immer die hochstehenden Rechtsgüter Leben und Gesundheit bedroht sein werden. Die Reihenfolge von Pflichten gleicher Art bestimmt sich aber auch nach dem Grad der Gefährdung, dem Ausmaß der drohenden Verletzung sowie den anerkannten Wertvorstellungen der Allgemeinheit.[499] Unerheblich sind dann utilitaristische Kriterien wie z.B. die Erfolgsaussicht einer Maßnahme (sofern nicht wegen Aussichtslosigkeit die Behandlungspflicht ohnehin entfällt) und die Überlebensdauer, das Alter oder der soziale Status des Betroffenen, was auch bei der Knappheit medizinischer Ressourcen gelten muss.[500]

Dies bedeutet, dass der Arzt den in Lebensgefahr Schwebenden vor dem Schwerverletzten behandeln muss[501], und der Schwerverletzte wiederum Vorrang vor dem nur Leichtverletzten hat, auch wenn keine akute Lebensgefahr besteht. Daraus lässt sich aber noch keine konkrete Handlungsanweisung entnehmen, so dass vorgeschlagen wird, Dringlichkeitskategorien zu bilden, in die die Verletzten einzuordnen sind.[502] Durch diese Einordnung in Dringlichkeitsstufen, die auch Triage genannt wird, soll eine Behandlungsreihenfolge verbindlich festgelegt werden. Die Triage wird von dem Grundsatz bestimmt, dass das Bestmögliche für möglichst viele innerhalb der zur Verfügung stehenden Zeit und Örtlichkeit getan werden muss.[503] Unter dem Bestmöglichen wird eine solche

---

498 Sog. Pflichtenkollision, vgl. dazu *Samson*, in: Rudolphi u.a., SK, § 34 Rdnr. 7, 57; *Lenckner*, MedKl 1969, S. 1000; die Rechtswidrigkeit entfällt, wenn die Pflichten gleichwertig sind. Die Entscheidung des Täters wird anerkannt. Ihm wird insoweit ein Wahlrecht zuerkannt.
499 *Lenckner*, in: Schönke/Schröder, a.a.O., vor §§ 32 ff. Rdnr. 74.
500 *Lenckner*, in: Schönke/Schröder, a.a.O., vor §§ 32 ff. Rdnr. 74; es gibt keinen Unterschied zwischen lebenswertem und lebensunwertem Leben, *Lenckner*, MedKl 1969, S. 1993; Künschner spricht von einem Verbot der qualitativen Abwägung von Leben, *Künschner*, a.a.O., S. 28, 326 ff.
501 *Lenckner*, MedKl 1969, S. 1002.
502 Die Grundsätze der Katastrophenmedizin kommen dabei aus der Kriegsmedizin, wo unter Triage oft eine Selektion nach militärischer Wiederverwendbarkeit verstanden wird. Die Anwendbarkeit dieses Kriteriums in der Katastrophenmedizin wird aber von Seiten der Ärzte heftig bestritten. Die Heilungs- und Überlebenschancen würden ausschließlich nach medizinischen Kriterien beurteilt, *Piechowiak*, DÄ 1983, S. 60.
503 *Rebentisch*, a.a.O., S. 128.

Behandlung der Verletzten verstanden, die dazu führt, dass möglichst viele am Leben bleiben und möglichst keine bleibenden Gesundheitsschäden davontragen. Das System der Triage soll dazu beitragen, dass eine größere Anzahl von Menschen gerettet wird. Daher gilt bei Katastrophen auch die alte Regel der Priorität für die „Rettung weiterer Retter".[504]

Es wird als angemessen angesehen, eine Einteilung in vier Dringlichkeitskategorien vorzunehmen.[505] Die erste Kategorie verlangt eine sofortige Behandlung aus vitaler Indikation. Die zweite Kategorie erfasst Patienten, bei denen eine Schädigung zwar aussichtsreich zu behandeln, aber nicht so dringlich ist, dass nicht erst Fälle der ersten Priorität behandelt werden könnten. In der dritten Kategorie ist eine verzögerte Behandlung möglich. Es handelt sich um Leichtverletzte, bei denen die Verzögerung ohne Gefahr für das Leben oder die Wiederherstellung ist. Die vierte Gruppe bildet die hoffnungslosen Fälle, die keine Behandlung erhalten sollen, sondern nur pflegerisch versorgt werden. Neben den wirklich Moribunden gehören zu dieser Gruppe auch solche, die unter normalen klinischen Arbeitsbedingungen wahrscheinlich zu retten wären, deren Behandlung aber beim Massenfall zu zeitraubend und personell wie materiell zu aufwendig wäre.

Die Kategorisierung ist an einer möglichst großen Effektivität der eingesetzten personellen und materiellen Mittel orientiert. Die Wahrscheinlichkeit des Erfolgseintritts wird mit berücksichtigt. Ob diese Effektivitätsgedanken mit den Grundprinzipien der geltenden Rechtsordnung zu vereinbaren sind, erscheint schon auf den ersten Blick zweifelhaft. Die Einteilung in Dringlichkeitskategorien berücksichtigt in der ersten, zweiten und dritten Kategorie den Grad der Schädigung und die drohende Lebensgefahr und entspricht damit den oben genannten Kriterien bezüglich der Bestimmung einer Reihenfolge der Handlungspflichten. Die vierte Kategorie berücksichtigt jedoch in erster Linie die Erfolgsaussichten einer Behandlung und gerade nicht den Grad der Gefährdung. Dem liegt die Zielsetzung zugrunde, möglichst viele zu retten. Das Wohl des Einzelnen tritt dann hinter das Wohl der Gesamtheit zurück (utilitaristische Betrachtungsweise). Derartige Quantitätsabwägungen werden zum Teil für berücksichtigungsfähig gehalten. *Krey*[506] sieht das Leben nicht als absoluten Wert an, das sich jeder Interessenabwägung entzieht. Er will neben dem Rang des betreffenden Rechtsguts noch andere

---

504 *Gäfgen*, Die ethische Problematik von Allokationsentscheidungen, S. 21.
505 *Kirchhoff*, a.a.O., S. 23.
506 *Krey*, ZRP 1975, S. 99.

Gesichtspunkte mit berücksichtigen, so u.a. die Nähe und die Schwere der dem einen Gut drohenden Gefahren sowie die Größe und der Umfang des beeinträchtigenden Eingriffs. Daraus folgt seiner Meinung nach, dass z.b. das Interesse an der Rettung eines Menschenlebens, wenn die Rettungshandlung eine Vielzahl anderer Interessen verletzt, diese beeinträchtigten Interessen nicht schon deswegen wesentlich überwiegt, weil jedes einzelne von ihnen erheblich weniger wiegt als das Lebensinteresse. Vielmehr kann sich bei einer Gesamtwertung ergeben, dass die Summe der von der Rettungshandlung verletzten Interessen so schwer wiegt, dass das Lebensrettungsinteresse zurückstehen muss. Auch verfassungsmäßig sollen Quantitätsabwägungen nicht ausgeschlossen sein. Zwar seien alle Leben gleichwertig[507], jedoch solle das staatliche Recht Maßstäbe aufstellen können, die bei dem Widerstreit verschiedener Lebensinteressen festsetzen, welches Leben geschützt werden soll. Dabei soll auch auf die Zahl der auf dem Spiel stehenden Leben abgestellt werden können.[508] Jedoch kann im Einzelfall ein Verstoß gegen die Menschenwürde vorliegen, wenn nämlich der Mensch zum bloßen Objekt im Staat gemacht wird.[509] Dies liegt nahe, wenn jemand – wie in der Katastrophenmedizin – in die vierte Dringlichkeitsstufe eingeordnet und ihm auf diese Weise jegliche Versorgung vorenthalten wird.

Gegen Quantitätserwägungen spricht auch, dass jedes Leben für das Recht einen absoluten Höchstwert darstellt und sich deshalb jede Rechnung, wie viele Menschenleben durch eine bestimmte Handlung gerettet werden können, verbietet.[510] Nach *Welzel*[511] widerstrebt es dem sittlichen Gefühl, Menschenleben als bloße Rechnungsposten auf der Gesamtrechnung einzusetzen. *Gallas*[512] ist der Auffassung, das Rechtsdenken sei so sehr vom Christentum und dem Humanitätsgedanken geprägt, dass jedes Menschenleben einen unvergleichlichen Personenwert darstelle, der nicht als bloßes Quantum einer Gewinn- und Verlustrechnung behandelt werden dürfe. Für das Recht muss jedes Leben gleichwertig sein.[513] Die Einordnung in die vierte Kategorie verstößt gegen ein grund-

---

507 *Maunz/Dürig*, Grundgesetz Kommentar, Bd. I, Art. 2 Abs. 2 Rdnr. 10.
508 *Maunz/Dürig*, a.a.O., Bd. I, Art. 2 Abs. 2 Rdnr. 13.
509 *v. Münch*, in: v. Münch/Kunig, a.a.O., Bd. 1, Art. 1 Rdnr. 22; s. BVerfGE 9, 89, 95; 27, 1, 6; später z.B. 45, 187, 228; 72, 105, 116.
510 *Lenckner*, in: Schönke/Schröder, a.a.O., § 34 Rdnr. 23; vgl. auch BGHZ 35, 350.
511 *Welzel*, MDR 1949, S. 375.
512 *Gallas*, Beiträge zur Verbrechenslehre, S. 71; diese Gedanken gehen auf Kant zurück, der den Menschen als Zweck an sich selbst begreift, s. zu dem Ganzen auch *Küper*, JuS 1981, S. 791 f.
513 BGH NStZ 1969, S. 129; *Lenckner*, MedKl 1969, S. 1003.

legendes Prinzip des § 34 StGB, da gerade der Grad der drohenden Gefahr zu berücksichtigen ist. Bei den Schwerverletzten, die unter normalen Umständen eine Überlebenschance hätten, ist die Gefahr besonders groß und damit dieses Leben besonders schutzwürdig. Nach der vorgeschlagenen Triage wird ihr Leben aber besonders gering eingeschätzt.

b) Ergebnis für die Organallokation

Aus der obigen Darstellung ergibt sich, dass sich eine hohe Dringlichkeit wegen des Vorrangs des absoluten Lebensschutzes gegenüber der Erfolgsaussicht durchsetzt, wobei aber auch hier eine zumindest minimale Erfolgsaussicht zu fordern ist. Da der Arzt die Verpflichtung hat, Leben zu erhalten und um jedes Leben zu kämpfen, muss er die schlechtere Erfolgsaussicht hinnehmen. Würde man darauf abstellen, dass das Kriterium Erfolgsaussicht Vorrang hat, würde dies dazu führen, dass die knappen Ressourcen gerade jenen Patienten zugute kommen, die sie am wenigsten brauchen.[514]

Da das Gesetz aber Erfolgsaussicht und Dringlichkeit nebeneinander stellt, kann innerhalb einer Dringlichkeitsstufe jeweils auch die Erfolgsaussicht mit berücksichtigt werden. Dass die Erfolgsaussicht keine Ungleichwertigkeit von Behandlungspflichten begründen kann, heißt nicht, dass sie bei der Auswahlentscheidung keine Rolle spielen dürfte. Wo es um die Frage der Priorität bei gleichwertigen Behandlungspflichten geht, kann sie in die Abwägung der Behandlungsinteressen eingehen.[515]

Vom Ansatz her kann daher *Gubernatis*[516] gefolgt werden, der vorschlägt, dass in der Verteilung aller Organe im Prinzip immer zunächst die Patienten mit der höchsten Dringlichkeit berücksichtigt werden. Danach käme die Patientengruppe mit der größten (einwandfrei gesicherten) Erfolgsaussicht, wobei auf die in den Gesetzesbegründungen aufgeführten, einer objektivierbaren medizinischen Evaluierung zugänglichen Parameter wie HLA-Kompatibilität, Blutgruppe, Größe und Gewicht abzustellen ist. Damit werden die ausdrücklich genannten medizinischen Kriterien im engeren Sinne vorrangig berücksichtigt, was auch der Formulierung „insbesondere" Rechnung trägt. Es findet so eine sachgebundene Zuweisung statt, in der die gewählten ethischen Prin-

---

514 *Höfling*, in: Ausschuss-Drs. 599/13, S. 4 ff.
515 *Künschner*, a.a.O., S. 327, 332.
516 *Gubernatis*, in: Ausschuss-Drs. 599/13, S. 78.

zipien in höchstem Maße zur Anwendung kommen. Zu einer Anwendung von Mischsystemen kommt es hier nicht.

Da die Kriterien „hohe Dringlichkeit" und „optimale Erfolgsaussicht" häufig nicht zu einem eindeutigen Ergebnis führen werden, werden diese Gruppen lediglich einen Teil der Patienten umfassen. Die meisten Patienten werden sich in einer mittleren Kategorie befinden, die bisher durch die Transplantationszentren nach Ermessen berücksichtigt wurden.

Sind aufgrund der medizinischen Parameter mehrere mögliche Empfänger gleich gut geeignet, können zusätzlich individuelle, primär nichtmedizinische Umstände berücksichtigt werden, soweit sie einen medizinisch objektivierbaren Einfluss auf den Erfolg einer Transplantation haben (z.B. Compliance, soziale Einbindung des Patienten).[517] Liegt also kein Fall mit hoher Dringlichkeit vor oder ist eine optimale Erfolgsaussicht nicht gegeben, so gehen dann auch die weiteren Kriterien mit in die Vermittlungsentscheidung ein. Dies entspricht der Rechtsprechung zur Studienplatzvergabe in Numerus-clausus-Fächern[518], wonach nur eine Kombination der Maßstäbe den Interdependenzen und der Komplexität der Verteilungsproblematik gerecht wird. Da die weiteren Kriterien – wie oben gezeigt – entweder erfolgs- oder dringlichkeitsfunktionale Bedeutung haben, findet nun eine Abwägung „untereinander" statt, d.h. die in den Belangen enthaltenen unterschiedlichen Gesichtspunkte sind zu gewichten. Die Abwägung ist dabei ein Vorgang des Ausgleichens zwischen den verschiedenen, sich ja teilweise auch widersprechenden Kriterien.

Wegen der Schwierigkeit der Zusammenfassung wird gelegentlich die Gleichwertigkeit aller akzeptierten Maßstäbe postuliert.[519] Alle Abwägungskriterien bilden aber zusammen eine Art mathematischer Erwartung des Nettonutzens. Außerdem sollte der Dringlichkeitsfaktor mehr für die Organe Herz, Lunge und Leber und der Erfolgsfaktor mehr für die Niere zum Tragen kommen. Bei der Niere darf die ausgleichende Wirkung des Faktors Wartezeit z.B. nicht die grundsätzliche Betonung einer Vergabe auf der Basis der Gewebeverträglichkeit überwiegen.[520] Inadäquat wäre es aber auch, Gerechtigkeitserwägungen wie die Wartezeit auf eine bloße „Tie-Breaking"-Funktion zu reduzieren, d.h. als Entscheidungsfaktor subsidiär nur dann heranzuziehen, wenn die Nut-

---

517 DGMR, Einbecker Empfehlungen, MedR 1998, S. 532 Nr. 9.
518 Zur Favorisierung der Mischsysteme, BVerfGE 43, 291, 299.
519 *Gäfgen*, Die ethische Problematik von Allokationsentscheidungen, S. 26.
520 *Wujciak*/DSO, in: Ausschuss-Drs. 602/13, S. 5.

zenerwartungen der Patienten zu wenig differieren, um eine Entscheidung zu erlauben.[521]

Ob man von vornherein statische Zuteilungsquoten für die einzelnen Kriterien entwickeln muss oder Raum für eine Abwägung im Einzelfall bleibt, hängt davon ab, ob man eine zentralisierte Entscheidung wählt oder sich für das Local-Donor-Prinzip entscheidet. Während sich bei der Niere durch die Wahl des *Wujciak*-Modells schon vor Inkrafttreten des TPG ein Punktemodell durchgesetzt hat, war für die Organe Herz, Lunge und Leber das Local-Donor-Prinzip entwickelt worden. Es ist allerdings fraglich, ob eine Anwendung dieses Prinzips nach Inkrafttreten des TPG überhaupt noch möglich ist.

7 Vereinbarkeit des Local-Donor-Prinzips mit dem Transplantationsgesetz

7.1 Begriff

Unter dem Local-Donor-Prinzip versteht man die Bevorzugung der einzelnen Transplantationszentren, die selbst gewonnenen Organe[522] zur Transplantation der Patienten des eigenen Zentrums zu verwenden.

Eine Reihe von Transplantationsprogrammen für thorakale Organe und Programmen für Leber hatte sich vor der Existenz des TPG zu Transplantationsverbünden für die jeweiligen Organe zusammengeschlossen.[523] Die Verbünde regelten die Verteilung der gespendeten Organe zwischen den Zentren des jeweiligen Verbundes nach einem einheitlichen Modus, wobei sich die Vereinbarungen teils im Rahmen der von Eurotransplant beschlossenen Allokationsregeln bewegten, teils aber auch nach anderen Kriterien selektiert wurde.[524] Die konkrete Entscheidung der Organabgabe an den Verbund oder der Organzuteilung an einen eigenen Transplantationskandidaten erfolgte gemäß den zentrumsinternen Allokationsgewohnheiten. Diese Organallokationspolitiken waren in der Regel nicht schriftlich niedergelegt. Lediglich der Transplantationskodex bot einen gewissen Rahmen.[525] *Schmidt*[526] hat

---

521 *Gutmann/Land*, a.a.O., S. 118.
522 Das sind sowohl die Organe von Spendern aus der eigenen Klinik als auch die Organe von Spendern aus den kooperierenden Spenderkrankenhäusern.
523 S. dazu auch drittes Kapitel unter 2.2 und 3.2.
524 *Schmidt*, a.a.O., S. 166.
525 *Conrads*, MedR 1996, S. 304.
526 *Schmidt*, a.a.O., S. 17 f., 24, 99 ff.; *Schmidt/Hartmann*, a.a.O., S. 180, 212, auf S. 200 ff. werden die unterschiedlichen Verfahrensweisen und Gründe zur bisherigen Indika-

die Selbstbehaltsallokationspolitiken deutscher Transplantationszentren durch zahlreiche Befragungen vor Ort untersucht.
Diese Verbünde dienten ausschließlich dem Zweck der Allokation. Sie sind zu unterscheiden von der vom Stiftungsrat der DSO in Abstimmung mit der DTG beschlossenen Regionalisierung der Organspende. Diese hat das zentrumsübergreifende Ziel, die Betreuung der Krankenhäuser organisatorisch nachhaltig zu verbessern, die Spendermeldungen zu steigern und die Organentnahme so effektiv wie möglich zu gestalten. Nachdem die DTG für diese Regionalstruktur für eine Orientierung an den Ländergrenzen plädiert hat, und die Bildung von regionalen Einheiten mit 10 bis 15 Millionen Einwohnern als sinnvoll angesehen wurde, so dass auch mehrere Bundesländer zusammengefasst werden können[527], einigte man sich jetzt auf eine Einteilung in sieben Regionen, die sich an den Ländergrenzen orientiert.[528] Dieser Organspendeverbund trägt dem Transplantationsgesetz Rechnung, welches die Aufgaben der Organspende und -entnahme, der Organvermittlung und der Organtransplantation unterschiedlichen, voneinander unabhängigen, Einrichtungen überträgt.[529] Organbezogene Allokationsverbünde können allenfalls der Regionalisierung der Organspende folgen, sie aber nicht ersetzen.

Hinsichtlich der Struktur der Organallokation äußerte sich die DTG[530] dahingehend, dass die Zuweisung von Organen an potenzielle Empfänger soweit als möglich patienten- und nicht zentrumsorientiert sein soll. Sie verweist insoweit auf das *Wujciak*-Modell für die Nierentransplantation,

---

tionsstellung und Vermittlung dargelegt. Die Untersuchung betrifft schwerpunktmäßig die unterschiedlichen Politiken bei der Nierenvergabe vor Einführung des Wujciak-Modells. Derartige lokale Ermessensspielräume sind seit Einführung des scoresystems nicht mehr möglich. Die Auffassungen unterschieden sich hauptsächlich in der angenommenen Bedeutung hinsichtlich der Anzahl der Matchgrade und der relativen Wichtigkeit der Genorte oder der relativen Häufigkeit des HLA-Matches. Bei manchen Zentren spielte das Wartezeitkriterium eine wichtige Rolle; s. auch *Land*, a.a.O., S. 86 f.

527 Statistisch solle pro Region ca. eine Organspende pro Tag realisiert werden, so dass bei den heutigen Zahlen eine Bildung von 5 bis 7 Regionen sinnvoll erscheine, s. insgesamt dazu DTG, Arbeitspapier zur Struktur der Transplantationsmedizin in Deutschland, o.S.

528 Folgende Organspenderegionen gibt es: Nord (Bremen, Hamburg, Niedersachsen, Schleswig-Holstein), Nordost (Berlin, Brandenburg, Mecklenburg-Vorpommern), Nordrhein-Westfalen, Ost (Sachsen, Sachsen-Anhalt, Thüringen), Mitte (Hessen, Rheinland-Pfalz, Saarland), Baden-Württemberg, Bayern. Grenzüberschreitende Kooperationen sind nicht zulässig.

529 BT-Drs. 13/4355, S. 11.

530 DTG, Arbeitspapier zur Struktur der Transplantationsmedizin in Deutschland, o.S.

und favorisiert auch für die Organe Herz und Leber Allokationssysteme, die dem bei der Niere vergleichbar sind.[531]

Es stellt sich die Frage, ob die Regionalisierung auch auf die Allokation und Transplantation erstreckt werden soll, ob also eine geographische Deckungsgleichheit zwischen Spende- und Allokationsregion sinnvoll ist. Bevor auf die rechtliche Zulässigkeit einer Regionalisierung der Organallokation eingegangen wird, sollen die Gründe, die für bzw. gegen eine Regionalisierung aus medizinischer Sicht bestehen, dargestellt werden.

7.2 Entstehungsgeschichte und Gründe für das Local-Donor-Prinzip

Ausgangspunkt der Regionalisierung in Deutschland[532] waren die ungünstigen Startbedingungen in den neuen Bundesländern nach der Wiedervereinigung. Nur sehr kleine Wartelisten und große Zurückhaltung in der Bereitschaft der Spenderkrankenhäuser zur Mitarbeit waren Anlass für die Regionalisierung. Gleichzeitig war beabsichtigt, diejenigen Zentren/Regionen, die sich durch die Regionalisierung benachteiligt sahen, zu einem größeren Einsatz bei der Organspende zu motivieren. Man war der Ansicht, Regionalisierung setze in einem definierten Raum durch Bündelung der Kräfte einen Kreislauf von Organspende, erfolgreicher Allokation und Transplantation mit zunehmender Dynamik in Bewegung. Die logistische und geographische Überschaubarkeit führe zu erfolgreichen örtlichen Transplantationen, die letztlich die Identifikation der Bevölkerung mit ihrer Region förderten und auf diese Weise auch zu einer steigenden Organspendebereitschaft führten. Wären trotz der obligatorischen Trennung von Organspende und Organallokation auch Organspenderegion und Allokationsregion geographisch identisch, so sei die Identifizierung der Bevölkerung sowie der Spenderkrankenhäuser mit ihrer Region so groß, dass sich die Organspendebereitschaft erhöhen würde. Auch das Gesundheitsstrukturgesetz und wirtschaftliche Gründe stünden jeder Form von „Transplantationstourismus" entgegen und verlangten nach regionaler Transplantation und Nachsorge.[533]

---

531 DTG, Transplantationsmedizin 1999, S. 2 ff.
532 Der Gedanke der Regionalisierung ist aus der amerikanischen Entwicklung übernommen worden. In den U.S.A. hat aufgrund der extrem großen Entfernungen eine Aufteilung in elf Regionen stattgefunden. Dort arbeitet man nach dem Prinzip „locals first"; vgl. zur Organallokation in Amerika *Conrads*, MedR 1996, S. 304 ff.
533 S. dazu *Zerkowski* u.a., DÄ 1997, S. 2398.

Lachmann/Meuter[534] führen zur Begründung für das Local-Donor-Prinzip die hohe moralische Bedeutung der Arzt-Patienten-Beziehung, das unterschiedliche Engagement der Zentren bei der Organgewinnung sowie medizinische und logistische Vorteile an.
Dabei käme der moralischen Bedeutung der Arzt-Patienten-Beziehung das größte Gewicht zu. Eine geringere Bedeutung habe das Engagement der einzelnen Zentren bei der Organgewinnung, es sei aber auch ein moralisches Argument. Die Organgewinnung gehe auf Aktivitäten der Zentren beziehungsweise ihrer Ärzte zurück, die mit einem erheblichen Aufwand verbunden seien. So müssen die regionalen Krankenhäuser zur Kooperation bewegt werden. Wenn dann die Ärzte die selbst gewonnenen Organe vorrangig nicht für eigene Patienten verwenden dürften, sondern an einen anonymen Wartepool abgeben müssen, dürfte dies einen negativen Einfluss auf das erforderliche Engagement haben.[535] Die lokale Allokation entspreche dem eigentlichen ärztlichen Auftrag des Helfens innerhalb der Arzt-Patienten-Beziehung, und korreliere mit dem Sachverhalt, dass die im eigenen Zentrum gewonnenen Organe das Ergebnis langjähriger Anstrengungen der Organgewinnung seien, die der Realisation dieses Auftrags dienten.[536]
Auch sei sie im Interesse einer den Besonderheiten von Einzelfällen gerecht werdenden Behandlung sinnvoll. Ein zentrumsübergreifender Organaustausch soll deshalb aber nicht ausgeschlossen werden. Dieser unterliege nur einer Begründungspflicht, während der Selbstbehalt die nicht zu begründende Regel darstellen solle. Die Allokation der selbstbehaltenen Organe habe sich dann nach den gesetzlichen Allokationsregeln zu richten.[537]
Medizinische und logistische Vorteile (z.B. erwartetes verbessertes Ergebnis im Hinblick auf die kürzere Ischämiezeit; Qualität des Transplantats soll so gut wie möglich erhalten bleiben) hätten nur sekundäre Bedeutung, da sie keinen moralischen Grund im engeren Sinne darstellten. Medizinische und logistische Gründe seien dem Wandel unterworfen. Diese erfolgsorientierten Gründe könnten mit zunehmender Forschung auf dem Gebiet der Organkonservierung entfallen.[538]

---

534 *Lachmann/Meuter*, a.a.O., S. 154.
535 Zum Motivationsfaktor, s. *Gutmann/Land*, a.a.O., S. 115.
536 *Lachmann/Meuter*, a.a.O., S. 155 f.
537 *Lachmann/Meuter*, a.a.O., S. 156.
538 *Lachmann/Meuter*, a.a.O., S. 154.

7.3 Gründe gegen das Local-Donor-Prinzip

Die Aussichten eines Patienten, ein Organ zu erhalten, hängen entscheidend von dem Organaufkommen des Zentrums ab, in dem er behandelt wird. Meist werden die Patienten von dem geographisch naheliegenden Zentrum betreut und angemeldet. Das Local-Donor-Prinzip bevorzugt Personen, die in der Nähe eines Zentrums wohnen, das viele Organe explantiert, gegenüber solchen, die in der Nähe eines weniger aktiven Zentrums wohnen. Bei identischen medizinischen Voraussetzungen verstößt dies gegen die Gleichheit der Bedürftigen.[539] Es lässt sich sogar eine um das zehnfache schwankende Wartezeit an den verschiedenen Transplantationszentren feststellen.[540]

Neben dem Engagement der dort tätigen Ärzte kommt es auf Faktoren wie Nähe der Zentren untereinander und Unfallzahlen an. Des Weiteren besteht die Gefahr, dass der Patient um die Gunst des Arztes wirbt, eventuell sogar mit finanziellen Mitteln. Gegen eine Regionalisierung wird aber vor allem ins Feld geführt, dass nicht klar ist, wie die Ärzte ihren dann vorhandenen Ermessensspielraum nutzen.[541]

7.4 Einschränkungen des Local-Donor-Prinzips

Vom Grundsatz, dass selbst gewonnene Organe auch selbst behalten werden können, gab es in Fällen hoher HLA-Kompatibilität und der höchsten Dringlichkeitsstufe Ausnahmen.[542]

7.5 Auswirkungen des Local-Donor-Prinzips

Die Auswirkung der Regionalisierung wird unterschiedlich beurteilt. Die Regionalisierung wird zum Teil als medizinisch sinnvolle Struktur bezeichnet, da die Regionen eine zunehmende Rolle für die Feinabstimmung und damit die Weiterentwicklung der medizinischen Allokationskriterien sowie die Akzeptanz der Transplantationsmedizin in der Bevölkerung spielen. Auch eine Zunahme der Transplantationsfrequenz wird festgestellt, wenn der Sog der großen Zentren, die bei entsprechend großer Warteliste viele Patienten mit hohen Dringlichkeitsstufen aufbieten, fehlt.[543]

---

539 Dazu *Wiesing*, a.a.O., S. 233.
540 *Gubernatis*, a.a.O., S. 36.
541 *Wiesing*, a.a.O., S. 238.
542 S. dazu drittes Kapitel.
543 Vgl. zu diesem Problemkreis *Lilie*, Transplantationsgesetz – was nun?, S. 95 ff.

Rampfl-Platte[544] ist hingegen der Auffassung, dass der Effekt der Regionalisierung auf die Transplantationsfrequenz aus den erhobenen Daten nicht abzuleiten sei.

Insgesamt erscheint fraglich, ob insoweit verlässliche Rückschlüsse überhaupt möglich sind, da es sich bei den im Zusammenhang mit der Spendetendenz stehenden Fragen um multifaktorielle Geschehensabläufe handelt.[545]

7.6 Die gesetzliche Regelung

In § 12 Abs. 3 S. 2 TPG heißt es:

„Die Wartelisten der Transplantationszentren sind dabei als eine einheitliche Warteliste zu behandeln."

Auf den ersten Blick scheint es, als sei dem Local-Donor-Prinzip damit der Boden entzogen, und es habe nunmehr eine Verteilung aller Organe strikt nach Maßgabe einer bundeseinheitlichen Warteliste zu erfolgen.

In den Einbecker Empfehlungen der DGMR[546] heißt es dazu: „Hierdurch soll eine bundesweit gerechte Verteilung der Spenderorgane nach medizinisch evaluierbaren Kriterien erreicht werden. Damit nicht in Einklang stehende Wünsche und Bedürfnisse einzelner Transplantationszentren bleiben nach den Vorgaben des Gesetzes zugunsten einer bundesweiten, patientenorientierten Organzuteilung richtigerweise unberücksichtigt."

a) Die einheitliche Warteliste

Die medizinischen Daten und die Angaben zur Person könnten von vornherein in einer einheitlichen Warteliste erfasst werden, so dass insgesamt nur eine Warteliste besteht.

Der Gesetzgeber hat aber nicht formuliert, dass die Warteliste „einheitlich" ist, sondern dass die Wartelisten als „einheitliche Warteliste" zu behandeln sind. Der Gesetzgeber geht also davon aus, dass weiterhin jedes Transplantationszentrum seine eigene Warteliste führt, wobei es für jedes Organ eine gesonderte Warteliste gibt. Nach § 10 Abs. 2 Nr. 1 TPG sind die Transplantationszentren verpflichtet, Wartelisten zu führen. Gemäß § 11 Abs. 5 TPG hat jedes Transplantationszentrum einen Tätigkeitsbericht für das vergangene Kalenderjahr zu erstellen, wobei Anga-

---

544 S. dazu auch *Rampfl-Platte*, Chirurg BDC 1999, S. 279 f.
545 S. dazu die Ausführungen in der Einleitung.
546 DGMR, Einbecker Empfehlungen, MedR 1998, S. 532 Nr. 8.

ben zur Entwicklung der Warteliste, insbesondere zu aufgenommenen, transplantierten, aus anderen Gründen ausgeschiedenen sowie verstorbenen Patienten, enthalten sein müssen. An der bisherigen Praxis hat sich nur insoweit etwas geändert, als die Wartelisten nun nach einheitlichen Aufnahmekriterien erstellt werden.

b) Behandlung der einzelnen Wartelisten als eine einheitliche Warteliste

Die Formulierung „Behandlung als einheitliche Warteliste" könnte bedeuten, dass die einzelnen Wartelisten als einheitliche Warteliste zusammengefasst werden[547] und diese bei allen Vermittlungen zugrunde gelegt wird.

Für *Gutmann/Land*[548] bedeutet die Formulierung „einheitliche Warteliste" eine grundsätzliche Entscheidung für eine weitestgehend formale Gleichbehandlung der Patienten und eine Absage an die Zufälligkeiten der je lokalen Situation. Es bedeute darüber hinaus, dass der Gesetzgeber dem teilweise als Vorbild empfundenen UNOS-Modell eine Absage erteilt habe. Dort könnten im Bereich der Nierenallokation (bei grundsätzlicher Priorität der Lokalverteilung nach Erfüllung der Austauschpflichten bei Nieren mit voller HLA-Übereinstimmung) in einem formellen Verfahren lokale bzw. regionale Abweichungen vom UNOS-Punktesystem genehmigt werden, solange der lokale Algorithmus ebenfalls abstrakt-generell über die Verteilung entscheide und er kein völlig unausgewogenes Verhältnis von Gerechtigkeits- und medizinischen Gesamtnutzenfaktoren aufweise. Ein scoring-System innerhalb von Regionen sei nicht mit dem TPG vereinbar. Der Gesetzgeber habe auf einen möglicherweise fruchtbaren Pluralismus lokaler Allokationsphilosophien zugunsten einer vielleicht gewichtigen Leitvorstellung, die er konsequent verfolgt, verzichtet: die formale Chancengleichheit der Patienten im gesamten Allokationsgebiet bzw. in der Bundesrepublik. I.Ü. sei auch in den U.S.A., wo regional deutliche Unterschiede hinsichtlich durchschnittlicher Wartezeit und individuellen Allokationschancen registriert werden, ein deutliches politisches Bemühen um eine weitere Zentralisierung der Allokation und die Schaffung nationaler Wartelisten zu beobachten. Letztere scheiterten jedoch bisher an mangelnder Praktikabilität. Mit der Entscheidung, dass die Organe „an geeignete Patienten" zu vermitteln sind, sei der Grundsatz einer streng patientenorientierten Allokation formuliert. Dies hieße, dass den im *Wujciak*-Modell sehr stark ge-

---

547 *Lilie*, a.a.O., S. 95.
548 *Gutmann/Land*, a.a.O., S. 126 f.

wichteten Punkten für die lokalen bzw. regionalen Austauschbilanzen die Legitimationsgrundlage weitgehend entzogen sei. Der Ausweis von Punkten zugunsten einer lokalen oder regionalen Verteilung sei ausschließlich – und nur noch in weit geringerem Ausmaß – zu rechtfertigen, soweit logistische Gründe oder Aspekte der Qualitätssicherung der Organe dies bedingen. Der Einsatz des „Distanzfaktors" zur Steigerung der lokalen Entnahmemotivation würde die Chancengleichheit im Patientenpool durch einen Zufallswert verzerren.

Es könnte aber durchaus auch gemeint sein, dass es entsprechend dem vor dem Inkrafttreten des TPG ausgeübten Vergabemodus zwar eine einheitliche Warteliste gibt, das Local-Donor-Prinzip aber daneben beibehalten wird. Die Errichtung von Eurotransplant als überregionale Schaltstelle, bei der auch bisher eine einheitliche Warteliste geführt wird, hatte den Sinn, dass durch die dadurch eintretende Erhöhung des Empfängerpools eine größere Chance besteht, das zur Verfügung stehende Organ an den am besten geeigneten Empfänger zu vermitteln bzw. dem Patienten helfen zu können, der es am Nötigsten braucht.[549] Eine übernationale Kooperation bei der Verteilung ist für die Erhöhung der Chance auf Vermittlung eines passenden Spenderorgans anerkannt und bewährt.[550] Daneben war eine lokale Vergabe durchaus beabsichtigt. Die gesamte Gesetzgebungsgeschichte[551] zeigt, dass man prinzipiell mit den bisherigen Vergabemodalitäten einverstanden war, diese jedoch auf eine gesetzliche Grundlage stellen und gleichzeitig sicherstellen wollte, dass überall die gleichen Kriterien bei der Vermittlung gelten.

Die einheitliche Warteliste wird durch die Vermittlungsstelle erstellt. Gemäß § 12 Abs. 4 S. 2 Nr. 1 TPG regelt der Vertrag mit der Vermittlungsstelle die Art der von den Transplantationszentren zu meldenden Angaben über die Patienten sowie die Verarbeitung und Nutzung der Angaben durch die Vermittlungsstelle in einheitlichen Wartelisten für die jeweiligen Arten der durchzuführenden Organübertragungen.

Es ist nicht formuliert, dass die Wartelisten der Zentren grundsätzlich als „einheitliche Warteliste" zu behandeln sind, sondern sie sind „dabei" als einheitliche Warteliste zu behandeln. Das Wort „dabei" bezieht sich auf § 12 Abs. 3 S. 1 TPG.

Man könnte die Auffassung vertreten, gemeint sei die Anwendung der Verteilungsregeln insgesamt durch die Vermittlungsstelle.

---

549 *Kübler*, a.a.O., S. 19.
550 DGMR, Einbecker Empfehlungen, MedR 1998, S. 532 Nr. 7; *Kliemt*, Wem gehören die Organe?, S. 272.
551 S. dazu die Zeittafel im Anhang.

Ebenso lässt sich aber die Meinung vertreten, das Wort „dabei" beziehe sich auf die Verteilungskriterien, die der Gesetzgeber in § 12 Abs. 3 S. 1 TPG ausdrücklich genannt hat, also auf die Kriterien Erfolgsaussicht und Dringlichkeit. Der Gesetzgeber hat die Vorrangstellung dieser Kriterien hervorgehoben. Anhand der einheitlichen Warteliste wäre dann zu prüfen, ob es einen potenziellen Empfänger mit hoher Erfolgsaussicht und/oder einer hohen Dringlichkeitsstufe gibt. In allen anderen Fällen kann die Region, aus der das Organ kommt, dieses behalten. Dann hätte die Führung von zentrumseigenen Wartelisten auch einen Sinn. Die Behandlung der Wartelisten als eine einheitliche würde nur eine formelle Organisationshilfe darstellen.

Insgesamt lässt sich feststellen, dass der Begriff „einheitliche Warteliste" auslegungsfähig ist. Die Vorschrift des § 12 Abs. 3 S. 2 TPG spricht von einer einheitlichen Warteliste, nicht von einer einheitlichen Vermittlung. Auch eine einheitliche Warteliste kann Öffnungsmöglichkeiten enthalten und nur die Summe aller wartenden Patienten reflektieren.[552]

c) Folgen einer Verteilung strikt nach bundeseinheitlicher Warteliste

Die Führung einer einheitlichen Warteliste mit einer generell zentralen Verteilung lässt befürchten, dass Zentren mit einer großen Anzahl wartender Patienten bevorzugt bedient werden.[553] Wenn die Organvergabe bei der Niere beispielsweise weiterhin schwerpunktmäßig nach einer Matchgrad-Hierarchie erfolgt, bekommen große Zentren einen überproportionalen Anteil an Spenderorganen zugeteilt, da sie vergleichsweise größere Chancen haben, einen bestpassenden Empfänger unter ihren Patienten ermittelt zu bekommen.[554] Der Vorteil der großen Zentren ist in den größeren Wartelisten und der damit verbundenen höheren Zuteilungsrate begründet sowie in der Möglichkeit, viele HU-Kandidaten zu melden[555], so dass Patienten, die in einem großen Zentrum gemeldet sind, höhere Chancen haben, transplantiert zu werden.

Für kleine Zentren kann eine strikte Verteilung nach einer bundeseinheitlichen Warteliste das wirtschaftliche „Aus" bedeuten, wenn sie sich nicht durch ausreichende Transplantationsaktivitäten selber tragen. Die einem Transplantationszentrum zugeordneten Stellen werden überwie-

---

552 *Lilie*, a.a.O., S. 97.
553 *Lilie*, a.a.O., S. 96.
554 *Schmidt/Hartmann*, a.a.O., S. 221 f.
555 Dies ist abhängig von der Zahl der durchgeführten Transplantationen im Vorjahr.

gend aus Sonderpauschalen finanziert, welche die Krankenkassen für jede durchgeführte Transplantation zahlen.[556]

Es wird die Auffassung[557] vertreten, es käme nicht auf eine Zentrumsgerechtigkeit[558] an, da die Patienten die gleiche Chance bekommen sollen, ein Organ zu erhalten, und nicht die Transplantationszentren die gleiche Chance, sie zu implantieren. *Gutmann/Land*[559] ist zuzustimmen, wenn sie primär auf eine Gerechtigkeit für die Patienten abstellen und andere als patientenorientierte Kriterien nur eine subsidiäre Rolle spielen dürfen. Wenn aber die Folge dieser auf den ersten Blick patientenorientierten Betrachtungsweise ist, dass viele kleine und mittlere Transplantationszentren schließen müssen und nur einige große Zentren überleben, müssen Patienten unter Umständen weite Wege auf sich nehmen, da eine Versorgung vor Ort nicht mehr gewährleistet ist. Dies ist nicht nur wegen des dann fehlenden sozialen Umfeldes, sondern auch wegen der erforderlichen Nachsorge aber eigentlich gar nicht wünschenswert. Die Sogwirkung der großen Zentren darf also nicht zu stark sein.[560]

Im Übrigen gebietet Art. 2 Abs. 2 S. 1 GG als wertsetzendes Programm für staatliches Handeln objektiv rechtlich und i.V.m. dem Sozialstaatsprinzip den Aufbau und die Unterhaltung einer leistungsfähigen medizinischen Versorgungsstruktur.[561] Nach Ansicht *Gäfgen's*[562] ist die Leichtigkeit des Zugangs zu medizinischen Einrichtungen auch nicht zu unterschätzen. Wichtig für eine Inanspruchnahme sei die Überwindung der Entfernung zu den medizinischen Einrichtungen sowie Bequemlichkeit und Annehmlichkeit bei den Prozeduren. Schwierigkeiten bei der Suche nach einem geeigneten Leistungserbringer hinderten eher die Nutzung. Außerdem sollten im Bundesgebiet gleichwertige Lebensverhältnisse herrschen. Regionale Versorgungsdiskrepanzen seien daher zu vermeiden. Eine optimale medizinische Versorgung gebiete eine gleichmäßige Verteilung der Einrichtungen im Versorgungsgebiet und eine gleichwertige medizinische Versorgung. Einer Verschlechterung des Versorgungsangebots könne durch Regionalisierung entgegengewirkt werden.

Der Gedanke der Einheitlichkeit der Lebensverhältnisse im Bundesgebiet ist z.B. im Finanzverfassungsrecht bei der vertikalen Steuervertei-

---

556 *Schmidt*, a.a.O., S. 227.
557 *Heuer/Conrads*, MedR 1997, S. 200.
558 Zum Problem der Gerechtigkeit zwischen Zentren, s. *Schmidt*, a.a.O., S. 41.
559 *Gutmann/Land*, a.a.O., S. 114.
560 *Schmidt/Hartmann*, a.a.O., S. 222.
561 *Kunig*, in: v. Münch/Kunig, a.a.O., Bd. 1, Art. 2 Rdnr. 60.
562 *Gäfgen*, Gesundheit, Gerechtigkeit und Gleichheit, S. 20 f.

lung im Verhältnis von Bund und Ländern verankert, Art. 106 Abs. 3 S. 4 Nr. 2 GG. Auch in den Vorschriften des Grundgesetzes zur Infrastruktursicherung, Art. 87 e und f GG, spielt dieser Aspekt eine zentrale Rolle. Nach Art. 87 f Abs. 1 GG gewährleistet der Bund im Bereich des Postwesens und der Telekommunikation flächendeckend angemessene und ausreichende Dienstleistungen. Ziel der Regulierung ist, dass der Bund aufgrund der Privatisierung in diesen Bereichen eine Grundversorgung auch für jene Personen gewährleisten muss, die in einem dünn besiedelten und strukturschwachen Teil Deutschlands leben.[563] Art. 87 e Abs. 4 S. 1 GG normiert eine staatliche Grundverantwortung für das Eisenbahnwesen. Trotz der Privatisierung muss der Bund dauerhaft ein angemessenes Verkehrsangebot sicherstellen.[564]

d) Der Föderalismus als Argument für Dezentralisierung

Es geht um eine zentrale oder dezentrale Vermittlung. Es stellt sich zunächst die Frage, ob die Sicherung regionaler Belange dem Bereich wesensfremd ist. Dabei sollte nicht außer Betracht bleiben, dass die Krankenversorgung im Prinzip Ländersache ist. Der Bund hat in einem Kernbereich der Länderzuständigkeiten die Kompetenz an sich gezogen.[565] Für den Erlass eines TPG wurde die Kompetenz für den Bund geschaffen, da die Regelungen einheitlich sein sollten. Dies schließt aber eine Eigenständigkeit bei der Vermittlung nicht aus, wenn grundsätzlich die gleichen Regeln gelten.

In der föderalistischen Struktur der Bundesrepublik Deutschland kommt der Wille zur Dezentralisierung zum Ausdruck. Dadurch wird u.a. ein Organisationsprinzip zur Rationalisierung des politischen Prozesses verwirklicht, das eine Begrenzung der Macht der politischen Kräfte bezweckt[566] und damit einhergehend zur Effektivierung individueller Freiheit führen soll.[567]

Die Frage nach der Begrenzung der Macht kann sich auch in der Transplantationsmedizin ergeben, wenn man bedenkt, dass größere Zentren bei einer zentralen Vermittlung Vorteile haben, und die Gefahr besteht, dass sie diese Vorteile zu einer „Vormachtstellung" ausbauen können.

---

563 *Uerpmann*, in: v. Münch/Kunig, a.a.O., Bd. 3, Art. 87 f Rdnr. 8.
564 *Uerpmann*, in: v. Münch/Kunig, a.a.O., Bd. 3, Art. 87 e Rdnr. 17.
565 S. dazu die Zeittafel im Anhang.
566 *Hesse*, a.a.O., S. 89.
567 *Bansch/Mathes*, JuS 1969, S. 234.

Der Föderalismus hat wesentlich zu politischer, demokratischer und rechtsstaatlicher Stabilität beigetragen. *Späth*[568] ist der Auffassung, es solle zwischen Einheit und Vielfalt ein dynamisches Gleichgewicht hergestellt werden. Daraus folge, dass in entscheidenden Fragen ein gemeinsamer Nenner der Gesamtverantwortlichkeit über partikulare Interessen gestellt werden müsse. Die Eigenverantwortlichkeit der Länder sei gefragt, wenn einheitliche bundes- und europarechtliche Regelungen nicht zwingend erforderlich seien. Der Föderalismus sei eine Staatsform, in der sich individuelle Freiheit und gemeinschaftliche Verantwortung auf besondere Weise entfalten könnten. Freiheit zur selbstverantwortlichen Gestaltung müsse abgewogen werden mit Einsicht und Einbindung in übergeordnete Interessen.

Nach Ansicht *Albrecht's*[569] ist der Föderalismus zur Lebensform geworden. Auch sei die Gleichwertigkeit der Lebensbedingungen in allen Teilen der Republik durch die vielen, historisch gewachsenen politischen, wirtschaftlichen und kulturellen Zentren viel stärker gewährleistet als in Nachbarstaaten mit zentralistischer Tradition. Die föderative Struktur unseres Staatswesens sei nicht nur eine Frage der politischen Zweckmäßigkeit, sondern Ausdruck einer Politik, die mit unserem Verständnis vom Menschen zu tun habe, mit jenem Menschen, der in einer Heimat verwurzelt sein, der in überschaubaren Verhältnissen leben und der als Person gewertet sein möchte. Den Trend zum Zentralismus stuft *Albrecht* als nachteilhaft ein. Zentralismus sei zu anonym, gefährde die Humanität und verlagere die Verantwortlichkeit und Entscheidungsbefugnis auf eine untere, nicht mehr menschennahe Ebene. Er plädiert für klare Verantwortlichkeiten. Der Bürger müsse wissen, wen er für Erfolg oder Misserfolg bei der Lösung bestimmter Aufgaben verantwortlich machen könne. Es dürfe nicht der Eindruck entstehen, dass eine anonyme Maschinerie sein Schicksal entscheide – anstelle von Menschen, an die er sich persönlich wenden könne.

Der Föderalismus geht von der prinzipiellen Gleichheit der Bundesländer aus, aus der sich Ungleichheiten entwickeln können. Der Föderalismus kann als eine Gewährleistung potenzieller Ungleichheit zwischen den Ländern und ihren Rechtsordnungen bezeichnet werden. Bestrebungen, die föderalistische Struktur beispielsweise in wesentlichen Teilen des Schulwesens aufzulösen, um Chancengleichheit zu verwirklichen[570],

---

568 *Späth*, Föderalismus als dynamisches Prinzip, S. 6 ff.
569 *Albrecht*, Klare Verantwortlichkeit – Mehr Menschlichkeit, S. 5 ff.
570 S. dazu den im Jahre 1977/78 vorgelegten Bericht der Bundesregierung über die strukturellen Probleme des föderativen Bildungssystems, BT-Drs. 8/1551.

scheiterten mit dem Argument, Nivellierung und Bundesstaatlichkeit seien miteinander unvereinbar.[571]

e) Dezentralisierung unter Effizienzgesichtspunkten

Während sich „Föderalisten" aus größerer Lebensnähe ihrer Einrichtungen legitimieren, berufen „Zentralisten" sich auf die angeblich erhöhte Wirksamkeit ihrer Organisationsmodelle. Obwohl der Föderalismus als komplizierte und unwirtschaftliche Staatsform kritisiert wird[572], und auch bei der Selbstverwaltung die betriebliche Leistungsfähigkeit und administratives Optimum zurücktreten[573], wird aber an diesen freiheitsschützenden Organisationsformen festgehalten. Nach reinen Wirtschaftlichkeitskriterien wird nicht entschieden, Ineffizienz – auch im Sinne nicht optimaler Funktionswahrnehmung – wird in Kauf genommen.

Der Verfassung lässt sich weder eine ausdrückliche Verpflichtung des Gesetzgebers entnehmen, bei der Ausgestaltung der Rechtsordnung dem ökonomischen Effizienzziel Rechnung zu tragen noch ist der Effizienzgedanke Teil der Wertordnung der Grundrechte.[574] Nach *Eidenmüller*[575] kommt aber eine Berücksichtigung ökonomischer Effizienzkonzepte bei der Gesetzesauslegung in Betracht, soweit Effizienz die Politik des Gesetzes ist – wie bei dem am 1. Januar 1991 in Kraft getretenen Umwelthaftungsgesetz[576] – oder soweit eine effizienzorientierte Rechtsanwendung zumindest als zulässige Gesetzeskonkretisierung angesehen werden kann. Im Zivilrecht käme seiner Meinung nach bei der Bestimmung der erforderlichen Sorgfalt im Rahmen von § 276 Abs. 1 S. 2 BGB eine Berücksichtigung ökonomischer Erwägungen in Betracht, wenn nicht gegenläufige juristische Wertungen existieren.[577] Er zieht in Erwägung, § 276 BGB um einen Satz 3 zu ergänzen, wonach im Falle deliktischer Schädigungen solche Sorgfaltsvorkehrungen erforderlich sind, deren Grenzkosten kleiner sind als ihr Grenznutzen. Es sei aber auch eine vertretbare Auslegung der Bestimmung, wenn die Gerichte eine Abwägung von Grenzkosten und Grenznutzen vornähmen.[578] Soweit es

---

571 S. dazu ausführlich *Kloepfer*, ZRP 1978, S. 122.
572 *Leisner*, Effizienz als Rechtsprinzip, S. 27.
573 *Leisner*, a.a.O., S. 28.
574 Ausführlich dazu *Eidenmüller*, a.a.O., S. 443 ff.
575 *Eidenmüller*, a.a.O., S. 452 ff.
576 BGBl. 1990 I S. 2634.
577 *Eidenmüller*, a.a.O., S. 458 f.
578 *Eidenmüller*, a.a.O., S. 435; 454 ff.

ausschließlich um Sachschäden geht, wird auch von *Heinrichs*[579] vertreten, dass die Nutzen-Kosten-Analyse ein zulässiges Hilfsmittel sei, um den Umfang der erforderlichen Sorgfalt bei fahrlässigen Schädigungen zu bestimmen. Sorgfaltsmaßnahmen seien erforderlich, wenn der für sie notwendige Aufwand geringer ist als der durch ihre Nichtanwendung möglicherweise entstehende Schaden. Für die Fälle der ergänzenden Vertragsauslegung, § 157 BGB, hält *Eidenmüller*[580] die Berücksichtigung ökonomischer Erwägungen nur dann für vertretbar, wenn es sich bei den Vertragspartnern um Kaufleute handelt. Insgesamt spielt der Effizienzgedanke bei der Auslegung und Fortbildung des geltenden Zivilrechts nur in sehr beschränktem Maße eine Rolle. In der gesamten Rechtsordnung ist der Effizienzgedanke ohnehin nicht verankert, so dass Effizienz nicht als globales Rechtsprinzip bezeichnet werden kann.[581]

Kloepfer/Reinert[582] sind aber der Ansicht, dass da, wo der Nachfrager einen subjektiv-öffentlichen, insbesondere grundrechtlichen Anspruch auf ein Gut oder eine Leistung hat, einiges dafür spreche, dass es auch staatliche Pflichten zur (auch am Individualanspruch orientierten) Optimierung der Nutzung der vorhandenen Kapazitäten gäbe. Sie führen das im Bildungsbereich entwickelte Kapazitätsausschöpfungsgebot[583] an. Des Weiteren kommen insoweit wohl auch das im Rahmen der Verteilung von Marktstandplätzen entwickelte Institut der optimalen Mangelverwaltung sowie das Liberalisierungsziel im Flugverkehr, die immer knapper werdenden Ressourcen an Slots optimal zu bewirtschaften, in Betracht. Die genannten Verteilungskriterien verwirklichen hier übergeordnete Zielvorgaben. Im Rahmen dieser Optimierung können nach *Kloepfer/Reinert*[584] auch Ansatzpunkte für eine (verfassungs)rechtliche Verortung des Effizienzkriteriums (auch im ökonomischen Sinne) gefunden werden.

Bei der Organzuteilung sind auch grundrechtlich geschützte Positionen tangiert, nämlich das in Art. 2 Abs. 2 S. 1 GG gewährleistete Grundrecht auf Leben und körperliche Unversehrtheit. Das BVerfG[585] hat für den Kernbereich des Gesundheits- und Lebensschutzes aus Art. 2 Abs. 2

---

579 *Heinrichs*, in: Palandt, a.a.O., § 276 Rdnr. 19.
580 *Eidenmüller*, a.a.O., S. 456 ff.
581 *Eidenmüller*, a.a.O., S. 464, Effizienz ist aber z.B. ein lokales Rechtsprinzip des Haushaltsrechts, S. 465.
582 *Kloepfer/Reinert*, a.a.O., S. 63.
583 BVerfGE 33, 303, 338 ff.
584 *Kloepfer/Reinert*, a.a.O., S. 63.
585 BVerfGE 39, 1, 41 ff.; 46, 160, 164 ff.; 49, 89, 141 ff.; 53, 30, 57 ff.; 56, 54, 73 ff.

GG eine staatliche Schutzpflicht hergeleitet. *Gutmann/Land*[586] sind der Auffassung, dass diese staatliche Schutzpflicht aber nicht gebiete, für die Rechtsgüter Leib, Leben und körperliche Unversehrtheit ein möglichst effizientes Allokationssystem zu etablieren. Für den Organgewinnungs- und verteilungsprozess könne nur gefordert werden, dass keine unnötigen, die knappe Ressource vergeudenden Reibungsverluste auftreten sollen. Da das Recht auf Leben nur dann ein unmittelbares Leistungsrecht begründet, wenn es um die „nackte" Existenz geht, besteht ein subjektiv individuelles Recht auf medizinische Versorgung nicht.[587] Es besteht lediglich das Recht auf chancengleiche Teilnahme und Abwägung im Verteilungsverfahren. Die politische und gesetzliche Zielvorgabe bei der Organvermittlung ist nicht, dass möglichst viele Patienten zum Zuge kommen – dies würde sich auch nicht mit medizinischen Notwendigkeiten vereinbaren lassen –, sondern im Vordergrund steht die Gewährleistung von Chancengleichheit.[588] Zudem geht es in vielen Fällen um „tragic choices"[589]. Es liegt ein Mangel im Sinne existenzieller Not vor. Die Nichtauswahl kann für einen Bewerber den Tod bedeuten. Damit bleibt es gerade hier bei der von *Leisner*[590] aufgestellten Grundannahme, dass Effizienz kein übergeordnetes zwingendes Rechtsprinzip ist. Er ist der Auffassung[591], dass, da das Verfassungsrecht keinen Ansatz für ein Effizienzprinzip bietet, vielmehr von einer Effizienzneutralität auszugehen sei. Mehr als die Erhaltung der Funktionsfähigkeit der Organe, und damit nur eine „Gerade-noch-Effizienz" fordere es nicht. Effizienz werde eine Kategorie der Ökonomie bleiben, solange im deutschen öffentlichen Recht eine rechtsstaatliche Denkweise herrsche.

Insgesamt ist festzustellen, dass gerade in einem Bereich, in dem es um Lebenschancen geht, eine effiziente Allokationsstruktur nicht verlangt werden kann, und daher eine Regionalisierung nicht aus Effizienzgründen abgelehnt werden könnte.

---

586 *Gutmann/Land*, a.a.O., S. 123.
587 S. dazu *Kunig*, in: v. Münch/Kunig, a.a.O., Bd. 1, Art. 2 Rdnr. 60.
588 S. dazu näher unter 7.7 in diesem Kapitel.
589 Dieser Begriff wurde von Calabresi/Bobbitt geprägt, *Calabresi/Bobbitt*, Tragic Choices, o.S.
590 *Leisner*, Effizienz als Rechtsprinzip, S. 36 ff.
591 *Leisner*, a.a.O., S. 30 f.; 59.

7.7 Regionalisierung unter dem Gesichtspunkt der Chancengleichheit

In der Begründung zu § 12 Abs. 3 S. 2 TPG findet sich nur ein Satz. Die Vorschrift soll der Chancengleichheit nach Maßgabe medizinischer Kriterien dienen.[592] Den übrigen Protokollen, Bundestagsdrucksachen oder sonstigen Medienberichten sind keine näheren Informationen zu entnehmen. Lediglich im Allgemeinen Teil der Begründung[593] heißt es noch: „Die Gleichbehandlung der nach ärztlicher Entscheidung für eine Transplantation vorgesehenen Patienten soll durch medizinische Kriterien für die Vermittlung lebenswichtiger Organe gewährleistet werden." Mit der Chancengleichheit ist hier der entscheidende Punkt angesprochen.

a) Begriff der Chancengleichheit

Der Terminus „Chancengleichheit" setzt sich zusammen aus den Worten „Chance" und „Gleichheit". Der Begriff „Chance" wurde im 19. Jahrhundert aus dem französischen in die deutsche Sprache übernommen und bedeutet in wörtlicher Übersetzung die „Möglichkeit, etwas zu erreichen".[594] Chancengleichheit bedeutet also die Gleichheit in den Entfaltungsmöglichkeiten.

Der Begriff „Chancengleichheit" findet sich nicht ausdrücklich im Grundgesetz. Dieses kennt in Art. 3 Abs. 1 GG unmittelbar nur eine Gleichheit vor dem Gesetz (Rechtsanwendungsgleichheit) und allgemein die Wahrung des Gleichheitssatzes durch das Gesetz (Rechtsetzungsgleichheit). Der traditionelle Gleichheitssatz dehnt sich zwar zunehmend auch auf die Gleichheit von Chancen aus, der Terminus hat sich aber dennoch nicht durchgesetzt, obwohl Chancengleichheit von der Rechtsprechung v.a. im Prüfungs- und im Parteienrecht anerkannt worden ist, und der Gedanke der Chancengleichheit im Sinne der Begrenzung staatlichen Einwirkens teilweise bereits in den Bereich des wirtschaftlichen Wettbewerbs vorgestoßen ist.[595] Im Bildungswesen ist er der zentrale Bezugspunkt.[596]

---

592 BT-Drs. 13/4355, S. 26.
593 BT-Drs. 13/4355, S. 11.
594 *Kißlinger*, Das Recht auf politische Chancengleichheit, S. 12 f.; ausführliche Erläuterung des Begriffs im Brockhaus, Enzyklopädie, Bd. 4, S. 399 ff.
595 S. dazu den Überblick bei *Kloepfer*, Grundrechte als Entstehenssicherung und Bestandsschutz, S. 94 ff.
596 *Rothe*, Chancengleichheit, Leistungsprinzip und soziale Ungleichheit, S. 28.

Inwieweit der Gleichheitssatz generell die Funktion hat, Chancengleichheit zu gewährleisten, ist unklar.[597] Dass die Chancengleichheit als Rechtsprinzip im Vordringen begriffen ist, stellt *Werner*[598] fest, wenn auch Wesen und Grenzen noch weitgehend ungeklärt seien. Chancengleichheit würde dann als umfassendes Verfassungsgebot verstanden werden können. In zwei Verfassungsbestimmungen fänden sich insoweit auch Ansätze, nämlich in Art. 6 Abs. 5 und Art. 7 Abs. 4 GG. Eine leistende Bereitstellung realer Lebenschancen durch den Staat sei nach *Kloepfer*[599] aber grundsätzlich nicht aus der Verfassung ableitbar und eine Ausdehnung der oben genannten Verfassungsbestimmungen daher nicht möglich.

b) *Bedeutung des Begriffs Chancengleichheit in Literatur und Rechtsprechung*

Podlech[600] vermutet, dass es eine für alle möglichen Rechtsgebiete gleicherweise zutreffende Bedeutung des Ausdrucks nicht gibt.

Im folgenden soll untersucht werden, was in Literatur und Rechtsprechung unter Chancengleichheit verstanden und wie der Begriff in den Rechtsgebieten, in denen er bereits verwendet worden ist, ausgelegt wird.

Für die Rechtsprechung zeigt sich Chancengleichheit etwa in der Gleichartigkeit der Prüfungsbedingungen[601] oder in der angemessenen Sendezeitenverteilung zwischen den konkurrierenden politischen Parteien im Wahlkampf.[602] Unter gleicher Chance wird dort die Gleichbehandlung der Bewerber in einer Wettbewerbssituation verstanden, denen in einem Wettkampf um ein gleiches Ziel die gleichen Mittel und Bedingungen zur Verfügung stehen sollen.

Auch die Waffengleichheit im Prozess ist eine mittelorientierte Chancengleichheit. Die Parteien wollen den Erfolg unter gleichen prozessualen Bedingungen mit gleichen prozessualen Rechten. Das BVerfG[603] hat jedoch in diesem Bereich des Rechtsschutzes bemerkt, dass eine vollstän-

---

597 S. dazu *Podlech*, Gehalt und Funktionen des allgemeinen verfassungsrechtlichen Gleichheitssatzes, S. 209.
598 *Werner*, Über Tendenzen der Entwicklung von Recht und Gericht in unserer Zeit, S. 142.
599 *Kloepfer*, Gleichheit als Verfassungsfrage, S. 38.
600 *Podlech*, a.a.O., S. 209.
601 BVerwG, DÖV 1963, S. 308, 475, 504.
602 BVerfGE 7, 99, 107 f.; 13, 204, 205 f.; 14, 121, 132 ff.
603 BVerfGE 9, 124, 130.

dige Chancen- und Waffengleichheit nie zu erreichen sei, obwohl es vorher festgestellt hatte, der Gleichheitsgrundsatz gebiete in Verbindung mit der Sozialpflicht des Staates eine weitgehende Angleichung der Situation von Bemittelten und Unbemittelten. Auch für Staatsbürger, die nicht arm im Sinne des Verfahrensrechts sind, ist die Chancengleichheit nicht gegeben. Je mehr Geld man besitze, desto leichter entschließe man sich zum Prozess. Eine rein formale Chancengleichheit im Sinne einer abstrakten Möglichkeit der Rechtsverfolgung widerspreche aber auf jeden Fall sowohl dem Rechts- als auch dem Sozialstaatsprinzip.[604]

Im Schrifttum wird der Begriff „Chancengleichheit" unterschiedlich bestimmt.

Podlech[605] grenzt Chancengleichheit und verfassungsrechtliche Gleichheit voneinander ab. Die Chancengleichheit betreffe nicht Rechtsverhältnisse zwischen der öffentlich hoheitlich handelnden Gewalt und Personen, sondern tatsächliche Folgen, die sich aus solchen Rechtsverhältnissen ergeben können. Er definiert Chancengleichheit als die Gleichheit zweier, in Konkurrenz um ein Ziel strebender Wettbewerber, von denen nur einer unter Ausschluss des anderen das angestrebte Ziel erreichen kann.[606] Bei Prüfungsentscheidungen und dem Wettstreit der Parteien um Wählerstimmen ist die Situation insofern anders, als der Ausschluss des anderen Bewerbers nicht zwingend notwendig ist. Die Gleichheit betrifft in solchen Fällen nicht die Folgen rechtlicher Regelungen, sondern die Mittel. Chancengleichheit heißt Mittelgleichheit der Beteiligten bei offenem Ergebnis des Verteilungs- oder Entscheidungsprozesses.

Leisner[607] versteht unter Chancengleichheit, dass jedem Bürger gleiche Entfaltungsmöglichkeiten geboten werden sollen, die er in Freiheit nutzen oder verschenken kann. Er stellt fest, dass sich die Chancengleichheit am vollsten im Bildungsbereich durchgesetzt habe und bezeichnet diese als Speerspitze der Egalität, durch die das Denken in Gleichheit in immer neue Bereiche vordringe. Ausgehend von drei Gleichheitsstufen, nämlich der Gleichheit vor dem Gesetz, der Chancengleichheit und der materiellen Gleichheit, konstatiert er, dass in den Gedanken aller drei Gleichheiten die Kraft der Nivellierung arbeite und sich von einer der drei Ausprägungen zur andern verstärke, bis zur endgültigen, möglichst vollen materiellen Egalität, die aber von vielen als Gleichmachungs-

---

604 Vgl. dazu *Fechner*, JZ 1969, S. 352.
605 *Podlech*, a.a.O., S. 211.
606 *Podlech*, a.a.O., S. 212.
607 *Leisner*, Der Gleichheitsstaat – Macht durch Nivellierung, S. 136 f.

Gleichheit abgelehnt werde. Gleichmachungs-Gleichheit bedeute, dass jedem Bürger möglichst gleiche Güter zugeteilt werden. Nach *Leisner's*[608] Auffassung führt Chancengleichheit, so wie sie derzeit verstanden und angewendet wird, zu einer solchen Gleichmachungs-Gleichheit. Als deutlichstes Beispiel führt er die Ausbildungsförderung an. Dem Kind des weniger verdienenden Bürgers soll dieselbe Chance geboten werden wie dem sozial Stärkeren. In der Praxis wirke sich dies jedoch so aus, dass der Staat für die Familie des sozial Schwächeren einen so hohen Zuschuss in Form von Ausbildungsförderung bezahle, dass mit einem Mal diese Familie ebenso gut oder gar noch besser steht als diejenige, in der die Eltern infolge ihrer höheren Leistungsfähigkeit auch mehr verdienen konnten. Chancengleichheit bedeute immer auch Güterverteilung.

Leisner[609] kritisiert, dass der Begriff der Chancengleichheit oft bedenken- und manchmal gedankenlos verwendet werde und etwas weithin Unmögliches bezeichne. So werde im Bildungs- und Berufsbereich vieles durch Glück und Zufall und manchmal auch durch private Beziehungen entschieden, da eine andere Entscheidungsmöglichkeit unter den vielen Gleichdiplomierten gar nicht möglich sei. Widersprüchlich sei, dass trotz der formalen Gleichheit aller vor dem Gesetz die geltende staatliche Rechtsordnung die faktisch vorhandenen Ungleichheiten durch den Zugang zu wesentlichen Ressourcen, so z.B. durch Eigentums- und Erbrecht, legitimiere. *Leisner* kritisiert damit Chancengleichheit als die Chance zur materiellen Nivellierung, die mit der materiellen Gleichheit aller Grundrechtsträger vollendet wäre.

Kloepfer[610] differenziert zwischen rechtsstaatlicher und sozialstaatlicher Chancengleichheit. Unter die rechtsstaatliche Chancengleichheit fasst er die von der Rechtsprechung anerkannte Chancengleichheit im Wahlkampf, im Prüfungswesen, im Bildungswesen im Allgemeinen und im Wirtschaftsleben. Während die sozialstaatliche Chancengleichheit auf den Ausgleich „unsozial" empfundener Ungleichheiten gerichtet sei, die so zu verstehen ist, dass ein sozialer Mindeststatus garantiert wird, kennt die rechtsstaatliche Chancengleichheit keine Ausgleichsfunktion.

Für *Kloepfer*[611] ist rechtsstaatliche Chancengleichheit „Vorfeldsicherung". Schon der Begriff der Chance weise auf die Dimension des Zukünftigen hin, da die Chance dem möglichen späteren Erfolg in der

---

608 *Leisner*, a.a.O., S. 146.
609 *Leisner*, a.a.O., S. 148 ff.
610 *Kloepfer*, Gleichheit als Verfassungsfrage, S. 42.
611 *Kloepfer*, Grundrechte als Entstehenssicherung und Bestandsschutz, S. 96, Fn. 402.

Betrachtungsweise zeitlich vorgelagert sei. Die Chancengleichheit wolle über die bloße Rechtssicherheit hinaus im Sinne eines vorverlagerten Gleichheitsschutzes den Blick für tatsächliche Unterschiede, d.h. für die Gleichheitsvoraussetzungen schärfen und zu einer tendenziell egalitären Chancenzuteilung im Sinne gleicher Wettbewerbschancen kommen.[612] Kennzeichnend sei in all diesen Fällen eine Vorverlagerung des verfassungsrechtlichen Schutzes insbesondere durch den Gleichheitssatz vor die Prüfungs- oder Wahlentscheidung bzw. vor die ökonomische Behauptung am Markt. Eine in diesem Sinne vorverlagerte Geltung des Gleichheitssatzes setze nicht etwa erst bei der Wahlwertung, sondern bereits im Wahlvorfeld, nicht erst bei der Prüfungsnote, sondern beim Entstehen der Examensleistungen an. Es gehe um die Sicherung der Gleichheitschance, die Chance auf die richtige Anwendung des Gleichheitssatzes.[613]

Gleichheit besteht nach *Scholler*[614] aus unterschiedlichen Konkretisierungen. Neben dem Verbot ungerechtfertigter Differenzierungen sei die Chancengleichheit eine dieser Konkretisierungen. Sie setze Freiheit und Gleichheit zueinander ins Verhältnis, indem sie die Freiheitschance jenseits der Differenzierungsverbote im Gleichheitssatz beschreibe.

Für *Rothe*[615] ist Chancengleichheit ein „dynamisierter Gerechtigkeitsbegriff" im Spannungsfeld von Freiheit und Gleichheit. Er besitze die Facetten der Leistungs- und Verdienstgleichheit, der Entfaltungs- sowie der Lebens- und Teilhabegleichheit. Chancengleichheit meine mehr als nur Gleichheit vor dem Gesetz, denn gerade die Lebens- und Teilhabegleichheit verlange nach einer verstärkten materiellen Bevorzugung Benachteiligter und tendiere zur ökonomischen Nivellierung, nicht zur Neutralität. Wer von Chancengleichheit spreche, meine Gerechtigkeit in der Verteilung gesellschaftlicher Güter, in der Zuweisung sozialer Positionen und in der Erfüllung persönlicher Möglichkeiten.

Hufen[616] subsumiert unter Chancengleichheit die Bereitstellung von Begünstigungen zum Ausgleich tatsächlicher Unterschiede. Er differenziert zwischen Ausgangs- und Ergebnisgleichheit und stellt in das vermittelnde Beziehungsfeld Faktoren und Eigenschaften der jeweiligen Grundrechtsträger ein. Diese „Bedingungsfaktoren" würden die Ent-

---

612 *Kloepfer*, ZRP 1978, S. 122.
613 *Kloepfer*, Gleichheit als Verfassungsfrage, S. 42, *ders.*, Grundrechte als Entstehenssicherung und Bestandsschutz, S. 96 f.
614 *Scholler*, a.a.O., S. 1 ff.
615 *Rothe*, a.a.O., S. 17 ff.
616 *Hufen*, Gleichheitssatz und Bildungsplanung, S. 48 ff.

wicklung der Vergleichssubjekte zwischen den Polen Ausgangs- und Ergebnisgleichheit bestimmen. Dazwischen müsse für die Bewerber die gleiche Chance zur Freiheitsausübung bestehen. Der Staat müsse garantieren, dass für jeden Grundrechtsträger vergleichbare Realisationsmöglichkeiten seiner gleichen Freiheitsrechte bestehen.

Der Wettbewerb zerfalle in verschiedene Phasen. Dabei beschreibe die „Ausgangsgleichheit" die gleiche Freiheit, ein Ziel anzustreben. Sie sei jedem Grundrechtsträger zugestanden. In ihr liege die Chance zur Freiheitsverwirklichung. Der Weg von der Ausgangs- zur Ergebnissituation führe über die „Bewertungsgleichheit". Darunter versteht man die gleiche Bewertung der individuellen Bedingungsfaktoren durch diejenigen, die über das Ergebnis des Wettbewerbs entscheiden. Eine „Ergebnisgleichheit" existiere dagegen nicht.

Scholz[617] teilt die Chancengleichheit in eine autonome und eine heteronome Seite. Erstere umfasse das Recht zur gleichen selbstverantworteten Chancenverwirklichung und meine die gleiche Wettbewerbsfreiheit im Freiheitsrecht des Art. 12 GG; letztere beinhalte die Gleichheit der Chancen durch sozialstaatlichen Ausgleich und soziale Fürsorge. Chancengleichheit ist für *Scholz* primär eine rechtliche Gleichheit der Grundsrechtsträger und nicht – zumindest nicht primär – eine tatsächliche bzw. chancenmäßige Gleichheit, so dass er diesen Aspekt der Chancengleichheit ablehnt. Diese folge unmittelbar weder aus Art. 3 GG noch aus Art. 12 GG, sondern allein aus dem Sozialstaatsprinzip in Verbindung mit dem jeweils betroffenen Freiheits- oder Lebensbereich.

c) *Bedeutung für die Organzuteilung*

Gutmann/Land[618] sind der Ansicht, Chancengleichheit verlange, dass die individuelle Allokationschance nicht an den Zufälligkeiten des regionalen Organaufkommens, an den Zufälligkeiten der Verteilungsphilosophie des Zentrums, an seiner Transplantationsfrequenz oder der Größe der lokalen Warteliste hängen dürfe. Unter Verhältnismäßigkeitsgesichtspunkten sei aber jede Methode, die das „Funktionieren des Systems" und die lokale Entnahmemotivation sicherstelle, ohne den Grundsatz patientenorientierter Organverteilung zu unterlaufen, vorzuziehen.

---

617 *Scholz*, in: Maunz/Dürig, Grundgesetz Kommentar, Bd. II, Art. 12 GG, Rdnr. 153.
618 *Gutmann/Land*, a.a.O., S. 115 f., ihrer Meinung nach ist aber die Berücksichtigung nationaler Austauschbilanzen nach dem Gesetz zulässig; so auch die DGMR in ihren Einbecker Empfehlungen, MedR 1998, S. 532 Nr. 7.

Die oben dargestellten Elemente der „Chancengleichheit" können für eine Konstruktion einer „Chancengleichheit unter Patienten" genutzt werden.
„Chancengleichheit" ist die Gleichheit mehrerer Bewerber in einer Wettbewerbssituation, von denen nur einer das angestrebte Ziel erreichen kann. Chancengleichheit bedeutet vor allem die Herstellung gleicher Startbedingungen. In der Konkurrenz um dasselbe Ziel sollen die gleichen äußeren Bedingungen gegeben sein. Die Chancengleichheit ist insoweit ergebnisoffen, d.h. ihre Herstellung nimmt auf das Ergebnis des Verteilungsprozesses keinen Einfluss. Die Chancengleichheit setzt damit Mittelgleichheit der Bewerber voraus. Diese zu gewährleisten ist Aufgabe des Staates. Der Gedanke aus dem Prüfungsrecht, dass alle Prüflinge gleichartige Prüfungsbedingungen haben sollen, lässt sich insoweit übertragen, als alle Patienten neben gleichen Auswahlchancen auch gleiche Behandlungschancen haben sollen. Alle Patienten müssen die gleichen Chancen auf individuelles gesundheitliches Wohlergehen haben.[619] Wozu eine Abschaffung der regionalen Tranplantationsverbünde führen kann, wurde oben[620] dargelegt. Das Ziel muss aber eine überall optimale medizinische Versorgung sein. Unter diesem Gesichtspunkt bietet der Zentralismus nicht zwingend eine Gewähr für Chancengleichheit. Aber auch in anderer Hinsicht ist fraglich, ob eine statische Gleichheit gemeint sein kann. Eine rein formale Chancengleichheit bedeutet Chancengleichheit bzgl. des Zugangs zur Transplantation. Gerade in Fällen der Herzallokation kann aber Chancengleichheit auch im Sinne des Überlebens für gleich schwer kranke Patienten unterhalb der HU-Stufe verstanden werden. Dies würde die Aufstellung einer lokal/regional segmentierten bundesweiten Warteliste mit Chancengleichheit für gleich schwer kranke Patienten bedeuten. Es bestünde vor Ort die Möglichkeit, wirklich den dringlichsten Patienten zuerst zu transplantieren, denn es gibt zwar relativ eindeutige Parameter zur Bestimmung der „höchsten" Dringlichkeit, hingegen erscheint vielen Ärzten eine weitere Differenzierung zwischen „dringlichen" Patienten und „normal Transplantablen" als künstlich und weitgehend vom persönlichen Urteil abhängig, folglich kaum objektivierbar.[621] Zur Beurteilung der Frage, wie dringend ein Patient zu dem Zeitpunkt, wo ein Organ zur Verfügung steht, auf eine Transplantation angewiesen ist, ist eine individuelle Gesamtschau erforderlich.

---

619 *Gutmann/Land*, a.a.O., S. 101.
620 S. unter 7.6 c) in diesem Kapitel.
621 *Schmidt*, a.a.O., S. 46 f.

Die Regionalisierung ist damit ebenfalls patientenorientiert, wenn man eine Mindesteinheitlichkeit wahrt und die Vermittlung nach einer bundeseinheitlichen Warteliste im Hinblick auf eine optimale Erfolgsaussicht und die höchste Dringlichkeitsstufe vornimmt sowie Sondergruppen bevorzugt. Die Vergleichbarkeit der Überlebenschance wird durch eine jährliche Analyse des Gesamtzustandes der Patienten, d.h. ihres Clinical Profile, gewährleistet. Durch sie zeigt sich, ob die Regionalisierung zu einer Ungleichverteilung der regionalen Überlebenschancen zuungunsten einzelner Regionen oder ohne Benachteiligung einzelner Regionen geführt hat. Sollte sich eine derartige Ungleichverteilung ergeben, wäre zu überlegen, den benachteiligten Regionen Organe aus anderen Regionen zuzuteilen. So soll auch beim Finanzausgleich nach Art. 107 Abs. 2 GG die unterschiedliche Finanzkraft der Länder angemessen, jedoch nicht nivellierend, ausgeglichen werden. Dieser horizontale Finanzausgleich trägt dazu bei, dass im Bundesgebiet gleichwertige Lebensverhältnisse herrschen. Bei Organabgaben an andere Regionen müsste jedoch beachtet werden, dass der Grundsatz der patientenorientierten Verteilung nicht unterlaufen wird.

7.8 Ergebnis

Die Beibehaltung der Regionalisierung im Sinne des Bestehens von Transplantationsverbünden sichert Chancengleichheit, wenn daneben ein zentrumsübergreifender Organaustausch in Fällen der größten anzunehmenden Erfolgsaussicht und der höchsten Dringlichkeitsstufe sowie für Sondergruppen nicht ausgeschlossen ist.

Die Regionalisierung ist zudem, zumindest bei den Organen Herz, Leber und Lunge, medizinisch begründbar. Die kurzen Ischämietoleranzen bei diesen Organen und der damit verbundene Einfluss auf die Erfolgsaussicht[622] sprechen für eine Regionalisierung in diesen Bereichen.[623]

Dennoch tendiert man derzeit eher zu einer generell zentralen Vermittlung und damit der Einführung von Punktemodellen. Bei einem solchen Verfahren wird der Distanzfaktor – bzw. besser die Ischämietoleranzzeit – in eine einheitliche bundesweite Warteliste eingearbeitet. Die Lokalverteilung spielt dann nur insoweit eine Rolle, wie die kalten Ischä-

---

622 Eine um zwei Stunden verlängerte Kaltischämiezeit kann schon zu einer deutlichen Erfolgsminderung beitragen.
623 *Wujciak*/DSO, in: Ausschuss-Drs. 602/13, S. 4 f.

miezeiten als medizinisches Kriterium auf die Organverteilung Einfluss nehmen.[624]

Bei einem strikt formalisierten Verfahren können jedoch nicht alle Gesichtspunkte adäquat berücksichtigt werden. Das Compliance-Kriterium kann nicht in die Vermittlungsentscheidung einfließen, da es subjektiver Beurteilung unterliegt. Die Allokation wird dem Computer überlassen, der eine schnelle und definitive Entscheidung trifft. Auch *Gutmann/ Land*[625] sind der Auffassung, dass sich Punktesysteme anbieten, um Gewichtungen zwischen Verteilungsprinzipien transparent und operationalisierbar zu machen. Sie minimieren den Einfluss von ad-hoc-Erwägungen und Vorurteilen auf den Allokationsprozess, ermöglichen eine genaue Definition des Entscheidungsprozesses und eine klare Zuschreibung von Verantwortung an eine bestimmte Instanz und führen vor allem zu einer stärkeren Gleichbehandlung der potenziellen Empfänger.

Der Nachteil eines Punktesystems, bei dem auch immer Gewichtungsschwierigkeiten auftreten[626], ist aber, dass auch eine minimale Punktdifferenz entscheidet. Wie im Rahmen der Studienplatzverteilung und bei den Wartezeiten dargestellt worden ist[627], sollten aber gerade minimale Differenzen nicht ausschlaggebend sein. Zudem werden einzelne Daten, wie hier z.B. die Labordaten, überbewertet. Eine generell einheitliche Warteliste kann i.Ü. auch Ungleichheiten dergestalt bieten, dass zwei oder auch mehr Patienten die gleichen medizinischen Daten, die gleiche Wartezeit und auch die gleiche Entfernung vom Ort der Explantation aufweisen. Ein formalisiertes Verfahren trägt dem Gewichtungs- und Abwägungsbedarf keine Rechnung. Es wird pauschal gewichtet und gerade nicht abgewogen.

Die Regionalisierung ermöglicht dagegen eine bessere Feinabstimmung. Nur der behandelnde Arzt kann beurteilen, wie sich der Krankheitsverlauf eines Patienten in der letzten Zeit entwickelt hat, so dass kurzfristige Änderungen entsprechend dem Befinden des Patienten möglich sind, oder mit welcher Wahrscheinlichkeit er in nächster Zeit ein vielleicht besseres Organ angeboten bekommen wird. Zudem kann die

---

624 Die tatsächliche Ischämiezeit korreliert jedoch mehr mit den verkehrstechnischen Gegebenheiten als mit der tatsächlichen Transportzeit, so dass auch ein sog. Schlechtwetterfaktor erwogen wurde.
625 *Gutmann/Land*, a.a.O., S. 116.
626 *Schmidt*, a.a.O., S. 172 ff., der feststellt, dass beim Wujciak-Modell letztlich das Gewicht bei der umstrittenen Gewebemerkmalsübereinstimmung liegt; *Land*, a.a.O., S. 84.
627 S. dazu zweites Kapitel unter 6 und in diesem Kapitel unter 5.1.

Operationskapazität mit berücksichtigt werden. Steht der notwendige Operationssaal oder das Transplantationsteam nicht zur Verfügung, muss bei einer nicht zentrums-, sondern personenbezogenen Vermittlungsentscheidung gewährleistet werden, dass das Organangebot für den ermittelten Empfänger auch realisiert werden kann mit der Folge, dass die Transplantation notfalls an einem anderen Transplantationszentrum durchgeführt werden müsste.[628] Zudem sind die Feststellung der spezifischen Dringlichkeit oder auch die eines akzeptablen Erfolgs für einen Patienten Beurteilungen, welche die Forderung nach Ermessen praktisch erzwingen. Es lässt sich kein allgemeines, vom konkreten Einzelfall losgelöstes Verfahren vorstellen, mit dem diese Beurteilungen hinreichend begründet getroffen werden könnten.

Dies spricht für die Beibehaltung eines Ermessensspielraums, der daraufhin überprüft werden kann, ob die Entscheidung willkürlich getroffen worden ist. Die Gründe, die für die Entscheidung ausschlaggebend waren, müssen schriftlich festgehalten werden. Für die Beibehaltung eines Ermessensspielraums spricht auch, dass ärztliches Handeln grundsätzlich ergebniskonsequentialistischen Entscheidungsregeln folgt.

Weder der Wortlaut des § 12 Abs. 3 S. 2 TPG noch die insoweit unergiebige Entstehungsgeschichte gebieten die Auslegung, dass es nur noch eine bundeseinheitliche Warteliste geben kann und der Regionalfaktor lediglich in ein Punktesystem eingebettet wird.

Bei Anwendung des Local-Donor-Prinzips stellt sich weiter die Frage, wie die Organe innerhalb der Region verteilt werden sollen.

Schmidt[629] hat davon abgeraten, alle Transplantationszentren inhaltlich auf einen einheitlichen Vergabemodus zu verpflichten. In den Beratungen zum TPG schlug er vor, der Gesetzgeber sollte sich, wie in den U.S.A. seit 1987 praktiziert, darauf beschränken, gewisse prozedurale Vorgaben zu machen, z.B. diejenige, die Organvergabe nach einem feststehenden, schriftlich fixierten und einer geeigneten Stelle zur Genehmigung vorzulegenden Muster (z.B. in Form eines Algorithmus) vorzunehmen, das individuelle Eingriffsmöglichkeiten der behandelnden Ärzte verlässlich ausschließt oder zumindest auf ein absolutes Minimum beschränkt. Bei der konkreten Ausgestaltung haben sie aber große Freiheiten. Die einzige Regel, die verbindlich gilt, besteht in der Pflicht zur Organabgabe an auswärtige „full house"-Empfänger. Der UNOS-Algorithmus entscheidet nur über die Vergabe von Organen, die innerhalb

---

628 Zu diesem Problemkreis *Rampfl-Platte*, Chirurg BDC 1999, S. 286.
629 *Schmidt*, in: Ausschuss-Drs. 602/13, S. 32, ders., a.a.O., S. 174 ff.

der Region keine Verwendung finden und dort, wo er unmodifiziert von einer Region übernommen worden ist.

Man könnte darin eine Verletzung des Gleichbehandlungsgebotes sehen. Die daran geübte Kritik liegt auf der Hand: Patienten mit derselben Krankheitsschwere werden von Zentrum zu Zentrum bzw. Region zu Region nach unterschiedlichen Vorgaben behandelt. Dem kann entgegengehalten werden, dass dieser Vorgehensweise die Anerkennung des Pluralismus von klinischen und ethischen Überzeugungen zugrunde liegt. Niemand wird gezwungen, sich nach sachlich umstrittenen Kriterien oder Regeln zu richten.[630]

Es geht hier allerdings um mehr als nur um verschiedene medizinische Behandlungsmethoden. Es geht auch und vor allem um Auswahlentscheidungen. Die Chancengleichheit ist dann gefährdet, wenn jedes Zentrum unterschiedlichen Allokationspolitiken folgt. Es müssen überall die gleichen Kriterien gelten.[631] Dafür spricht auch, dass in § 16 Abs. 1 S. 1 TPG die BÄK die Richtlinienkompetenz zugewiesen bekommen hat, und es eben nicht den Ländern überlassen wurde, diese Richtlinien zu erlassen, obwohl das allgemeine Gesundheitsrecht und die Verwaltungstätigkeiten, soweit sich nicht aus dem Grundgesetz etwas anderes ergibt, in der Regelungshoheit des Landesgesetzgebers angesiedelt ist, vgl. Art. 83 GG.[632]

---

630 *Schmidt*, a.a.O, S. 174.
631 *Wiesing*, a.a.O., S. 245.
632 Zu diesem Zuständigkeitsproblem s. ausführlich *Lilie*, a.a.O., S. 97 ff.

Fünftes Kapitel:
Die Umsetzung der gesetzlichen Vorgaben

1 Die Diskussion bis zum Erlass der Richtlinien

1.1 Das Allokationsmodell Herz

Auf die gesetzlichen Vermittlungsvorschriften des TPG reagierte die Organkommission Herz der DTG mit der aus der Anlage 1 ersichtlichen Allokationsregelung. Die Regelung wurde im Mai und Oktober 1998 beschlossen, um die Forderung des Transplantationsgesetzes, die Wartelisten der Zentren bei der Vermittlung als einheitliche Warteliste zu behandeln, mit den vorliegenden und überwiegend als positiv beurteilten Erfahrungen zu kombinieren. Die bis vor Inkrafttreten des TPG ausgeübte Allokationspraxis hatte im Hinblick auf das Organ Herz die Vorzüge eines großen Verteilungsnetzes für dringliche Fälle ebenso wie für regionale Allokation mit dem Vorteil einer kürzeren Ischämiezeit, geringerer Kosten und größerer regionaler Zusammenarbeit zwischen den einzelnen Zentren verbunden. Nunmehr fand in Abstimmung mit Eurotransplant der Vorschlag Zustimmung, dass nach Erstellung einer bundeseinheitlichen Warteliste ein Drittel der Organe für SU-Patienten vorzusehen ist. In diesem Rahmen wird unabhängig von Wartezeit und Region verteilt. Zwei Drittel der Organe werden innerhalb der bundeseinheitlichen Warteliste und nach Distanzfaktoren vergeben. Dabei ist die Gewichtung der Faktoren Wartezeit und Distanz so bemessen, dass im Durchschnitt jeder der beiden Faktoren zur Hälfte in die Allokationsbewertung einfließt.[633]

1.2 Die Einbecker Empfehlungen der DGMR

In den in der Anlage 2 auszugsweise wiedergegebenen Einbecker Empfehlungen der DGMR Ende des Jahres 1998 sind u.a. Empfehlungen zur Allokation von Spenderorganen unter Zugrundelegung der gesetzlichen Vorgaben enthalten.

---

633 *Lilie*, Ist das Local-Donor-Prinzip mit dem Transplantationsgesetz (TPG) vereinbar?, S. 59; *Deng/De Meester/Scheld*, Thorac Cardiovasc Surgeon 1999, S. 1 ff.

1.3 Die Entwürfe der Richtlinien und die Richtlinien der BÄK

Nachdem die BÄK im Mai und Juni 1999 Entwürfe für die Richtlinien für die Wartelisten und Organvermittlung erstellt hatte[634], sind nunmehr am 13. November 1999 vom Vorstand der BÄK die der Anlage 4 zu entnehmenden Richtlinien, die in ihrem Inhalt weitgehend den Entwürfen gleichen[635], endgültig beschlossen worden.

2 Stellungnahme

Nach den Richtlinien für die Wartelisten und Organvermittlung darf die Zuordnung von Spenderorganen zu Empfängern auf der Warteliste ausnahmslos nur durch die Vermittlungsstelle Eurotransplant vorgenommen werden. Regionale Allokationsvorgänge im Rahmen der Transplantationsverbünde ohne Einschaltung der Vermittlungsstelle sind somit ausgeschlossen. Die Regionalisierung wird damit aufgegeben. Diese Tendenz zeigte sich bereits unmittelbar nach Inkrafttreten des TPG. Der Distanzfaktor wird nunmehr als einer von mehreren Faktoren in ein Punktesystem eingebettet und die zentrumsbezogene Vermittlung durch eine personenbezogene Vermittlungsentscheidung abgelöst. Insoweit wird auf die im vierten Kapitel geäußerten Bedenken verwiesen.

Als Gründe für die Aufnahme in die Warteliste werden die jeweiligen Indikationen für die Transplantation genannt. Aus diesen wird deutlich, dass nur in einem sehr fortgeschrittenen Stadium der Erkrankung eine Transplantation in Erwägung gezogen werden darf. Die Patienten auf der Warteliste sind in regelmäßigen Abständen auf ihre Transplantationseignung und -notwendigkeit zu überprüfen. Durch diese Re-Evaluation wird sichergestellt, dass immer nur die aktuell wirklich Bedürftigen berücksichtigt werden.

Hinsichtlich der Erfolgsaussicht ist den Vorbemerkungen der Richtlinien für die Wartelisten zu entnehmen, dass bei der Entscheidung über die Aufnahme auf die Warteliste für eine Organtransplantation abzuwägen ist, ob die individuelle medizinische Gesamtsituation des Patienten einen längerfristigen Transplantationserfolg erwarten lässt, wobei auch eventuell zu erwartende schwerwiegende operativ-technische Probleme zu berücksichtigen sind. Hinsichtlich der Herz- und Lungentransplanta-

---

634 In der Anlage 3 finden sich die Entwürfe bzgl. der Richtlinien für die Warteliste und zur Organvermittlung thorakaler Spenderorgane.
635 Eine ausführliche Zusammenfassung der Richtlinien für die Wartelisten und für die Organvermittlung geben *Schreiber/Haverich*, DÄ 2000, S. 307 f.

tion heißt es zusätzlich, dass im Rahmen der Evaluation zur Transplantation durch geeignete standardisierte Untersuchungen der zu erwartende medizinische Nutzen bezüglich Lebensdauer und Lebensqualität für den Patienten ermittelt und begründet wird.

Es findet also eine Risiko-Nutzen-Abwägung statt. Dass an den individuellen Nutzen keine übersteigerten Anforderungen gestellt werden sollen, zeigen zumindest für die Lebertransplantation die Ausführungen bei der Darstellung der möglichen Indikationen. Dort heißt es, dass bei der Lebertransplantation Patienten dann auf die Warteliste aufgenommen werden, wenn die Überlebenswahrscheinlichkeit mit Transplantation größer ist als ohne. Die Verwirklichung eines minimalen Erfolges wird als ausreichend angesehen. Der Notwendigkeit der Transplantation kommt insoweit größeres Gewicht zu.

Als Gründe für die Ablehnung einer Aufnahme in die Warteliste werden Krankheiten angeführt, die einen Transplantationserfolg kurz- oder längerfristig gefährden. Bei nicht kurativ zu behandelnden bösartigen Erkrankungen, klinisch manifesten Infektionserkrankungen, HIV-Infektionen und schwerwiegenden Erkrankungen anderer Organe sind generell keine Erfolge zu erwarten. Mit der Aufnahme von bestehendem schweren Nikotin-, Alkohol- oder sonstigem Drogen-Abusus oder „unzureichender Compliance" als derzeitigen weiteren, aber vermeidbaren Kontraindikationen wird die Eigenverantwortung des potenziellen Organempfängers für einen möglichst langfristigen Transplantationserfolg deutlich. Bei der Beurteilung der Kontraindikationen soll stets der körperliche und seelische Gesamtzustand eines Patienten gewürdigt und eingeschätzt werden.

Die Berücksichtigung des Compliance-Kriteriums auf der ersten Stufe begegnet Bedenken. Im vierten Kapitel wurde dargestellt, dass dieses Kriterium auf der ersten Selektionsstufe nur dann ausschlaggebend sein kann, wenn der sichere Misserfolg einer Transplantation prognostizierbar ist. Nach der hier vertretenen Auffassung spielt das Compliance-Kriterium erst auf der Vermittlungsebene eine Rolle. Auch nach den Einbecker Empfehlungen der DGMR[636] soll das Compliance-Kriterium erst dann berücksichtigt werden, wenn aufgrund der rein körperlichen Befunde mehrere mögliche Empfänger gleich gut geeignet sind.

Die Richtlinien sehen nun eine Berücksichtigung aber schon auf der ersten Selektionsstufe vor, und zwar nicht im Sinne einer absoluten Ungeeignetheit, sondern generell im Sinne einer unzureichenden Com-

---

636 DGMR, Einbecker Empfehlungen, MedR 1998, S. 532 Nr. 9.

pliance.⁶³⁷ Das mag seinen Grund darin haben, dass hinsichtlich der zweiten Selektionsstufe einem formalisierten Verfahren der Vorzug gegeben wurde, man aber auf das Compliance-Kriterium nicht gänzlich verzichten wollte, und es bei einem formalisierten Verfahren auf der Vermittlungsebene nur noch auf der ersten Stufe zur Geltung kommen kann. Da das Compliance-Kriterium der Einschätzung des Arztes unterliegt, besteht ein hoher Grad ärztlicher Verantwortung bei der Entscheidung zur Aufnahme in die Warteliste. Die nicht vorgesehene Beteiligung von Ärzten bei der Erarbeitung der Richtlinien für die Regeln zur Aufnahme in die Warteliste zeigt jedoch, dass ärztliche Eigenmächtigkeit auf der ersten Selektionsstufe ausgeschlossen sein sollte, da dies die Versagung einer Behandlungschance zur Folge hätte. Die Verantwortung des Einzelnen heranzuziehen, deckt sich mit der Feststellung, dass ärztliches Handeln ergebniskonsequentialistischen Entscheidungsregeln folgt und stellt so einen Ausgleich zu den formalisierten Auswahlkriterien dar, der aber erst auf der Vermittlungsstufe angezeigt ist. Im Sinne einer nicht unangemessenen Einschränkung der Zugangsvoraussetzung sind die Anforderungen nicht zu überspannen.

Zudem bietet die Berücksichtigung des Compliance-Kriteriums auf der ersten Stufe Anlass zu gerichtlicher Auseinandersetzung, wenn einem Patienten unzureichende Compliance attestiert wird, und er deshalb keinen Platz auf der Warteliste erhält. Durch die Zulassung eines Ermessensspielraums werden prozessuale Schritte provoziert, die hier vermieden werden können.

Hinsichtlich des Erfordernisses des Fehlens eines schweren Nikotin-, Alkohol- oder Drogen-Abusus⁶³⁸ bringen die Richtlinien dagegen zum Ausdruck, dass insoweit eine sichere Prognose hinsichtlich des Misserfolgs existieren muss.

Am Schluss der Richtlinien für die Warteliste wird jeweils festgestellt, dass nach Beratung durch eine Ethikkommission klinische Studien und damit Abweichungen von den Richtlinien möglich sind, um die Weiterentwicklung der Transplantationsmedizin zu fördern.

Bei den Regeln zur Organvermittlung werden sowohl Erfolgsaussicht als auch Dringlichkeit anteilmäßig berücksichtigt. Diese Kriterien können gegenläufig sein, so dass eine Gewichtung der Kriterien in Prozentsätzen gewählt wurde, die ein ausgewogenes Verhältnis an Transplantationen bei weniger dringlichen Patienten und großer Erfolgsaussicht und besonders dringlichen Patienten mit geringerer Erfolgsaussicht erreichen

---

637 Im Entwurf war die Formulierung „eingeschränkte Compliance" gewählt worden.
638 Der Entwurf sprach vom Bestehen einer aktiven Sucht.

soll. Hinzu kommt die hohe Dringlichkeit für Patienten mit lebensbedrohlicher Situation. Grundlegende Voraussetzung für die Transplantation jedweden Organs ist die Blutgruppenkompatibilität.

Auf der Vermittlungsebene wird der Erfolg als Überleben des Empfängers, die längerfristig gesicherte Transplantatfunktion sowie die verbesserte Lebensqualität definiert. Die Erfolgsaussichten sind für jedes Organ und auch innerhalb definierter Patientengruppen verschieden.

Bei der Niere wird der Grad der Übereinstimmung der HLA-Merkmale mit bis zu 40 Prozent gewichtet, da die HLA-Übereinstimmung einen längerfristigen Transplantationserfolg erwarten lässt. Die Mismatch-Wahrscheinlichkeit wird mit zehn Prozent angesetzt. Indiz für die steigende Dringlichkeit ist die Wartezeit, die mit dem ersten Tag der Nierenersatztherapie (Dialyse) beginnt und bis zu sechs Jahren mit 30 Prozent bewertet wird. Mit 20 Prozent findet die Ischämiezeit Berücksichtigung. Sie soll wegen der bei möglichster Kürze besseren Erfolge mit diesem Faktor zur Geltung kommen, wenn Organentnahme und Organübertragung in der gleichen Region erfolgen können.

Im Vergleich zur früheren Praxis fällt auf, dass die Gewichtung der Kriterien HLA-Kompatibilität und Mismatch-Wahrscheinlichkeit beibehalten wurde, während die Wartezeit jetzt stärker gewichtet wird als die Ischämiezeit. Früher war die Gewichtung dieser beiden Faktoren genau umgekehrt. Aufgrund der ebenfalls chancenausgleichenden Funktion des Wartezeitkriteriums ist diese Gewichtung unter Gerechtigkeitsaspekten aber angemessen.

Die Praxis, dass „full-house"-Empfänger bevorzugt behandelt werden, wird aufgegeben. Die Sonderprogramme (HIT, AM, Kinder) sowie die bevorzugte Berücksichtigung von HU-Patienten werden dagegen beibehalten.

Bei der Leber werden vier Dringlichkeitsstufen gebildet. Innerhalb der HU-Patienten, die der Dringlichkeitsstufe I zugerechnet werden, wird zunächst die Ischämiezeit und danach die Wartezeit berücksichtigt. Für Patienten der Stufen III und IV sollen zwei Drittel der verfügbaren Organe zur Verfügung stehen. Die Wartezeit mit 40 Prozent und die Konservierungszeit mit 20 Prozent sind innerhalb dieser Stufen zu berücksichtigen. Für die Aufnahme in die Dringlichkeitsstufen I und II wird bei der Vermittlungsstelle eine Auditgruppe gebildet.

Beim Herzen und bei der Lunge wird innerhalb der HU-Patienten zunächst die Ischämiezeit und danach die Wartezeit berücksichtigt. Im Übrigen werden beim Herzen und bei der Lunge die Wartezeit mit 80 Prozent sowie die Konservierungszeit mit 20 Prozent berücksichtigt. Größe und Gewicht des Organs sind nicht ausschlaggebend.

Das Allokationsmodell Herz, das ausschließlich die konkrete Verteilung der zur Verfügung stehenden Organe vorsah, legte ebenfalls die Faktoren Wartezeit und Konservierungszeit zugrunde, gewichtete sie aber anders. Den Faktoren Distanz und Wartezeit kam noch das gleiche Gewicht zu. Im HU-Bereich erfolgte ebenfalls eine Berücksichtigung des Distanzfaktors.

Während in den Einbecker Empfehlungen der DGMR[639] das Wartezeitkriterium mehr der Erfolgsaussicht zugeordnet wird, rechnen die Richtlinien die Wartezeit jeweils dem Dringlichkeitsfaktor zu. Die Wartezeit wird bei allen Organen als Indikator für Dringlichkeit eingestuft.

Die daneben bestehende chancenausgleichende Funktion des Wartezeitkriteriums wird durch die Begrenzung der Wartezeit beschränkt, was angesichts der Korrekturfunktion insoweit nicht zu beanstanden ist. Überdies ist bzgl. der Organe Herz und Lunge fraglich, ob nach einer Wartezeit von 720 Tagen eine Transplantation überhaupt noch notwendig ist.

Da die Wartezeit in Tagen berechnet wird, kann der Fall eintreten, dass eine minimale Wartezeitdifferenz entscheidet. Hinsichtlich diesbezüglicher Bedenken wird auf die Ausführungen im vierten Kapitel unter 5.1 verwiesen. Es wäre zu überlegen, ob nicht ein degressives Modell mit nicht linearer Gewichtung vorzuziehen ist. Darüber hinaus verträgt sich die Tatsache, dass die Wartezeit automatisch angerechnet wird, nicht mit der Vermutung, dass erst eine längere Wartezeit Einfluss auf den Erfolg nimmt bzw. zu einer gravierenden Verschlechterung des Gesundheitszustandes führt.[640] Diesbezüglich soll aber eine prospektive Analyse der Wartezeit und deren Einfluss auf die Prognose aller Patienten stattfinden.

Die DGMR[641] spricht sich in ihren Einbecker Empfehlungen dafür aus, dass die Ischämiezeit nicht generell berücksichtigungsfähig sein soll. Die Richtlinien hingegen lassen die Ischämiezeit für jedes Organ zu. Die Gewichtung ist im Verhältnis zu den anderen Faktoren gering. Die noch im *Wujciak*-Modell für die Niere stärker vorgesehene Gewichtung für das regionale Spenderaufkommen wird zugunsten einer stärkeren Gewichtung der Wartezeit abgeschwächt. Auffällig ist jedoch, dass bei allen Organen jeweils der gleiche Prozentsatz für die Konservierungszeit angesetzt wird, obwohl die Aufbewahrungszeiten für die Organe Herz, Leber und Lunge deutlich kürzer als für die Niere sind.

---

639 DGMR, Einbecker Empfehlungen, MedR 1998, S. 532 Nr. 10.
640 S. auch DGMR, Einbecker Empfehlungen, MedR 1998, S. 532 Nr. 10.
641 DGMR, Einbecker Empfehlungen, MedR 1998, S. 532 Nr. 11.

Schreiber/Haverich[642] sind der Ansicht, dass für jedes Organ das relative Gewicht von Dringlichkeit, Wartezeit und Ischämiezeit (in Prozent) so vorgegeben worden sei, dass nach Umsetzung in ein Punktesystem mittels elektronischer Datenverarbeitung ein ausgewogener Algorithmus zur Allokation entsprechend der gesetzlichen Vorgaben „Dringlichkeit und Erfolgsaussicht" zu erwarten sei.

Bei Betrachtung der Gewichtung der einzelnen Faktoren wird deutlich, dass dem Dringlichkeitsfaktor bei den Organen Herz, Lunge und Leber eine größere Bedeutung zukommt als dem Erfolgsfaktor, während bei der Niere durch den Prozentsatz von 40 hinsichtlich der Übereinstimmung der HLA-Merkmale das Kriterium der Erfolgsaussicht am stärksten zählt. Dies erklärt sich vor allem aus der Tatsache, dass nur hinsichtlich der Niere eine Ersatztherapie zur Verfügung steht. Der Wartezeit beim Herzen und bei der Lunge, die noch mehr als bei der Niere Indikator für Dringlichkeit ist, kommt ein sehr hoher Prozentsatz zu. Warum das Kriterium der Erfolgsaussicht beim Herzen und bei der Lunge aber so weit zurückgedrängt wurde, dass sich die Vergabe aufgrund medizinischer Daten lediglich an der Blutgruppenkompatibilität orientiert und Größe und Gewicht des Organs nicht ausschlaggebend sind, ist nicht ganz nachzuvollziehen. Bei Leber und Lunge ist der Verzicht auf diese Erfordernisse noch damit zu begründen, dass sie durch Zuschnitt verkleinert werden können.

Aufgrund des übermäßigen Einflusses des Dringlichkeitsfaktors bei den Organen Herz, Lunge und Leber blieb hinsichtlich der Ischämiezeit, die dem Erfolgsfaktor zugerechnet wird, nur eine verhältnismäßig geringe Gewichtung übrig. Für die Berücksichtigung der Ischämiezeit ist in den Richtlinien aber ausdrücklich eine Überprüfung innerhalb von zwei Jahren im Rahmen der Qualitätssicherung vorgesehen. Dies zeigt die derzeit noch bestehende Unsicherheit bezüglich der Gewichtung dieses Kriteriums.

Die Ständige Kommission Organtransplantation der Bundesärztekammer hat eine generelle Prüfung der Richtlinien nach einem Jahr beschlossen.

Der Frage, wann die Änderung eines Allokationsmodells angezeigt ist, wird im nächsten Kapitel nachgegangen.

---

642 *Schreiber/Haverich*, DÄ 2000, S. 308.

Sechstes Kapitel:
Stabilität eines Allokationssystems

Die Darstellung der Probleme der Studienplatzvergabe bei Numerusclausus-Fächern hat gezeigt, wie mühsam der Weg zu einem gerechten Auswahlsystem ist. Auch die vor Inkrafttreten des TPG angewandten Verteilungssysteme wurden sowohl hinsichtlich der Zulassung von Faktoren als auch deren Gewichtung mehrmals geändert.[643] Gerade diese häufige Änderung der Allokationsmodelle zeigt, wie schwierig es ist, ein gerechtes Verteilungssystem für die Organvergabe zu entwickeln. Da zudem die Erkenntnisse der medizinischen Wissenschaft einem ständigen Wandel unterliegen, der zur jeweiligen Anpassung der Regeln für die Aufnahme auf die Warteliste und die Vermittlungsentscheidung führen muss, stellt sich die Frage, von welchem Zeitpunkt an überlegt werden muss, die Allokationskriterien bzw. ihre Gewichtung zu variieren. Es geht damit letztlich um die Frage der Verschiebung von Standards.

1 Veränderung von Standards in der Medizin

Ein in der Medizin bekanntes Prinzip zur Veränderung von Standards ist das der klinischen Prüfung von Arzneimitteln.

1.1 Die klinische Prüfung von Arzneimitteln

Bei der klinischen Prüfung von Arzneimitteln findet im Gegensatz zur Standardbehandlung ein Versuch statt, der aber möglicherweise dazu beiträgt, einen neuen Standard zu finden. Den Stand der Wissenschaft hinter sich zu lassen, ist schließlich die Aufgabe der wissenschaftlichen Forschung.[644]

Die Erprobung von Arzneimitteln unterliegt aber Beschränkungen. Wann die Erprobung von Arzneimitteln abgebrochen werden muss, ergibt sich aus den §§ 40 f. AMG, die den Schutz des Menschen bei der klinischen Prüfung regeln. Die Vorschriften nennen die Vorbedingungen der klinischen Prüfung, die definiert werden kann als wissenschaftliche

---

643 *Gubernatis*, in: Ausschuss-Drs. 599/13, S. 74; *Heuer/Conrads*, MedR 1997, S. 198; allein von Januar 1997 bis Januar 1998 wurden die Regeln für die Nierenverteilung neunmal geändert bzw. neu definiert, *Gubernatis/Kliemt*, Transplantationsmedizin 1999, S. 7.
644 Vgl. *Deutsch*, a.a.O., Rdnr. 525.

Untersuchung bei Menschen, die zur Verträglichkeit und zum Wirksamkeitsnachweis eines neuen Arzneimittels oder eines neuen Wirkstoffes vor der Zulassung zwingend notwendig ist.[645] Auf die klinische Prüfung kann als Voraussetzung für die Zulassung eines Arzneimittels nicht verzichtet werden, da aus den Versuchen am Tier und im Labor nicht ohne weiteres auf eine entsprechende Wirkung am Menschen geschlossen werden kann, und auch eine nachgewiesene Wirkung am Menschen vorhanden sein muss, um im Falle der Krankheit, gegebenenfalls bei einem großen Personenkreis, Arzneimittel mit Erfolg anwenden zu können.[646]

Es wird zwischen wissenschaftlicher Forschung an sich (§ 40 AMG) und Heilversuchen (§ 41 AMG) unterschieden, wobei Heilversuche privilegiert sind. Sie dienen wenigstens möglicherweise der Gesundheit jener Patienten, die am Versuch beteiligt sind.[647] Wissenschaftliche Experimente sind solche, die der Gesundheit des Probanden nicht oder nicht unmittelbar nutzen.[648]

§ 40 AMG normiert die allgemeinen Grundsätze einer klinischen Prüfung. § 41 AMG regelt als die spezielle Norm die Voraussetzungen der klinischen Prüfung am Kranken.

Beim wissenschaftlichen Experiment müssen die Risiken, die mit der klinischen Prüfung für die Person verbunden sind, gemessen an der voraussichtlichen Bedeutung des Arzneimittels für die Heilkunde ärztlich vertretbar sein, § 40 Abs. 1 S. 1 Nr. 1 AMG. Die Gefahr für den Probanden und der mögliche Nutzen für die medizinische Wissenschaft und die Forschung und damit für die Gesellschaft sind also abzuwägen. Ein wissenschaftliches Experiment ist abzubrechen, wenn die Gefahr für den Probanden über das erwartete Maß hinaus steigt.[649]

Die klinische Prüfung am Kranken ist nur gestattet, wenn Anhaltspunkte dafür vorhanden sind, dass das zu prüfende Mittel sein Leben rettet, seine Gesundheit wiederherstellt oder sein Leiden erleichtert, § 41 Nr. 1 AMG. Voraussetzung der Zulässigkeit von Heilversuchen ist also vor allem ein angemessenes Verhältnis von Vorteil und Gefahr für die Person des Patienten, § 41 Nr. 1 i.V.m. § 40 Abs. 1 S. 1 Nr. 1 AMG. Ausgangspunkt ist dabei die Schwere der Krankheit und ihre Heilungsaussicht.[650]

---

645 *Schiwy*, Deutsches Arzneimittelrecht, Arzneimittelgesetz, Kommentar, Allgemeines zu § 40.
646 *Schiwy*, a.a.O., Allgemeines zu § 40.
647 *Deutsch*, a.a.O., Rdnr. 539.
648 *Deutsch*, a.a.O., Rdnr. 559.
649 *Deutsch*, a.a.O., Rdnr. 559.
650 *Deutsch*, a.a.O., Rdnr. 540.

Eine Studie ist grundsätzlich abzubrechen, wenn sich ein im Prüfplan enthaltenes Abbruchkriterium verwirklicht, eine vergleichbare Ungewissheit nicht mehr besteht oder sich das vorausgesetzte Verhältnis von Vorteil und Gefahr grundlegend verschiebt. Das kann der Fall sein, wenn das Risiko für die Mitglieder der Testgruppe zu groß geworden ist oder wenn an der Testgruppe derart gute Ergebnisse erzielt werden, dass nunmehr die Gefahr für die Teilnehmer in der Kontrollgruppe zu hoch wird.[651]

Nun heißt es in den Richtlinien für die Wartelisten jeweils, dass hinsichtlich der Weiterentwicklung der Kriterien für die Aufnahme in die Warteliste von den Richtlinien im Rahmen eines Heilversuchs ausnahmsweise abgewichen werden kann.

Auch bei der Verfahrensweise hinsichtlich der Organvermittlung bei Nieren kann zur Überprüfung neuer Entwicklungen und Möglichkeiten der Organ-Allokation für einen begrenzten Zeitraum von den Richtlinien abgewichen werden.[652]

Ein neuer Standard zeichnet sich z.B. ab, wenn aufgrund der im Rahmen des Heilversuchs erzielten Ergebnisse beispielsweise eine Erweiterung der Indikationsstellung für eine Transplantation in Betracht gezogen werden muss oder speziell bei der Niere ein Einfluss der HLA-Kompatibilität auf den Erfolg einer Transplantation deutlicher als bisher von dem überwiegenden Teil der Mediziner angenommen zu Tage tritt oder umgekehrt ein solcher Einfluss nicht begründet werden kann.

Eine Möglichkeit der Abweichung von den Richtlinien ist dagegen hinsichtlich der Organe Herz, Leber und Lunge nicht vorgesehen. Bei der Verfahrensweise hinsichtlich der Organvermittlung ist insoweit in den Richtlinien festgehalten, dass die Regeln der Organ-Allokation regelmäßig auf ihre Validität zu überprüfen sind und auf der Grundlage der Qualitätssicherung jährlich zu klären ist, ob die Entwicklung der medizinischen Wissenschaften eine Änderung der Kriterien oder ihrer Gewichtung erforderlich macht. Hinsichtlich aller Organe heißt es, dass die Gewichtung der Allokationsfaktoren fortlaufend gemäß dem Stand der medizinischen Wissenschaft überprüft und angepasst wird.

---

651 *Deutsch*, a.a.O., Rdnr. 550, 555; zur Überwachung eines kontrollierten klinischen Versuchs werden in der Regel wenigstens zwei Gruppen gebildet: die Mitglieder der Testgruppe werden nach einer neuen Methode behandelt, den Mitgliedern der Kontrollgruppe wird entweder die Standardbehandlung zuteil oder sie erhalten nur ein Placebo, *Deutsch*, a.a.O., Rdnr. 529.
652 S. Anlage 4.

Bei der Herz-, Herz-Lungen- und Lungentransplantation wird herausgestellt, dass die Wartezeit und deren Einfluss auf die Prognose aller Patienten auf der bundeseinheitlichen Warteliste prospektiv analysiert, die Anwendbarkeit der HLA-Kompatibilität als Vergabekriterium, die derzeit aus Zeitgründen nicht genutzt werden kann, und die Abhängigkeit der tatsächlichen kalten Ischämiezeit von der räumlichen Entfernung überprüft wird. Hinsichtlich der Ischämiezeit ist bei allen Organen ausdrücklich eine Überprüfung innerhalb von zwei Jahren festgeschrieben.

Während also bei den Organen Herz, Leber und Lunge eine jährliche Klärung auf der Grundlage der Qualitätssicherung hinsichtlich der Wahl der Kriterien und deren Gewichtung vorgesehen ist, erfolgt zudem – und dies gilt auch für die Niere – hinsichtlich der Gewichtung der Kriterien eine fortlaufende Überprüfung. Daraus kann gefolgert werden, dass insoweit generell und spätestens nach einem Jahr eine Überprüfung stattfinden muss. Wie auch bei der Durchführung von Heilversuchen können aber Hinweise auf veränderte Erkenntnisse der medizinischen Wissenschaft schon vorher vorliegen, so dass sich die Frage stellt, wann ein Wandel der Erkenntnisse der medizinischen Wissenschaft beachtet werden muss. Insoweit kann möglicherweise eine Analyse der arzthaftungsrechtlichen Literatur hinsichtlich der Verschiebung von Standards Hinweise geben.

1.2 Berücksichtigung von veränderten Standards in der medizinischen Praxis

Angesichts der rasanten Entwicklung der medizinischen und ärztlichen Erkenntnisse und Methoden stellt sich die Frage, wann der Arzt neue Diagnose- und Behandlungsmethoden zu kennen hat, und unter welchen Voraussetzungen er sie anwenden darf oder sogar muss. Die Rechtsprechung[653] lehnt es ab, einen Zeitpunkt zu bestimmen, von dem an neue Erkenntnisse in der Praxis zu beachten sind. Sie hat aber klargestellt, dass diese Frage „im Wesentlichen unter rechtlichen Gesichtspunkten" zu beurteilen ist.

Die Meinung eines gerichtlich bestellten ärztlichen Sachverständigen, mit Bekanntsein neuer wissenschaftlicher Erkenntnisse dürfe in der Praxis erst etwa zwei Jahre nach ihrer Veröffentlichung gerechnet werden, hat der BGH nicht gebilligt.[654] Ein Zeitraum von fünf bis zehn Jahren,

---

653 BGH NJW 1976, S. 2344.
654 Vgl. AHRS 1220/25.

wie er von ärztlicher Seite teilweise als „Durchsetzperiode" für neue Behandlungsmethoden postuliert wird, kann damit erst recht nicht akzeptiert werden.[655]

Andererseits wurde die Ansicht des OLG Koblenz[656] vom BGH gebilligt, nach der es in der Natur der Sache liege und nicht zu vermeiden sei, dass die im Normalfall von einem Arzt zu erwartenden Erfahrungen und Kenntnisse in aller Regel einige Jahre dem Erfahrungsschatz führender Kliniken nachhinken. Das OLG Düsseldorf[657] hat wiederum festgestellt, dass an die Fortbildungspflicht des Arztes strenge Anforderungen zu stellen sind und dem praktizierenden Arzt grundsätzlich keine längere Karenzzeit bis zur Aufnahme der wissenschaftlichen Diskussion zugebilligt werden kann.

Die Rechtsprechung[658] hat immer wieder betont, dass es einen Wettlauf um die jeweils neueste Behandlungsmethode nicht geben darf; sie muss nicht benutzt werden. Nur wenn es neue Methoden gibt, die risikoärmer sind und/oder bessere Heilungschancen versprechen und in der medizinischen Wissenschaft im Wesentlichen unumstritten sind, müssen sie angewendet werden. Auch bei Besonderheiten des Falles oder ernsthafter Kritik an der hergebrachten Methode, ist ein Abweichen vom festgelegten Standard und eine Aufgeschlossenheit gegenüber neuen Entwicklungen angezeigt.[659] Das Haftungsrecht darf den medizinischen Fortschritt nicht hindern.[660] Bei der erstmaligen Erwähnung auf einem Kongress und anschließender Publikation möglicher Nebenwirkungen eines Medikaments kann dem Arzt jedoch bei Unkenntnis noch kein Vorwurf gemacht werden.[661] Erst bei „ersten klaren Hinweisen" auf das Risiko einer Therapie wird eine Beachtung verlangt.[662]

Der Arzt muss nicht alle medizinischen Veröffentlichungen alsbald kennen und beachten, er muss jedoch die einschlägigen Fachzeitschriften seines Gebietes regelmäßig und zeitnah studieren.[663] Ob er auch zur Lektüre ausländischer Fachzeitschriften verpflichtet ist, hat der BGH

---

655 Vgl. dazu *Giesen*, a.a.O., Rdnr. 83.
656 OLG Koblenz, AHRS 1220/19.
657 OLG Düsseldorf, VersR 1987, S. 415; *Steffen*, a.a.O., S. 49; *Giesen*, a.a.O., Rdnr. 77 ff.
658 BGH, AHRS 2305/21; BGH, AHRS 2305/12 = BGH, VersR 1988, S. 179 = NJW 1988, S. 763; vgl. auch *Giesen*, a.a.O., Rdnr. 74, 82.
659 *Wilts/Kleinewefers*, Die zivilrechtliche Haftung des Arztes, S. 32; BGH, VersR 1957, S. 336 ff.; *Giesen*, a.a.O., Rdnr. 82; BGH, NJW 1978, S. 584.
660 *Steffen*, a.a.O., S. 45.
661 OLG Hamm, AHRS 1220/28.
662 OLG Düsseldorf, AHRS 1220/25.
663 *Giesen*, a.a.O., Rdnr. 77.

noch nicht entschieden.[664] Für das Jahr 1953 hat er von einem deutschen Arzt nicht verlangt, dass er schädigende Auswirkungen bestimmter Behandlungsmaßnahmen, über die bisher nur in der amerikanischen ärztlichen Literatur berichtet wurde, kennt.[665] Für den Fall, dass ein Arzt wegen seiner Spezialkenntnisse mit einem Gutachten beauftragt wird, hat das OLG Stuttgart[666] jedoch entschieden, dass er sich über die öffentlichen Verlautbarungen des Bundesgesundheitsministeriums und der WHO für sein Fachgebiet auf dem Laufenden halten und organisatorische Maßnahmen treffen muss, damit ihm wissenschaftliche Erkenntnisse auf diesem Fachgebiet alsbald zugänglich gemacht werden und ihn auch die in weiteren Kreisen verstandene fremdsprachige Literatur erreicht.

1.3 Beachtung von veränderten Standards bei noch nicht geänderten Richtlinien

Zuletzt ist die Frage zu klären, wie zu verfahren ist, wenn sich herausstellt, dass die Kriterien nicht mehr dem aktuellen Stand der Erkenntnisse der medizinischen Wissenschaft entsprechen, eine Anpassung aber noch nicht vorgenommen worden ist.

Im Arzneimittelrecht stellt sich in solchen Fällen die Frage, ob das Bundesgesundheitsamt über die in den Arzneimittelprüfrichtlinien festgelegten Anforderungen hinausgehen darf, wenn die Arzneimittelprüfrichtlinien aufgrund nicht rechtzeitiger Anpassung durch den Bundesminister für Jugend, Familie und Gesundheit an den Stand der wissenschaftlichen Erkenntnisse diesem nicht mehr entsprechen.

Zum Teil wird die Ansicht vertreten, dass sich das Bundesgesundheitsamt nicht eigenmächtig über die vom Bundesminister für Jugend, Familie und Gesundheit festgelegten Standards der Arzneimittelprüfrichtlinien hinwegsetzen könne, da es für Änderungen der Richtlinie nicht zuständig sei und ein Ansetzen höherer Anforderungen insofern einen Eingriff in die Änderungskompetenz des Bundesministers bedeuten würde.[667] Das Bundesgesundheitsamt müsste statt dessen zunächst den Bundesminister zu einer Neufassung der Arzneimittelprüfrichtlinien veranlassen, um die Transparenz der Beurteilungskriterien für die Zulassungsentscheidung zu erhalten.[668]

---

664 *Pelz*, a.a.O., S. 45.
665 BGH, AHRS 1220/12.
666 OLG Stuttgart, AHRS 1220/41.
667 *Fiebig*, DÄ 1978, S. 1267.
668 *Müller-Römer*, a.a.O., S. 288 f.

Dagegen wird eingewendet, dass Richtlinien eben auch nur als solche aufgefasst werden können, sie bildeten einen allgemeinen Rahmen, innerhalb dessen im Einzelfall – nach Maßgabe wissenschaftlicher Erkenntnisse – variabel zu verfahren sei.[669] Sie seien nicht im strengen Sinne rechtsverbindlich, auch wenn ein Gericht in aller Regel den Inhalt der Richtlinien als den Stand der wissenschaftlichen Erkenntnisse ansehen wird.[670] Bei überragend neuen und als sicher anzusehenden wissenschaftlichen Erkenntnissen könne eine Prüfung nach der neuesten Methode verlangt werden.[671]

Dann, wenn die Anforderungen der Arzneimittelprüfrichtlinien deutlich hinter dem Stand der wissenschaftlichen Erkenntnisse zurückbleiben, weil eine rechtzeitige Anpassung nicht stattgefunden hat, oder wenn der pharmazeutische Unternehmer neue Vorschläge für die Prüfungen unterbreitet, hat das Bundesgesundheitsamt hierüber in eine Diskussion mit dem Antragsteller einzutreten.[672] Im Interesse der Arzneimittelsicherheit (§ 1 AMG) ist als Ergebnis dieser Diskussion auch eine Abweichung des Bundesgesundheitsamtes von den in den Arzneimittelprüfrichtlinien festgelegten Prüfstandards in Form strengerer Anforderungen zu akzeptieren. Das AMG gewährt keinen Vertrauensschutz in den Fortbestand überholter Prüfmethoden.[673]

2 Ergebnis

Im TPG bilden die Richtlinien eine verbindliche Grundlage für die im Vertrag nach § 12 Abs. 4 TPG mit der Vermittlungsstelle zu vereinbarenden Regeln.[674]

Die BÄK ist bei Hinweisen auf neue wissenschaftliche Erkenntnisse verpflichtet, über eine Änderung der Richtlinien zu beraten. Da weder § 10 Abs. 2 Nr. 2 noch § 12 Abs. 3 S. 1 TPG einen *gesicherten* Stand der Erkenntnisse der medizinischen Wissenschaft fordern, muss man sich schon relativ früh mit den neu aufkommenden Meinungen auseinandersetzen und entscheiden, ob man am festgelegten Standard festhalten oder einen neuen Standard festschreiben möchte. Angesichts der Komplexität

---

669 *Plagemann*, a.a.O., S. 125.
670 *Hasskarl*, DÄ 1979, S. 165.
671 *v. Heymann*, DAZ 1974, S. 1903.
672 *Plagemann*, a.a.O., S. 130 ff.
673 *Plagemann*, a.a.O., S. 119.
674 DGMR, Einbecker Empfehlungen, MedR 1998, S. 532 Nr. 6.

des Regelungsgegenstandes ist von einer ständigen Beobachtungspflicht auszugehen.

Während bei einer erstmaligen Erwähnung noch nicht sofort gehandelt werden muss, sollte spätestens bei wiederkehrenden Hinweisen mit dem Verfahren begonnen werden, zumal dieses aufgrund der vielen Beratungen mit den unterschiedlichen Personenkreisen ohnehin einige Zeit in Anspruch nehmen wird. Ein frühzeitiges Reagieren setzt voraus, dass eine ständige Information über die aktuellen Entwicklungen stattfindet. Da die BÄK wegen ihrer Sachkunde für die Richtlinien zuständig ist, kann verlangt werden, dass sie auch die Forschungsergebnisse im Ausland beobachtet. Sollte man sich schließlich zu einer Änderung der Richtlinien entschließen, ist auch der Vertrag mit der Vermittlungsstelle zu ändern. Solange gilt der Vertrag mit den ehemaligen Richtlinien weiter. Eine Übergangsfrist zur Umstellung, d.h. die Wahl, die neuen oder alten Kriterien zugrunde zu legen, kann es aufgrund der Pflicht, Verträge einzuhalten sowie aus Transparenzgründen nicht geben.

Man sollte sich aber deutlich machen, dass Verbesserungen bzw. Änderungen eines Systems an der Situation an sich nichts ändern. Es erschöpft sich letztlich im Auswechseln von jeweils begünstigten Bewerbergruppen.[675] Bei der Vergabe verknappter unteilbarer Güter kann jedes Auswahlsystem nur einem Teil der Bewerber reale Aussichten eröffnen.[676]

---

675 Vgl. BVerfGE 43, 291, 325.
676 Vgl. BVerfGE 33, 303, 332.

Siebentes Kapitel:
Xenotransplantation

Die medizinische Forschung sucht nach Alternativen, um den Engpass an verfügbaren Organen zu umgehen. Eine Möglichkeit besteht darin, Organe von Tieren in den Menschen zu verpflanzen (Xenotransplantation). In Deutschland fanden bislang keine Xenotransplantationen von Organen oder lebendem Gewebe statt.[677] Insbesondere in den U.S.A. und Großbritannien werden erhebliche Ressourcen für die Entwicklung der Xenotransplantation aufgewandt.[678]

Ob und unter welchen Bedingungen Patienten Xenotransplantate akzeptieren würden, hängt jedoch nicht nur von wissenschaftlichen Fakten, sondern auch von psychologischen Faktoren ab. Eine Studie, die die Einstellung von Patienten gegenüber der Transplantation xenogener Organe – im Vergleich zu allogenen Organen – analysierte und untersuchte, durch welche Faktoren die Einstellungen vor allem beeinflusst werden, kam zu folgendem Ergebnis.[679] Falls die Ergebnisse der Xenotransplantation denen mit Allotransplantaten vergleichbar wären, würden 77 % der Patienten ein Xenotransplantat akzeptieren, während 7 % dies ablehnen würden; die Übrigen waren unentschlossen. Falls eine intensivere immunsuppressive Therapie mit einem erhöhten Risiko von Nebenwirkungen erforderlich wäre, würden immer noch 58 % der Patienten Xenotransplantate prinzipiell akzeptieren. 23 % der Patienten erwarten eine deutliche oder starke emotionale Belastung durch ein Xenotransplantat im Vergleich zu 3 % beim Allotransplantat.

Das Hauptproblem der Xenotransplantation ist – wie bei allen anderen Transplantationen auch – die Immunsuppression, d.h. die Unterdrückung bzw. Minimierung der natürlichen Immunabwehr des Menschen gegen das Tierorgan.[680] Das Problem tritt im Vergleich zur Allotransplantation hier verstärkt auf, da Spender und Empfänger nicht derselben Spezies angehören.[681] Bislang gelang es nur unter Einsatz großer

---

677 BÄK, DÄ 1999, S. 1542.
678 *Sahm*, FAZ vom 6. Oktober 1999, S. N 2; mit den ethischen Problemen der Xenotransplantation beschäftigen sich *Beckmann*, Transplantationsmedizin 1999, S. 131 ff. und *Blumer*, Transplantationsmedizin 1999, S. 141 ff.; vgl. dazu auch BÄK, DÄ 1999, S. 1545.
679 S. i.E. *Schlitt* u.a., Transplantationsmedizin Supplement 1998, S. 83 f.
680 *Feuerstein*, a.a.O., S. 102 f.; *Ach*, Ersatzteillager Tier, S. 297.
681 *Vesting/Müller*, MedR 1996, S. 204.

Dosen an Immunsuppressiva das übertragene Transplantat für relativ kurze Zeit im Empfängerorganismus funktionsfähig zu halten und Abstoßungsreaktionen zu unterdrücken.[682] In den vergangenen Jahren versuchte man, transgene Schweine zu züchten, indem man für den Komplex der Histokompatibiltät verantwortliche menschliche Gene in das Genom des Tieres einbringt, um so die natürliche Immunabwehr des Menschen zu täuschen und eine Abstoßung des Organs zu verhindern.[683] Neben Schweinen kommen auch noch Schimpansen und Paviane als Spender in Betracht[684], das Schwein ist aber die bevorzugte Spenderspezies.[685]

Hinzu kommt die Befürchtung, dass Viren, Bakterien oder Parasiten zusammen mit dem Organ auf den Menschen übertragen werden können, sich dort ausbreiten und eine neue Infektionskrankheit ähnlich wie Aids oder BSE auslösen. Allerdings lässt sich dies durch eine pathogene Haltung sowie der Verabreichung von Antibiotika verhindern. Eine Ausschaltung der sogenannten Retroviren, die sich sowohl beim Menschen als auch beim Schwein im Erbgut befinden und sich stets auf die nächste Generation übertragen, gelang hingegen noch nicht.[686]

Solange nicht alle immunologischen Probleme gelöst sind, ist die Frage, welches Risiko man in Kauf zu nehmen bereit ist. Die unerwünschten Folgen, die tierische Organe nach einer Transplantation im menschlichen Organismus auslösen, können letztlich nur schwer abgeschätzt werden, da sie auch erst nach Jahren oder sogar erst bei den Nachkommen der Empfänger der Organe auftreten können. Dies gilt auch für die Übertragung von Krankheitserregern, die möglicherweise auf die Bevölkerung übergreifen könnten. Die Wahrscheinlichkeit der Ausbreitung von Viren wird zwar als gering eingeschätzt, die Folgen könnten jedoch unter Umständen erheblich sein.[687] Von den Auswirkungen einer Xenotransplantation kann letztlich also jeder betroffen sein. Nach Auffassung *Sahm*'s zeichnet sich ab, dass eines der größten Hin-

---

682 *Ach*, a.a.O., S. 297.
683 *Deutsch*, Arztrecht, Rdnr. 524.
684 S. näher *Vesting/Müller*, MedR 1996, S. 204.
685 *Schlitt* u.a., Transplantationsmedizin Supplement 1998, S. 84; *Ach*, a.a.O., S. 297 f.; anatomische und physiologische Ähnlichkeit, passende Größe der Organe, großes Wissen um das Erbgut, hohe Reproduktionsrate, kurze Aufzuchtzeit, Möglichkeit der Aufzucht in geschlossenen, relativ großen Einheiten und günstiger Preis sind – moralische Bedenken zurückgestellt – Gründe, die für das Schwein als Spendertier sprechen.
686 Vgl. zum Ganzen von der *Helm/Blusch*, Transplantationsmedizin 1999, S. 205 ff.
687 S. dazu BÄK, DÄ 1999, S. 1544.

dernisse, das der Xenotransplantation entgegenstand, nämlich die umgehende Abstoßung, überwunden werden kann. Er fordert daher zum jetzigen Zeitpunkt eine Diskussion mit der Allgemeinheit. Eine Zustimmung potenzieller Patienten allein hält er nicht für ausreichend. Die ethischen Fragen sollten von einer Kommission diskutiert werden, in der alle gesellschaftlichen Gruppen repräsentiert sind, wobei nationale Kommissionen allein wenig sinnvoll seien, da Infektionen keine Ländergrenzen kennen. Es bringe nichts, wenn einzelne Staaten bei der Xenotransplantation eigene Wege gehen.[688] Dagegen ist der Stellungnahme des Wissenschaftlichen Beirates der Bundesärztekammer zur Xenotransplantation zu entnehmen, dass die immunologischen, physiologischen und mikrobiologischen Barrieren nach wie vor erst unvollständig geklärt sind, so dass momentan die Voraussetzungen für eine ausreichend risikoarme Durchführung von Xenotransplantationen nicht gegeben sind.[689]

Bislang enthält u.a. das AMG für die Transplantation von Tierorganen einschlägige Regelungen.[690] Das TPG gilt nur für menschliche Organe. Bei dem zur Transplantation in den Menschen bestimmten Tierorgan handelt es sich um ein Arzneimittel.[691]

Die Xenotransplantation stellt einen experimentellen Eingriff dar, der besonders rechtfertigungsbedürftig ist[692] und bei dem z.B. die Regeln über die klinische Prüfung (§ 40 f. AMG) zu beachten sind.[693] Angesichts der Möglichkeit, dass neue Seuchen geschaffen werden könnten, muss eine sorgfältige Risikoabwägung erfolgen. Diejenigen, die schon jetzt bereit sind, sich ein Tierorgan einpflanzen zu lassen, würden „außer der Reihe" laufen. Ein Verteilungsproblem existierte nicht.

Sollte sich die Xenotransplantation als klinische Behandlungsmethode etablieren, stünden zwar Organe in nahezu unbegrenzter Zahl zur Verfügung, es könnten sich aber dann folgende Verteilungsfragen ergeben:[694]

---

688 Vgl. zum Ganzen *Sahm*, a.a.O., S. N 2.
689 BÄK, DÄ 1999, S. 1541 ff.
690 Zu der Frage, welche Regelungen auf die Xenotransplantation Anwendung finden und welche Konsequenzen sich daraus ergeben, s. *Vesting/Müller*, MedR 1996, S. 205 ff.
691 *Vesting/Müller*, MedR 1996, S. 205: Organe sind Arzneimittel gemäß § 2 Abs. 1 Nr. 5 AMG. Die Negativfunktion des § 2 Abs. 3 Nr. 8 AMG nimmt hiervon die lebenswichtigen Organe sowie Augenhornhäute aus. Diese Einordnung ist nicht ganz unumstritten. Zum Streitstand und ausführlich zur Arzneimitteleigenschaft von Organen s. auch *Bender*, VersR 1999, S. 420, 424.
692 *Ach*, a.a.O., S. 300.
693 S. dazu *Vesting/Müller*, MedR 1996, S. 207.
694 Aus: *Ach*, a.a.O., S. 299.

Im Zuge einer Überbrückungsmaßnahme mit einem Tierorgan transplantierte Patienten können in eine medizinische Notlage und damit möglicherweise anderen Patienten auf der Warteliste gegenüber in einen Vorteil gebracht werden, so z.B. wenn sie eine bestimmte Dringlichkeitsstufe erreichen.

Bei einer möglicherweise kürzeren Überlebensdauer eines Transplantats tierischer Herkunft gegenüber einem menschlichen Organ könnte man darüber nachdenken, sogenannte *allografts* für jüngere Menschen zu reservieren und an ältere Menschen nur noch die kurzlebigeren *xenografts* abzugeben.

Erweist sich die Xenotransplantation als die weniger sichere und weniger aussichtsreiche Therapievariante oder sind Tierorgane in größerem Umfang verfügbar, entstehen neue Probleme der Verteilungsgerechtigkeit.

Gerade der letzte Punkt zeigt, dass die Verteilung von Tierorganen getrennt von der Verteilung menschlicher Organe gesehen werden muss, zumal es auch einen durchaus beachtenswerten Prozentsatz von Patienten gibt, die die Einpflanzung eines Tierorgans als emotionale Belastung empfinden, eine solche Therapie also vielleicht gar nicht wollen. Der unter Punkt zwei geäußerte Gedanke kann schon deshalb nicht realisiert werden, da niemandem gegen seinen Willen ein Tierorgan eingepflanzt werden kann und in einem solchen Fall der Weigerung älteren Patienten eine Behandlung gänzlich versagt würde.

Da Tierorgane grundsätzlich marktfähig sind, sollte hier über eine Verteilung durch den Markt nachgedacht werden. Die Stellungnahme des Wissenschaftlichen Beirats der BÄK[695] zu ökonomischen Gesichtspunkten der Xenotransplantation lautet:

„Mit der Einführung der Xenotransplantation kommen neue, in der Transplantationsmedizin bislang nicht bekannte, ökonomische Gesichtspunkte in die Diskussion. Xenotransplantate werden käuflich zu erwerben sein. (…) Damit wird die Verfügbarkeit von Xenotransplantaten Marktgesetzen unterliegen, bei denen kommerzielle Aspekte eine wichtige Rolle spielen. Dies sowie die notwendige hohe Immunsuppression, die präoperative Überwachung von Spendertieren und die postoperative Kontrolle von Patienten dürften den finanziellen Aufwand für eine Xenotransplantation, der bisher nicht abschätzbar ist, wesentlich mitbestimmen."

---

695 BÄK, DÄ 1999, S. 1544 f.

Fazit

Die Umsetzung der gesetzlichen Vorgaben in entsprechende Richtlinien ist erst am Ende der vom Gesetzgeber dafür vorgesehenen Frist gelungen. Eine Regelung wurde allerdings nur hinsichtlich der etablierten Transplantationsarten getroffen. Grund dafür mag sein, dass sich die Vermittlung durch Eurotransplant auf die „großen Organe" Herz, Niere, Leber, Lunge und Pankreas beschränkt.[696] Zu den vermittlungspflichtigen Organen gehört aber auch der Darm. Insoweit und hinsichtlich der nicht vermittlungspflichtigen Organe wie z.B. Auge, Knie und Haut besteht noch offener Regelungsbedarf. Die Chance, ein umfassendes Allokationssystem zu entwickeln, wurde nicht genutzt.

An dieser Stelle sei auf die Gefahr der Entwicklung von illegalen Beschaffungstechniken hingewiesen. Nach Recherchen des Nachrichtenmagazins „Der Spiegel" sollen Zentren, um sich Organe zu beschaffen, vor Existenz der Richtlinien sogenannte Zwillings-Projekte, d.h. Partnerschaften einzelner Zentren mit osteuropäischen Krankenhäusern eingegangen sein. Ost-Ärzte seien in Deutschland ausgebildet worden und im Gegenzug hätten die Ost-Kliniken regelmäßig Organe geliefert.[697] Da es beim Darm und bei den nicht vermittlungspflichtigen Organen keine Richtlinien gibt, die solchen Praktiken Einhalt gebieten, besteht hier weiterhin die Gefahr, dass Transplantationszentren Verträge mit osteuropäischen Staaten schließen, um an Organe zu kommen. Aber auch bei den Organen, für deren Vermittlung Richtlinien entwickelt worden sind, bleibt abzuwarten, ob derartige Aktivitäten gestoppt werden können oder die Zentren, die durch eine zentrale Verteilung leiden, trotz der Verbotsvorschriften der §§ 17 ff. TPG – vgl. insbesondere die Bußgeldvorschrift des § 20 Abs. 1 Nr. 2 TPG – derartige Praktiken anwenden.

Die Verteilung der Organe beruht auf einer administrativen Regelung. Eine aus ökonomischer Sicht sinnvolle Allokation ist nicht gewollt. Solange unser Gesundheitssystem solidarisch konzipiert ist und nicht die Selbstverantwortung des Einzelnen eine größere Rolle spielt, stehen weiterhin Gerechtigkeitserwägungen im Vordergrund. In anderen Bereichen wie z.B. der Vergabe von Start- und Landerechten auf Flughäfen wird

---

696 Kleine Gewebetransplantate wie Hornhaut, Herzklappen oder Knochenmaterial werden von der Schwesterstiftung von ET, der Bio Implant Services Foundation, Leiden/Niederlande, vermittelt. Für diese Gewebetransplantate ist die sachgerechte Abgrenzung der Geltungsbereiche von Transplantations- und Arzneimittelgesetz sehr wichtig, s. ET International Foundation, in: Ausschuss-Drs. 599/13, S. 12 f.
697 *Hackenbroch*, Der Spiegel vom 13. Februar 2000, S. 299.

dagegen aufgrund von Liberalisierungserwägungen zunehmend monetär entschieden.

Bei der Vermittlung von Organen wird nach den Kriterien der Dringlichkeit und Erfolgsaussicht vor allem der Gesichtspunkt der Chancengleichheit betont. Der Bildung einer einheitlichen Warteliste wird dabei überragende Bedeutung zugemessen. Abzuwarten bleibt, ob die damit verbundene Entscheidung, die regionalen Transplantationsverbünde abzuschaffen und einer zentralen Vermittlung den Vorzug zu geben, unter Chancengleichheitsgesichtspunkten besser ist als die vorher praktizierte Regionalisierung der Organvergabe, und wie sich insgesamt die neue Struktur der Transplantationsmedizin entwickelt.

Anhang

Die Gesetzgebungsgeschichte im Hinblick auf die Fragen zur Organverteilung

Zeittafel

Herbst 1978

Die sozial-liberale Bundesregierung legt einen Entwurf für ein Transplantationsgesetz vor, BT-Drs. 8/2681. Der Entwurf stützt sich auf umfangreiche Vorarbeiten einer beim Bundesministerium der Justiz gebildeten Bund-Länder-Arbeitsgruppe. In ihr hatten sich in den Jahren 1974 bis 1976 Mediziner und Juristen um Vorschläge für eine gesetzliche Regelung der Transplantation und Sektion bemüht.

Der Entwurf enthält keine Regelung zur Organvermittlung. In der Begründung kommt aber zum Ausdruck, dass man zumindest bei der Nierentransplantation von dem Kriterium Erfolgsaussicht im Hinblick auf die Gewebeverträglichkeit bei der Vermittlung ausgeht, S. 6 BT-Drs. 8/2681.

Das Vorhaben scheitert wegen Bedenken des Bundesrates hinsichtlich der geplanten Widerspruchslösung, s. dazu näher Stellungnahme des Bundesrates vom 10. November 1978, BR-Drs. 395/78 und S. 13 ff. BT-Drs. 8/2681 – mit einem Gegenvorschlag, der ebenfalls scheitert.

7. November 1987

Die Transplantationszentren geben sich selbst einen Transplantationskodex, der ihnen Kriterien vor allem für die Transplantatentnahme an die Hand geben soll, und verpflichten sich zu dessen Einhaltung. Hinsichtlich der Organvermittlung wird unter Punkt 8 festgelegt, dass Dringlichkeit der Transplantation und Erfolgsaussichten beim Empfänger entsprechend der Histokompatibilität vorrangig Organvermittlung und Organaustausch bestimmen. Weiter heißt es, dass jeweils aktuelle Empfehlungen unter Verwertung neuester Ergebnisse sowie die Abstimmung hierüber ein zentraler Aufgabenbereich der Arbeitsgemeinschaft der Transplantationszentren in Zusammenarbeit mit der Eurotransplant Foundation sind.

17./18. November 1988
Auf der 59. Konferenz der Gesundheitsminister und -senatoren der Länder in Berlin werden die bisher erreichten Standards hinsichtlich der Organvermittlung als positiv beurteilt. Gleichzeitig wird darauf hingewiesen, dass bei der Vorgehensweise hinsichtlich der Organvermittlung Organisation und Strukturen der Zusammenarbeit weiterentwickelt werden müssen, S. 3, 10 BT-Drs. 11/7980.

26. September 1990
In der Antwort der Bundesregierung auf die Große Anfrage der Abgeordneten Frau *Schmidt* (Hamburg) und der Fraktion DIE GRÜNEN, BT-Drs. 11/7980, teilt die Bundesregierung mit, dass sie die Auffassung der für die medizinische Versorgung mit Transplantaten zuständigen Gesundheitsminister und -senatoren der Länder anlässlich ihrer Konferenz im November 1988 in Berlin teile, wonach der bisher erreichte Standard hinsichtlich der Organvermittlung als positiv zu beurteilen ist. In organisatorischer Hinsicht seien aber Verbesserungen möglich, S. 3, 10 BT-Drs. 11/7980.

Nach Auskunft der Bundesregierung erfolgt die Auswahl der Empfänger nach den jeweils maßgebenden Kriterien der Arbeitsgemeinschaft der Transplantationszentren in der Bundesrepublik Deutschland einschließlich Berlin (West), und zwar nach den Auswahlkriterien Kompatibilität, Dringlichkeit (Vordringlichkeit von Kindern, da diese sowohl seelisch als auch körperlich im Sinne einer Beeinträchtigung der normalen körperlichen Entwicklung besonders unter der Erkrankung leiden, S. 46 BT-Drs. 11/7980) und Wartezeit (wenn gleiche Kompatibilität gegeben ist). Während die Auswahl nach Kompatibilität besonders bei der Nierentransplantation erfolge, überwiege bei der Herz-, Lungen- und Lebertransplantation das Kriterium der Dringlichkeit, da Möglichkeiten der Substitution hier nicht existierten; es gehe vorrangig um Lebensrettung, S. 11 BT-Drs. 11/7980. Gerade bei den Organen Herz und Leber komme es wegen der häufig sehr dringenden Situation auf die Möglichkeit einer großräumigen Organvermittlung an, S. 28 BT-Drs. 11/7980. Wartezeiten (und Wartelisten) im eigentlichen Sinne des Wortes bestünden nur in Bezug auf die Nierentransplantation. Grund hierfür sei, dass hier ein künstlicher Organersatz (Dialyse) zur Verfügung stehe. Für andere Transplantationen vorgesehene Patienten könnten allenfalls nur über Wochen oder wenige Monate „warten".

November 1992

Der Transplantationskodex wird geändert und aktualisiert. Hinsichtlich der Organvermittlung wird die im November 1987 unter Punkt 8 getroffene Regelung beibehalten. Die Empfehlungen der deutschen Tx-zentren zur Organvermittlung sind Bestandteil des bestehenden Vertrages von KfH, DSO und Spitzenverbänden der Krankenkassen mit der privaten gemeinnützigen Stiftung Eurotransplant in Leiden/Niederlande, s. S. 11 BT-Drs. 13/4355.

21. Juni 1994

Der Antrag der Abgeordneten *Gudrun Schaich-Walch* u.a., BT-Drs. 12/8063, fordert die Sicherstellung der Transplantatverteilung nach transparenten und dem aktuellen Stand der medizinischen Wissenschaft entsprechenden Vergabekriterien des Transplantataustausches, die durch eine Ethikkommission aufgestellt werden sollen.

Des Weiteren wird die Schaffung eines zentralen Transplantatregisters, das u.a. für die Führung von Wartelisten zuständig ist, und ein Nationales Transplantationszentrum, das die Verteilung regelt, gefordert, vgl. S. 4 ff. BT-Drs. 12/8063. In der weiteren Begründung heißt es, dass organspezifische Kriterien, die den größtmöglichen Erfolg einer Transplantation ermöglichen, aufzustellen seien. So sei derzeit für den Erfolg einer Nierentransplantation eine möglichst große Übereinstimmung der Gewebefaktoren mit entscheidend. Bei der Knochenmarkspende stelle die Gewebeverträglichkeit das allein entscheidende Kriterium dar. Bei anderen Organen sei es einerseits aus Gründen der begrenzten Konservierungsdauer explantierter Organe und der notwendigen Zeit für die Bestimmung der Gewebefaktoren nicht möglich, nach der Gewebeverträglichkeit als Verteilungskriterium vorzugehen. Allerdings sei die Übereinstimmung der Gewebefaktoren hier auch nicht so entscheidend für den Erfolg. Im Gesetz sollte einer allgemeinen Formulierung statt einer engen und unflexiblen Festlegung bestimmter Vergabekriterien Vorrang gegeben werden, um somit eine Anpassung an den Stand der medizinischen Wissenschaft zu ermöglichen und einer gemeinsamen internationalen Regelung nicht vorzugreifen. Neben medizinischen Kriterien sei auch die Berücksichtigung sozialer Kriterien sicherzustellen, weshalb auch Vertreter der Kirchen, humanistischer Gesellschaften und andere Einzelpersonen wie erfahrenes Pflegepersonal und Soziologen in die Aufstellung der Kriterien mit einbezogen werden sollten, S. 10 BT-Drs. 12/8063.

23. Juni 1994

Der Gesetzentwurf für ein rheinland-pfälzisches Transplantationsgesetz wird angenommen. Dieser soll auch Modell für eine entsprechende Bundesregelung darstellen, s. LT-Drs. Rh.-Pf. 12/5037, S. 1 ff.

In § 7 wird die Reihenfolge der Vergabe von Organen geregelt:

„Personen, die einer Organtransplantation bedürfen, und Organspender sind einer zentralen Koordinierungseinrichtung zu melden. Die Auswahl des Empfängers erfolgt grundsätzlich durch diese Einrichtung, zunächst nach Gewebeverträglichkeit und dann nach Dringlichkeit der Übertragung. (…)."

Aufgrund von Bedenken gegen die geplante Widerspruchslösung wird aber das Gesetz vor Inkrafttreten – nur acht Wochen nach seiner Verabschiedung – vom Mainzer Landtag einstimmig aufgehoben, s. näher *Weber/Lejeune*, NJW 1994, S. 2392 ff.

30. Juni 1994

Der Entwurf eines Transplantationsgesetzes wird von den Ländern Hessen und Bremen als Gesetzesantrag im Bundesrat eingebracht, BR-Drs. 682/94. Der Entwurf basiert auf einem Musterentwurf der Gesundheitsminister und -senatoren der Länder (GMK), die im Oktober 1991 der Arbeitsgemeinschaft der Leitenden Medizinalbeamten (AGLMB) den Auftrag erteilt hatten, eine gesetzliche Regelung für die Organtransplantation vorzubereiten, s. S. 15 BR-Drs. 682/94, und die den Entwurf im November 1993 gebilligt hatten.

Der Bund besaß zu diesem Zeitpunkt zwar noch keine Zuständigkeit, die Organtransplantation umfassend gesetzlich zu regeln, die Änderung des Grundgesetzes war aber in Vorbereitung. Eine Vorlage der Verfassungskommission, in der Art. 74 Abs. 1 Nr. 26 GG dem Bund die Regelung der Transplantation von Organen im Rahmen der konkurrierenden Gesetzgebung eröffnet, war in das Gesetzgebungsverfahren eingebracht worden.

§ 6 Abs. 2 des Entwurfs regelt die Organvermittlung:

„Die Einrichtung nach Absatz 1 vermittelt die entnommenen Organe an geeignete Empfänger nach den Regeln der medizinischen Wissenschaft, insbesondere nach den Grundsätzen der Erfolgsaussicht und Dringlichkeit. (…)."

In der Begründung heißt es, dass der Gesetzgeber die Begriffe Erfolgsaussichten und Dringlichkeit nicht näher definieren könne, sie blieben ärztliche Entscheidung. Es erschiene daher nicht sinnvoll, hierfür Richtlinien vorzuschreiben. Es solle dem Vertrag zwischen der zentralen Einrichtung und den anderen Beteiligten vorbehalten bleiben, wie sie das regeln. Eine wichtige Rolle spiele vor allem bei der Nierentransplantation die Gewebeverträglichkeit, die sich entscheidend auf die Überlebensdauer des Transplantates auswirke. Dies setze entsprechend große Wartelisten voraus, um stets einen geeigneten Empfänger zur Verfügung zu haben. Diese Erkenntnis habe auch zur Gründung der Stiftung Eurotransplant geführt, S. 30 f. BR-Drs. 682/94.

15. November 1994

Der Bund hat die Kompetenz, im Rahmen der konkurrierenden Gesetzgebung ein Transplantationsgesetz auf den Weg zu bringen. Vor dem neuen Artikel 74 Abs. 1 Nr. 26 GG, der die Regelung der Organtransplantation der konkurrierenden Gesetzgebungskompetenz zuordnet, war eine Gesetzgebungskompetenz des Bundes für ein Transplantationsgesetz nicht zu begründen, da es sich vordringlich um einen gesundheits- und verwaltungsrechtlichen Regelungsgegenstand handelt, der nach der Kompetenzverteilung des Grundgesetzes in die Regelungskompetenz der Länder gefallen wäre, Art. 70 GG.

Exkurs: In der DDR war die Organtransplantation durch die Verordnung über die Durchführung von Organtransplantationen vom 4. 7. 1975 in Verbindung mit der 1. Durchführungsbestimmung vom 29. 3. 1977 und der 2. Verordnung über die Durchführung von Organtransplantationen vom 5. 8. 1987 geregelt, s. GBl. 1975 I, S. 597; 1977 I, S. 141; 1987 I, S. 199.

Obwohl grundsätzlich gültig – nach Art. 9 Abs. 1 des Einigungsvertrages galt ehemaliges DDR-Recht in den neuen Ländern als Landesrecht fort, wenn es nach der Kompetenzordnung des Grundgesetzes Landesrecht ist oder nach der Kompetenzordnung des Grundgesetzes zwar Bundesrecht ist, jedoch nicht bundeseinheitlich geregelte Gegenstände betrifft, und dieses Recht mit dem Grundgesetz, mit im Beitrittsgebiet in Kraft gesetztem Bundesrecht sowie mit unmittelbar geltendem EG-Recht vereinbar ist –, wurde die Verordnung wegen verfassungsrechtlicher Bedenken nicht angewandt, s. dazu *Hirsch*, Transplantation und Sektion, S. 39: es gäbe keine verfassungsmäßige Absicherung der Grundrechtsposition des Verstorbenen (Selbstbestimmungsrecht) im Hinblick darauf, dass ein etwaiger Widerspruch zur Kenntnis gelangt.

Die Verordnung der DDR enthielt i.Ü. keine Regelung zur Organvermittlung.

7. November 1995

Gesetzentwurf von Bündnis 90/Die Grünen über die Spende, die Entnahme und die Übertragung von Organen (Transplantationsgesetz – TPG), BT-Drs. 13/2926.

Die Organvermittlung ist kein Schwerpunkt. In § 22 Abs. 2 des Entwurfs heißt es:

„Die vermittlungspflichtigen Organe sind von der Vermittlungsstelle ausschließlich nach Regeln, die dem Stand der medizinischen Wissenschaft entsprechen, insbesondere nach Erfolgsaussicht und Dringlichkeit an geeignete Patienten oder Patientinnen zu vermitteln. (...)." § 22 Abs. 3 lautet: „Die Wartelisten der Transplantationszentren sind als eine einheitliche Warteliste zu behandeln. (...)."

In der Begründung zu § 22 folgt dazu keine nähere Erläuterung.

16. April 1996

Gesetzentwurf der Fraktionen der CDU/CSU, SPD und F.D.P. über die Spende, Entnahme und Übertragung von Organen (Transplantationsgesetz – TPG), BT-Drs. 13/4355. Es handelt sich zunächst nur um ein sogenanntes Container-/Rahmengesetz, das die strittigen Punkte (Todeszeitpunkt und Art der Willensäußerung als Voraussetzung für eine Organentnahme) ausnimmt; insoweit liegen Gruppenanträge vor, s. dazu BT-Drs. 13/4114 und BT-Drs. 13/4368.

In § 11 Abs. 3 enthält der Entwurf eine Regelung zur Organvermittlung, in der weitgehend inhaltsgleich der Rahmen für die Organvermittlung vorgegeben wird wie in BT-Drs. 13/2926:

„Die vermittlungspflichtigen Organe sind von der Vermittlungsstelle nach Regeln, die dem Stand der medizinischen Wissenschaft entsprechen, insbesondere nach Erfolgsaussicht und Dringlichkeit für geeignete Patienten zu vermitteln. Die Wartelisten der Transplantationszentren sind dabei als eine einheitliche Warteliste zu behandeln. (...)."

Der Entwurf sieht zusätzlich in § 15 Abs. 1 S. 1 Nr. 4 vor, dass die Bundesärztekammer in Richtlinien den Stand der medizinischen Wissenschaft für die Regeln zur Organvermittlung nach § 11 Abs. 3 S. 1 feststellen kann. Nach § 15 Abs. 2 sollen bei der Erarbeitung der Richtlinien nach Abs. 1 S. 1 Nr. 4 Ärzte, die weder an der Entnahme noch an der Übertragung von Organen beteiligt sind noch Weisungen eines Arztes unterstehen, der an solchen Maßnahmen beteiligt ist, angemessen vertreten sein, S. 7 f. BT-Drs. 13/4355.

In der Begründung zu § 11 Abs. 3, S. 26 BT-Drs. 13/4355, heißt es:

„Die Vermittlung ist nach medizinisch begründeten Regeln vorzunehmen. Für diese Regeln sind Kriterien heranzuziehen, die unter medizinischen

Gesichtspunkten für die Dringlichkeit der Transplantation und ihren Erfolg von Bedeutung sind. In erster Linie sind dies für die Dringlichkeit der Gesundheitszustand des Patienten im Hinblick auf seine verbleibenden Überlebenschancen, für die Erfolgsaussicht die Blutgruppe, der HLA-Status (Gewebeverträglichkeit), insbesondere bei Nierentransplantationen, sowie Größe und Gewicht des Spenderorgans bei anderen Organen, insbesondere Herz und Leber. Darüber hinaus sind in angemessener Gewichtung weitere Umstände, die nach medizinischer Beurteilung Einfluss auf Dringlichkeit und Erfolg einer Transplantation haben können, wie z.b. die bereits verstrichene und eine weitere Wartezeit hinsichtlich eingetretener oder absehbarer zusätzlicher gesundheitlicher Belastungen, einzubeziehen. Zu den Vermittlungsregeln gehören auch Kriterien, nach denen im Konfliktfall Dringlichkeit und Erfolgsaussicht gegeneinander abzuwägen sind. Die Sätze 1 und 2 sind für die Vermittlung von Herz, Niere, Leber, Lunge, Bauchspeicheldrüse und Darm unmittelbar verbindlich. Die Vorschriften dienen der Chancengleichheit nach Maßgabe medizinischer Kriterien und sind zugleich verbindliche Vorgaben für die vertragliche Regelung nach Abs. 4 S. 2 Nr. 3. (...)."

Die Begründung zu § 15 Abs. 1 S. 1 Nr. 4, S. 29 BT-Drs. 13/4355, lautet:

„Diese Richtlinien umfassen im Hinblick auf die nach § 11 Abs. 4 S. 2 Nr. 3 zu vereinbarende Regelung die medizinischen Kriterien und Verfahrensregeln zur Organvermittlung im Rahmen der allgemeinen Vorgaben des § 11 Abs. 3 S. 1. Auf die Begründung zu dieser Vorschrift wird verwiesen. (...)."

In der Begründung zu § 15 Abs. 2, S. 29 BT-Drs. 13/4355, heißt es:

„Die Bestimmung soll im Hinblick auf die Vermutungswirkung der Richtlinien einer objektiven Feststellung des Standes der medizinischen Wissenschaft dienen und dabei möglichen Interessenkollisionen entgegenwirken."

25. September 1996

Es findet eine erste öffentliche Anhörung von Sachverständigen statt. Insbesondere wird die Frage des Hirntodkonzepts und die Frage der erweiterten oder engen Zustimmungslösung diskutiert.

9. Oktober 1996

Es kommt zu einer zweiten öffentlichen Anhörung von Sachverständigen. Diskussionspunkte sind zusätzlich Fragen der Organverteilung. Es findet erstmals eine vertiefte Erörterung statt.

Gekürzte Wiedergabe verschiedener Stellungnahmen:

Stellungnahme der BÄK, s. Ausschuss-Drs. 594/13, S. 2 f.:
Organe und Gewebe sollten ausschließlich nach medizinischen Kriterien transplantiert werden. Der Gesetzgeber sollte daher keine anderen als medizinische Vergabekriterien bindend vorschreiben. Stimmten andere Kriterien mit dem ärztlichen Fachurteil überein, trügen sie nichts Zusätzliches bei; widersprächen sie ärztlicher Kenntnis der Erkrankung oder des einzelnen Kranken, könne der Arzt nicht gesetzlich zum Handeln wider sein besseres Wissen verpflichtet werden. Medizinische Einzelfragen, so z.b. die Abwägung von Erfolgsaussichten gegenüber der Dringlichkeit, ließen sich ohnehin nicht gesetzlich regeln. Das Interesse der Öffentlichkeit an der Organverteilung würde dadurch gewahrt, dass die ärztlichen Grundsätze für die Organverteilung allgemein bekannt gemacht würden, für alle transplantierenden Ärzte verpflichtend seien, und ihre Einhaltung fortlaufend von einem nicht mit der Transplantation befassten Gremium überwacht werde.

Stellungnahme des Kirchenamtes der Evangelischen Kirche in Deutschland, Ausschuss-Drs. 594/13, S. 17:
Die Entscheidung darüber, wer ein zur Verfügung stehendes Organ erhalten soll, müsse v.a. aufgrund der Dringlichkeit und der Erfolgsaussichten einer Transplantation wie auch unter Berücksichtigung der jeweiligen Wartezeit getroffen werden. Kranke müssten sich mitunter auf lange Wartezeiten einstellen und erlebten an Mitkranken, dass Organverpflanzungen nicht immer erfolgreich seien. Die Abhängigkeit des eigenen Wohls vom Tod eines anderen Menschen könne zudem als belastend empfunden werden.

Stellungnahme von Prof. Dr. Wolfram Höfling, Ausschuss-Drs. 599/13, S. 9:
Die gesetzliche Regelung benenne als vordringliche Entscheidungskriterien die Erfolgsaussicht und Dringlichkeit für geeignete Patienten, ohne erkennen zu lassen, wie das immanente Spannungsverhältnis zwischen beiden Maßstäben im Konfliktfall aufzulösen sei. Gerade wegen der „Manipulationsanfälligkeit" der scheinbar objektiven medizinischen Kriterien sollte der Gesetzgeber konkretere Ziele der Organallokation verbindlich vorschreiben, z.B. „Minimierung der Todesfälle von Patienten auf der Warteliste". Darüber hinaus müsse eine angemessene Berücksichtigung von Benachteiligten gewährleistet sein.

Stellungnahme der Eurotransplant International Foundation, Ausschuss-Drs. 599/13, S. 12:
Die in dem Gesetzentwurf der Fraktionen CDU/CSU, SPD und F.D.P. vorgesehenen Bestimmungen über die Organvermittlung finden volle Zustimmung.

Stellungnahme des Kommissariats der Deutschen Bischöfe, Ausschuss-Drs. 599/13, S. 23:
Die Organe müssten nach sachlich und ethisch vertretbaren Regeln verteilt werden. Das Vertrauen der Öffentlichkeit werde maßgeblich davon abhängen, dass die Grundsätze der Organverteilung transparent und nachvollziehbar seien. Dabei sollte hinsichtlich der Organvermittlung auch nicht verschwiegen werden, dass die Regeln und Richtlinien für einzelne Organe unterschiedlich ausgestaltet sein müssen. So werde z.B. bei Herz- und Lebertransplantationen wohl nach der Dringlichkeit und bei Nierentransplantationen nach der bestmöglichen Gewebeübereinstimmung zu entscheiden sein.

Stellungnahme von Prof. Dr. G. Gubernatis, Ausschuss-Drs. 599/13, S. 53:
Besser wäre es, wenn nicht einzelne Zielkriterien wie Erfolgsaussicht und Dringlichkeit festgelegt würden, sondern lediglich bestimmt würde, dass die Kriterien der Organverteilung objektiv, verständlich und nachvollziehbar, transparent und für die Organverteilung relevant sein müssten und ansonsten nur das prozessuale Verhalten festgelegt würde, wie z.B., dass die Organverteilung durch interdisziplinäre Kommissionen festgelegt wird, wie dies derzeit durch die interdisziplinäre Kommission bei der BÄK bereits der Fall sei. Interdisziplinäre Kommissionen hätten nur dann einen Sinn, wenn sie nicht nur über sachgebundene medizinische Lösungswege, sondern auch über „interdisziplinäre", d.h. andere als medizinische Kriterien und Ziele entscheiden dürften.

Gubernatis schlägt ein Solidarmodell als zusätzliches, graduelles Verteilungskriterium für mehr Gerechtigkeit vor.

Stellungnahme von Volker H. Schmidt, Ausschuss-Drs. 602/13, S. 31 f.:
Der Gesetzgeber sollte es auf jeden Fall vermeiden, für die Organvergabe eine Beschränkung auf wie immer gefasste medizinische Kriterien vorzuschreiben, weil eine solche Engführung, statt die gewünschte Chancengleichheit der Patienten zu gewährleisten, in erster Linie zur Vernebelung der wahren Qualität des Problems beitrüge, das vorgeblich mit ihrer Hilfe gelöst werden solle. Statt dessen sollte er lediglich verlangen, dass die Organvergabe nach verbindlichen, transparenten und einer geeigneten Stelle zur Begutachtung vorzulegenden Kriterien erfolge.

11. Juni 1997

Abschluss der Beratungen im Ausschuss für Gesundheit; durch Beschlüsse des Ausschusses, s. näher BT-Drs. 13/8017, wird der Entwurf BT-Drs. 13/4355 in einigen Punkten ergänzt beziehungsweise abgeändert: Der Gesetzentwurf BT-Drs. 13/4355 enthielt in § 9 Abs. 2 (jetzt § 10 Abs. 2) keine Regelung, nach welchen Kriterien über eine Aufnahme in die Warteliste zu entscheiden ist. Mit Beschluss des Ausschusses für Gesundheit wurde § 9 Abs. 2 Nr. 1 a (jetzt § 10 Abs. 2 Nr. 2) eingefügt, S. 13 BT-Drs. 13/8017. Dazu heißt es in der Begründung des Besonderen Teils, S. 42 BT-Drs. 13/8017:

„Die Vorschrift stellt im Hinblick auf die Bedeutung der Aufnahme in die Warteliste für die Behandlungschance einer unter Umständen lebensrettenden Organübertragung klar, dass die Entscheidung über die Aufnahme nach medizinisch begründeten Regeln vorzunehmen ist, die unter medizinischen Gesichtspunkten für die Notwendigkeit der jeweiligen Arten von Organübertragungen und ihren Erfolg von Bedeutung sind. Die Regelung dient angesichts der Knappheit an Spenderorganen der Chancengleichheit nach Maßgabe medizinischer Kriterien. Sie schließt aus, die Aufnahme in die Warteliste von nicht medizinischen, zum Beispiel finanziellen oder sozialen, Erwägungen abhängig zu machen. (...)."

Als Folgeänderung zur Einfügung der Nummer 1 a in § 9 Abs. 2 wird § 15 Abs. 1 S. 1 Nr. 1 a (jetzt § 16 Abs. 1 S. 1 Nr. 2) eingefügt. Die BÄK kann danach in Richtlinien den Stand der Erkenntnisse der medizinischen Wissenschaft für die Regeln zur Aufnahme in die Warteliste für die jeweiligen Arten von Organübertragungen näher feststellen, s. S. 19, 42 f. BT-Drs. 13/8017. Sollten nach dem Entwurf BT-Drs. 13/4355 nach § 15 Abs. 2 (jetzt § 16 Abs. 2) bei der Erarbeitung der Richtlinien nach Abs. 1 S. 1 Nr. 4 (bzgl. der Regeln zur Organvermittlung nach § 11 Abs. 3 S. 1, jetzt § 12 Abs. 3 S. 1) nur Ärzte, die weder an der Entnahme noch an der Übertragung von Organen beteiligt sind noch Weisungen eines Arztes unterstehen, der an solchen Maßnahmen beteiligt ist, angemessen vertreten sein, sieht der Entwurf in der Ausschussfassung jetzt vor, dass bei der Erarbeitung der Richtlinien nach Abs. 1 S. 1 Nr. 1 a (jetzt Abs. 1 S. 1 Nr. 2) und Nr. 4 (jetzt Nr. 5) Personen mit der Befähigung zum Richteramt und Personen aus dem Kreis der Patienten, bei der Erarbeitung von Richtlinien nach Abs. 1 S. 1 Nr. 4 (jetzt Nr. 5) ferner Personen aus dem Kreis der Angehörigen von Organspendern nach § 3 oder § 4 angemessen vertreten sein sollen. Bei der Erarbeitung der Richtlinien nach Abs. 1 S. 1 Nr. 4 (jetzt Nr. 5) bleibt die angemessene Beteiligung der Ärzte bestehen, § 15 Abs. 2 1. Hs. (jetzt § 16 Abs. 2 1. Hs), s. S. 19 BT-Drs. 13/8017.

25. Juni 1997

Zweite und dritte Beratung der Gesetzentwürfe BT-Drs. 13/2926 und 13/4355 in der 183. Sitzung des Deutschen Bundestages; in zweiter Beratung wird der Gesetzentwurf BT-Drs. 13/2926 mehrheitlich abgelehnt, dem Gesetzentwurf BT-Drs. 13/4355 wird in der Ausschussfassung BT-Drs. 13/8017 mehrheitlich zugestimmt.

In der endgültigen Gesetzesfassung heißt es jetzt in § 16 Abs. 1 S. 1, dass die Bundesärztekammer in Richtlinien den Stand der medizinischen Wissenschaft feststellt. Der Entwurf hatte insoweit in § 15 Abs. 1 S. 1 noch eine Kann-Bestimmung beinhaltet.

1. Dezember 1997

Das Transplantationsgesetz vom 5. November 1997 (BGBl. I 2631) tritt in Kraft.

Oktober 1998

Die Organkommission Herz der DTG reagiert mit dem Allokationsmodell Herz auf die Vermittlungsvorschriften des TPG. (Anlage 1)

Ende 1998

Die DGMR veröffentlicht ihre Empfehlungen zur Organ-Allokation, die sog. Einbecker Empfehlungen. (Anlage 2)

Mai/Juni 1999

Die BÄK erstellt Entwürfe für die Richtlinien für die Wartelisten und Organvermittlung. (Anlage 3)

13. November 1999

Der Vorstand der BÄK beschließt nach Vorbereitung durch ihre unter Berücksichtigung von § 16 Abs. 2 zusammengesetzte ständige Kommission Organtransplantation Richtlinien für Wartelisten und für die Organvermittlung. Es sind dies drei Richtlinien für Wartelisten (je eine zur Nieren- und Nieren-Pankreas-Transplantation, zur Lebertransplantation sowie zur Herz-, Herz-Lungen- und Lungen-Transplantation) sowie fünf Richtlinien für die Organvermittlung (je eine für die Nierentransplantation, die Leber-Transplantation, die Herztransplantation, die Herz-Lungen-Transplantation sowie die Lungen- und die Pankreas-Transplantation). (Anlage 4)

16. Juli 2000

Inkrafttreten der Verträge nach § 11 Abs. 2 und § 12 Abs. 4 TPG, die auch Umsetzung der Richtlinien der BÄK regeln.

Anlage 1

Allokationsmodell für das Organ Herz[698]

1.

Es wird eine bundeseinheitliche Warteliste erstellt. Dabei findet die von der Organkommission Herz seit 1997 im Konsensus aller Zentren verwandte Daten-Eingangs-Maske Verwendung.

2.

a) Zur Versorgung von dringlich zu transplantierenden Patienten werden innerhalb dieser Warteliste bis zu ein Drittel aller Organe wartezeit- und regionenunabhängig verteilt.

b) Die laufende Überprüfung der Einhaltung von medizinischen Kriterien in dieser Patientengruppe obliegt einer Arbeitsgruppe, auch Audit-Gruppe genannt. Jeder Patient durchläuft auf dem Weg in die SU-Kategorie die Evaluation durch die Audit-Gruppe. Deren Mitglieder setzen sich aus je einem demokratisch gewählten Vertreter aus jeder Region zusammen. Die Audit-Gruppe unterrichtet schriftlich die Organkommission Herz. Die Audit-Gruppe formulierte im Oktober 1998 die Definition der Dringlichkeitskriterien und die Grundgedanken zur Allokation für den Bereich der Herztransplantation. Darüber hinaus wurden Gedanken entwickelt, wie ein konkreter Aufgabenbereich und Funktionsablauf eines solchen Komitees unter den neu zu definierenden Arbeitsprinzipien gestaltet werden können. Die Grundprinzipien des Transplantationsgesetzes, d.h. bundeseinheitliche Warteliste und Chancengleichheit bei bestmöglichen Erfolgsaussichten wurden in die Überlegungen mit einbezogen.

Folgender Konsens wurde erzielt:

aa) Special Urgency Indikationen

aaa) Patienten, die primär auf die Warteliste gesetzt werden und sich dann auf der Liste verschlechtern. Die Verschlechterung des Zustandes, die eine Listung auf der SU-Liste erforderlich macht, ist meist vorhersehbar. Dies kann dem Auditkomitee deshalb rechtzeitig mitgeteilt werden. Bei Patienten, die nicht gelistet sind, muss vor der SU-Anmeldung eine detaillierte Evaluation erfolgen.

---

[698] Entnommen dem Tätigkeitsbericht und der überarbeiteten Version der Organkommission Herz der DTG, o.S.

bbb) Patienten, bei denen vor oder nach Entscheidung über SU-Anmeldung ein VAD implantiert wird: bei diesen Patienten wird durch die VAD-Implantation die Dringlichkeit zunächst wieder in den Normalbereich zurückgestuft. Denn entweder verbessert sich die klinische Situation oder sie verschlechtert sich. Im zweiten Fall ist eine SU-Htx nicht angezeigt. VAD-Patienten werden nur dann in die SU-Gruppe hochgestuft, wenn sie sich zunächst erholen, dann aber Komplikationen bekommen.

bb) Special Urgency Kontraindikationen

Liegt eine der benannten Kontraindikationen vor, ist bei diesen Patienten der zu erwartende Nutzen von der Transplantation gering. Eine SU-Anmeldung kommt damit nicht in Frage.

cc) Special Urgency Verfahren

Die bundeseinheitliche Herz-Allokations-Liste wird durch ein Computerprogramm erstellt. Dabei wird zunächst die SU-Warteliste bedient, anschließend die Elektiv-Warteliste. Zunächst erfolgt die Allokation im SU-Bereich. Dabei wird der Distanzfaktor berücksichtigt.

3. Normal Urgency Verfahren

Für die anschließend erfolgende Allokation im Nicht-SU-Bereich wurden folgende mögliche Kriterien für eine im Rahmen der bundeseinheitlichen Warteliste zu erstellende Rangfolge genannt:
– Wartezeit
– Distanzfaktor

Dabei ist die Gewichtung der Faktoren „Wartezeit" und „Distanz" so zu bemessen, dass im Durchschnitt jeder der beiden Faktoren zur Hälfte in die Allokation eingeht.

In der Audit-Gruppe bestand Konsens, *Thomas Wujciak* um Modellrechnungen mit entsprechenden Vorgaben zu bitten.

4. Allgemeines zum Verfahren

a) Die Quotierung und Gruppenzuordnung ist auf der Basis der Clinical Profile-Daten und neuer wissenschaftlicher Erkenntnisse regelmäßig zu überprüfen und weiterzuentwickeln.

b) Die SU-Listung ist von der Audit-Gruppe in wöchentlichem Turnus auf ihre Gültigkeit zu überprüfen. Sämtliche SU-Patienten sind der

Audit-Gruppe posthoc mit komplettem Verlauf zu präsentieren. Zusätzlich werden Stichproben vor Ort durchgeführt. Die Audit-Gruppe ist der Organkommission Rechenschaft schuldig.

c) Es soll ein zentrales Büro bei Eurotransplant eingerichtet werden, welches 24 Stunden besetzt sein muss. In der Audit-Gruppe wird eine aus jeweils drei Personen bestehende Bereitschaft eingerichtet, die in Rotation wechselt. Dabei ist jeweils immer ein Kardiologe und ein Herzchirurg mit einzubeziehen. Alle bewilligten SU-Anträge werden auf den 3-monatlich stattfindenden Audit-Gruppen-Sitzungen mit komplettem Follow-up diskutiert. Vor Ort ist den Audit-Gruppen-Mitgliedern bei Stichproben-Auditvisiten Einsicht in alle Patientenunterlagen zu gewähren.

d) Nach Ablauf von 6–12 Monaten wird die Verfahrensweise der Audit-Gruppe reevaluiert.

5.

Sinngemäß gilt diese Allokationsrichtlinie auch für die Lungen- und Herz-Lungen-Transplantation.

6.

Innerhalb von Eurotransplant ist ein geeigneter nationaler Ausgleich bezüglich der Dringlichkeitszuteilung herbeizuführen.

Anlage 2

Einbecker Empfehlungen der Deutschen Gesellschaft für Medizinrecht (DGMR) e.V. zur Allokation von Spenderorganen, zur Zulassung eines Krankenhauses als Transplantationszentrum und zur Qualitätssicherung[699]

Die in Auszügen folgende Wiedergabe beschränkt sich auf die Empfehlungen zur Allokation von Spenderorganen im Hinblick auf den Erlass der Richtlinien.

1.-4.

(...)

5.

Unter rechtsstaatlichen Gesichtspunkten dürfen verbindliche Regelungen zur Vermittlung von Organen in der Transplantationsmedizin nur solche Auswahlkriterien umfassen, die mit den Grundrechten auf Schutz der Menschenwürde, auf Leben und körperliche Unversehrtheit sowie dem grundrechtlichen Anspruch auf Gleichbehandlung in Einklang stehen.

6.

Nach dem Gesetz stellt die Bundesärztekammer den Stand der Erkenntnisse der medizinischen Wissenschaft in Richtlinien u.a. für die Regeln zur Organvermittlung fest (§ 16 Abs. 1 Satz 1 Nr. 5 TPG). Der Bundesärztekammer fällt diese Aufgabe zu, weil sie über den gebotenen medizinischen Sachverstand verfügt und fortlaufend den aktuellen Stand der Erkenntnisse berücksichtigen kann. Diese Richtlinien müssen die vom Gesetz nicht näher definierten Verteilungskriterien, insbesondere Erfolgsaussicht und Dringlichkeit konkretisieren. Die Bundesärztekammer sollte auch Kriterien für eine Abwägung zwischen Dringlichkeit und Erfolgsaussicht benennen. Die Regelungsbefugnis der Bundesärztekammer erstreckt sich auch auf die Benennung konkreter Verteilungskriterien einschließlich ihrer Gewichtung sowie von Verfahrensregeln. Die Richtlinien sind für die im Vertrag mit der Vermittlungsstelle zu vereinbarenden Regeln verbindliche Grundlage. Anders als diese Regeln

---
699 DGMR, Einbecker Empfehlungen, MedR 1998, S. 532.

bedürfen die Richtlinien nicht einer Genehmigung durch das Bundesministerium für Gesundheit.

7.

(...)

8.

Aus dem Gesetz ergibt sich die Verpflichtung, bei der Vermittlung der Spenderorgane die Warteliste der Transplantationszentren als eine einheitliche Warteliste zu behandeln (§ 12 Abs. 3 Satz 2 TPG). Hierdurch soll eine bundesweit gerechte Verteilung der Spenderorgane nach medizinisch evaluierbaren Kriterien erreicht werden. Damit nicht in Einklang stehende Wünsche und Bedürfnisse einzelner Transplantationszentren bleiben nach den Vorgaben des Gesetzes zugunsten einer bundesweiten, patientenorientierten Organzuteilung richtigerweise unberücksichtigt.

9.

Bezüglich der Erfolgsaussicht sind die initial bei der Begutachtung des Patienten vorhandenen Parameter, die einer objektivierbaren medizinischen Evaluierung zugänglich sind, vorrangig zu berücksichtigen. Hierzu zählen primär die körperlichen Befunde. Sind aufgrund dieser Parameter mehrere mögliche Empfänger gleich gut geeignet, können zusätzlich individuelle, primär nicht-medizinische Umstände berücksichtigt werden, soweit sie einen medizinisch objektivierbaren Einfluss auf den Erfolg einer Transplantation haben (z.B. Compliance, soziale Einbindung des Patienten).

10.

Die Wartezeit des Patienten allein ist für die Erfolgsaussicht kein zu berücksichtigendes Kriterium, wohl aber die medizinisch relevanten Veränderungen der Transplantationsvoraussetzungen während der Wartezeit. Eine organspezifische Beurteilung dieser Veränderungen kann auch zu einer geringeren Einschätzung der Erfolgsaussicht nach längerer Wartezeit führen.

11.

Die Entfernung zwischen Spenderorgan und möglichem Empfänger darf im Hinblick auf die Erfolgsaussicht nur berücksichtigt werden, wenn die durch den Transport des Spenderorgans bedingte unvermeidbare Ischämiezeit den für das jeweilige Organ kritischen Zeitraum erreicht. Für den Transport ist das im Hinblick auf die Ischämietoleranz des jeweiligen Organs gebotene Transportmittel zu verwenden.

12.

Aus der Anzahl der an einem Transplantationszentrum durchgeführten Entnahmen ergibt sich nach den gesetzlichen Vorgaben kein Anspruch auf eine bevorzugte regionale Zuteilung der Spenderorgane.

13.

Bei der Konkretisierung der Dringlichkeit sind medizinisch objektivierbare Kriterien i.S. einer Prioritätenbildung zu erstellen. Dabei müssen organspezifische Abstufungen der Dringlichkeit festgelegt werden.

14.

(...)

Anlage 3

1 Richtlinien der BÄK für die Warteliste „Herz-, Herz-Lungen- und Lungentransplantationen" – Entwurf (Stand 4. Mai 1999)[700]

1.1 Vorbemerkung

Die Entscheidung über die Aufnahme eines Patienten auf die Warteliste trifft das Transplantationszentrum unter Berücksichtigung der individuellen Situation des Patienten (Patientenprofil) und der Möglichkeiten des Transplantationszentrums (Zentrumsprofil). Gegebenenfalls ist der Patient über die Möglichkeiten der Aufnahme in die Warteliste in einem anderen Transplantationszentrum aufzuklären.

Die Vorstellung zur Herz- oder Lungentransplantation erfolgt, wenn ein Schweregrad der Krankheit erreicht ist, bei dem eine konventionelle Behandlung nicht mehr erfolgversprechend erscheint. Im Rahmen der Evaluation zur Transplantation wird durch geeignete standardisierte Untersuchungen der zu erwartende medizinische Nutzen bzgl. Lebensdauer und Lebensqualität für den Patienten ermittelt und begründet.

1.2 Herztransplantation

a) Gründe für die Aufnahme

Indikation zur Herztransplantation ist das terminale Herzversagen, das zur Erhaltung des Lebens eine medikamentöse oder apparative Herzinsuffizienzbehandlung erforderlich macht. Voraussetzung für die Aufnahme in die Warteliste ist insbesondere die Befundung der Organfunktionen, wie sie im Anmeldeformular der Organkommission „Herz und Lunge" der DTG vorgesehen sind. Derzeit gilt die für den jeweiligen Patienten maximale Sauerstoffaufnahme als entscheidendes Kriterium für die Notwendigkeit der Transplantation.

b) Gründe für die Ablehnung

Kontraindikationen für eine Herztransplantation sind im Wesentlichen zusätzliche Erkrankungen oder psychosoziale Faktoren, die entweder ein vitales Risiko bei der Transplantation darstellen oder den längerfristigen Transplantationserfolg mindern. Bei der Beurteilung eventueller Kontraindikationen für eine Transplantation soll stets der körperliche

---

700 BÄK, Entwurf (Stand 4. Mai 1999), o.S.

und seelische Gesamtzustand des Patienten gewürdigt und eingeschätzt werden. Als psychosomatische bzw. psychosoziale Faktoren gelten: aktive Sucht (Nikotin, Alkohol, sonstige Drogen) und eingeschränkte Compliance.

1.3 (Herz-)Lungentransplantation

Die Übertragung der Lunge kann als einseitige, als doppelseitige oder als kombinierte Herz-Lungentransplantation ausgeführt werden. Aufgrund der sehr divergenten Pathogenese sowie der entsprechend unterschiedlichen konservativen Therapie und Prognose haben die folgenden Richtlinien noch vorläufigen Charakter.

a) Gründe für die Aufnahme

Indikation zur Herz-Lungentransplantation ist das nicht rückbildungsfähige, endgültige Herzversagen bei irreversiblen Lungenerkrankungen, das zur Erhaltung des Lebens eine medikamentöse Herzinsuffizienzbehandlung sowie eine kontinuierliche Sauerstofftherapie erforderlich macht. Voraussetzung für die Aufnahme in die Warteliste ist insbesondere die Befundung der Organfunktion, wie sie im Anmeldeformular der Organkommission „Herz und Lunge" der DTG vorgesehen sind. Weiteres wichtiges Kriterium ist der individuelle Krankheitsverlauf der letzten 12 Monate einschließlich notwendiger stationärer Behandlungen und der Verlauf der Lungenfunktionsparameter.

b) Gründe für die Ablehnung

Es gelten entsprechend die Gründe der Ablehnung wie bei der Herztransplantation.

1.4 Lungentransplantation

Die Frage der optimalen Behandlung des Patienten mit einer einseitigen oder einer doppelseitigen Lungentransplantation ist bei den verschiedenen zugrunde liegenden Erkrankungen derzeit noch umstritten. Die Art des Eingriffs sollte von dem behandelnden Ärzteteam individuell festgelegt werden.

a) Gründe für die Aufnahme

Indikation zur Lungentransplantation ist das nicht rückbildungsfähige, terminale Lungenversagen, das zur Erhaltung des Lebens eine medikamentöse oder apparative Ateminsuffizienzbehandlung erforderlich macht. Im Übrigen gelten die Regeln wie bei der (Herz)Lungentransplantation.

b) Gründe für die Ablehnung

Es gelten entsprechend die Gründe der Ablehnung wie bei der (Herz-) Lungentransplantation.

Im Rahmen eines Heilversuchs kann von den hier gegebenen Richtlinien ausnahmsweise abgewichen werden. Studien, die im Sinne der Weiterentwicklung der Transplantationsmedizin durchgeführt werden, sind der zuständigen lokalen Ethikkommission vorzulegen und der ständigen Kommission Organtransplantation der BÄK anzuzeigen.

2 Richtlinien der BÄK zur Organvermittlung für das Organ „Herz" – Entwurf (Stand 18. Juni 1999)[701]

2.1 Vorbemerkung

Bestehen bei einem registrierten Patienten vorübergehend Kontraindikationen gegen eine Transplantation, wird der Patient als „NT", vorübergehend „nicht transplantabel", klassifiziert und bei der Empfängerauswahl nicht berücksichtigt. Während dieser Zeit ruht die Wartezeit. Der Patient ist darüber zu informieren.

Die folgenden Richtlinien beruhen auf den Grundsätzen der Erfolgsaussicht, der Dringlichkeit und der Chancengleichheit. Das Prinzip der freien Arztwahl bleibt unberührt. Der Erfolg wird als Überleben des Empfängers, die langfristig gesicherte Transplantatfunktion sowie die verbesserte Lebensqualität definiert. Die Erfolgsaussichten sind für die Organe, aber auch innerhalb definierter Patientengruppen grundsätzlich verschieden. Neben diesen empfängerbezogenen Kriterien hängt der Erfolg der Transplantation auch von der Qualität des jeweiligen Spenderorgans und der Qualität der medizinischen Betreuung ab.

2.2 Allokationskriterien

Als Kriterien für die Allokation kommen in Betracht:

– *Blutgruppenkompatibilität (A-B-0-System)*
Um eine gleichmäßige Verteilung zu gewährleisten, erfolgt die Auswahl zu transplantierender Empfänger nach den folgenden Regeln:
0 – 0
A – A, AB
B – B, AB
AB – AB

---

701 BÄK, Entwurf (Stand 18. Juni 1999), o.S.

– *Hohe Dringlichkeit (high urgency – HU)*
Bei Patienten auf der Warteliste mit akut lebensbedrohlicher Situation besteht eine besondere Dringlichkeit zur Transplantation. Sie werden daher vorrangig vor allen anderen Patienten transplantiert. Die Zuordnung eines Patienten in diese Dringlichkeitsstufe muss besonders begründet werden. Empfänger, die diese Kriterien erfüllen, sind in der Regel bereits angemeldete Warteliste-Patienten, deren Zustand sich verschlechtert. Es handelt sich um Patienten, die auf der Intensivstation trotz höher-dosierter Therapie mit Katecholaminen und Phosphodiesterase-Hemmern nicht rekompensierbar sind oder bei denen refraktäre Arrhythmien dokumentiert werden. Es handelt sich jedoch nicht um Patienten, die zur Beobachtung oder mit low-dose-Katecholaminen auf der Intensivstation liegen. Bei progredientem Multiorganversagen scheidet die HU-Listung aus. Bei Patienten, die noch nicht in die Warteliste aufgenommen sind, muss vor HU-Anmeldung eine detaillierte Evaluation erfolgen. Patienten, bei denen ein ventrikuläres Unterstützungssystem (VAD) implantiert wird, werden grundsätzlich auf der einheitlichen Warteliste mit normaler Dringlichkeit geführt. Falls sich das Krankheitsbild initial verschlechtert, ist eine HU-Anmeldung nicht angezeigt. VAD-Patienten werden nur dann in die HU-Gruppe eingestuft, wenn sie sich zunächst erholen und erst später Komplikationen wie Infektionen, Embolien oder Blutungen erleiden. Nicht dazu zählen Komplikationen im Frühverlauf nach VAD-Implantation. Eine HU-Anmeldung kommt nicht in Betracht bei Patienten, bei denen eine notfallmäßige Entscheidung gefällt werden muss nach herzchirurgischen Eingriffen, nach großem Myokardinfarkt oder fulminanter Myokarditis. Sie weisen nach bisherigen Ergebnissen eine sehr geringe Erfolgsaussicht bei einer Transplantation auf. Dies gilt auch für akute Retransplantation bei initialem Transplantatversagen. Hier ist gegebenenfalls die Implantation eines VAD angezeigt.

Die Allokation von Organen erfolgt auch für HU-Patienten nach der oben dargestellten Blutgruppenkompatibilität. Innerhalb der HU-Patienten wird zunächst die Ischämiezeit und danach die Wartezeit berücksichtigt. Der HU-Status gilt für die Dauer von sieben Tagen, er muss nach Ablauf dieser Frist erneut begründet werden.

– *Wartezeit (80 % Gewichtung)*
Die Wartezeit ist ein bedeutsamer Faktor für die Prognose nach Aufnahme in die Warteliste zur thorakalen Organtransplantation. Aufgrund der Sterblichkeit, insbesondere während des ersten Jahres der Wartezeit, stellt sie somit einen medizinischen Dringlichkeitsfaktor dar. Wird der

Patient nach einer NT-Klassifikation wieder transplantabel, ist die vor der NT-Listung bereits registrierte Wartezeit anzurechnen. Die insgesamt zu berücksichtigende Wartezeit ist derzeit auf zwei Jahre zu begrenzen. Die Wartezeit wird in Tagen berechnet.

– *Konservierungszeit (20 % Gewichtung)*
Eine sofortige und adäquate Funktionsaufnahme des Transplantates ist bei Herzübertragungen entscheidend für den kurz- und langfristigen Transplantationserfolg. Neben spenderseitigen Faktoren (z.B. Alter des Spenders, Funktionszustand der Spenderorgane zum Zeitpunkt der Organentnahme) und der warmen Ischämiezeit (Implantationszeit) ist die Funktionsaufnahme insbesondere von der Dauer der Konservierungszeit („kalte Ischämiezeit") abhängig. Eine möglichst kurze Konservierungs- und Transportzeit ist daher anzustreben und bei der Organallokation zu berücksichtigen. Dies bedeutet für die isolierte Herztransplantation eine prospektive Gesamtischämiezeit (kalt und warm) von unter drei Stunden. Die Konservierungszeit ist abhängig von organisatorischen Faktoren und der Transportzeit zwischen Spenderkrankenhaus und Transplantationszentrum. Neben Dringlichkeit und Wartezeit ist die Ischämiezeit als weiterer Faktor für die Allokation zu berücksichtigen. In diesen Fällen soll die regionale Infrastruktur zur Verkürzung der Ischämiezeit genutzt werden. Es besteht die begründete Erwartung, dass durch die Berücksichtigung regionaler Allokation die Ischämiezeit reduziert und die Erfolgsaussichten für alle Patienten auf der (bundes)einheitlichen Warteliste verbessert werden. Dieses Ergebnis ist im Rahmen der Qualitätssicherung zu überprüfen und zu dokumentieren.

– *Übereinstimmung der HLA-Merkmale*
Im Hinblick auf den langfristigen Transplantationserfolg ist auch für thorakale Organe eine möglichst weitgehende Übereinstimmung der HLA-Merkmale zwischen Organspender und Empfänger anzustreben. Aufgrund der Logistik von Organentnahme und -transplantation mit obligat kurzen Ischämiezeiten kommt ein prospektives HLA-Matching bei der thorakalen Organtransplantation derzeit nicht in Betracht.

2.3 Verfahrensweise bei der Organvermittlung

Die Regeln der Organallokation sind regelmäßig auf ihre Validität zu überprüfen. Auf der Grundlage der Qualitätssicherung ist jährlich zu klären, ob die Entwicklung der medizinischen Wissenschaften eine Änderung der Kriterien oder ihrer Gewichtung erforderlich macht. Hierzu zählen z.B. die Anwendbarkeit der HLA-Kompatibilität als Vergabekriterium, die derzeit aus Zeitgründen nicht genutzt werden kann, oder die Abhängigkeit der tatsächlichen kalten Ischämiezeit von der räumlichen Entfernung. Darüber hinaus wird die Wartezeit und deren Einfluss auf die Prognose aller Patienten auf der bundeseinheitlichen Warteliste prospektiv analysiert.

Die Vermittlungsentscheidung ist verbindlich. Sie wird für jedes Organ transparent und nachvollziehbar begründet und dokumentiert. Das Verfahren der Organvermittlung erfolgt unter Verwendung eines abgestimmten Allokations-Algorithmus nach den oben beschriebenen Kriterien. Die Entscheidung über die Annahme eines Spenderorgans trifft das Transplantationszentrum unter Berücksichtigung der vom Patienten bei seiner Aufklärung vor Aufnahme in die Warteliste getroffenen individuellen Entscheidung und unter Berücksichtigung der Gesamtsituation des Spenderorgans sowie der individuellen Situation des Transplantatempfängers (Patientenprofil). Grundsätzliche Vorgaben bezüglich der Akzeptanz eines Spenderorgans können mit der Vermittlungsstelle vereinbart werden (Zentrumsprofil). Die Ablehnung eines Spenderorgans ist unter Angabe der Gründe zu dokumentieren. Die Gewichtung der Allokationsfaktoren wird fortlaufend gemäß dem Stand der medizinischen Wissenschaft überprüft und angepasst.

2.4 Expertengruppe Thorakale Transplantation (Audit-Gruppe)

Die Aufnahme eines Patienten auf die Warteliste mit hoher Dringlichkeit „HU" erfolgt nach den in den Richtlinien „Warteliste" festgelegten Kriterien durch eine Audit-Gruppe. Ihre Entscheidung muss unverzüglich erfolgen.

Aus jedem zur thorakalen Transplantation zugelassenen Transplantationszentrum in Deutschland werden zwei in der thorakalen Organtransplantation erfahrene Ärzte für die Audit-Gruppe nominiert. Aus dieser Gruppe wird im Rotationsverfahren ein ständiger Bereitschaftsdienst gebildet. Die jeweils amtierende Audit-Gruppe setzt sich aus drei Mitgliedern zusammen, die in verschiedenen Transplantationszentren tätig sind, nicht jedoch in dem Zentrum, das von der Allokationsentscheidung betroffen ist. Ihr müssen ein Internist und ein Chirurg angehören. Die Audit-Gruppe wird organisatorisch an die Vermittlungsstelle angebunden.

Die Entscheidungen der Audit-Gruppe sind mehrheitlich zu treffen und zu dokumentieren.

3 Richtlinien der BÄK für die Organe „Herz-Lungen- und Lungen" – Entwurf (Stand 18. Juni 1999)[702]

3.1 Allokationskriterien

Als Kriterien für die Allokation kommen in Betracht:

- *Blutgruppenkompatibilität (A-B-0-System)*
Es gilt das zur Herztransplantation Gesagte.

- *Hohe Dringlichkeit (high urgency – HU)*
Es gilt im Wesentlichen das zur Herztransplantation Gesagte. Die Patienten werden unter intensivmedizinischen Bedingungen behandelt, die Atmung maschinell unterstützt oder ersetzt.

- *Wartezeit (80 % Gewichtung)*
Es gilt das zur Herztransplantation Gesagte.

- *Konservierungszeit (20 % Gewichtung)*
Es gilt im Wesentlichen das zur Herztransplantation Gesagte. Die prospektive Gesamtischämiezeit liegt bei der kombinierten Herz-Lungentransplantation bei unter drei Stunden, für die alleinige Lungentransplantation bei unter vier Stunden.

- *Übereinstimmung der HLA-Merkmale*
Es gilt das zur Herztransplantation Gesagte.

- *Kombinierte Herz-Lungen-Transplantation*
Patienten mit geplanter Herz-Lungentransplantation ist innerhalb jeder Dringlichkeitsstufe Vorrang vor Patienten mit isolierter Herz- und isolierter Lungentransplantation zu geben.

3.2 Verfahrensweise bei der Organvermittlung

Es gilt das zur Herztransplantation Gesagte.

3.3 Expertengruppe Thorakale Transplantation (Audit-Gruppe)

Es gilt das zur Herztransplantation Gesagte.

---

[702] BÄK, Entwurf (Stand 18. Juni 1999), o.S.

Anlage 4

Richtlinien zur Organtransplantation gemäß § 16 Transplantationsgesetz[703]

Von der in Auszügen folgenden Wiedergabe wird die (Nieren-) Pankreastransplantation ausgenommen.

1 Richtlinien für die Warteliste

Die Vorbemerkungen sind bezüglich aller Transplantationsarten nahezu identisch. Lediglich der letzte Absatz gilt nur für die Warteliste zur Herz-, Herz-Lungen- und Lungentransplantation.

1.1 Vorbemerkungen

Bei der Entscheidung über die Aufnahme auf die Warteliste für eine Organtransplantation ist abzuwägen, ob die individuelle medizinische Gesamtsituation des Patienten einen längerfristigen Transplantationserfolg erwarten lässt. Die Entscheidungsgründe sind zu dokumentieren. Hierbei sind auch eventuell zu erwartende schwerwiegende operativ-technische Probleme zu berücksichtigen.

Vor Aufnahme in die Warteliste für eine Transplantation ist der Patient über die Risiken, Erfolgsaussichten und längerfristigen medizinischen, sozialen und psychischen Auswirkungen einer Transplantation aufzuklären. Hierzu gehört auch die Aufklärung über die notwendige Immunsuppression mit den potenziellen Nebenwirkungen und Risiken und die Notwendigkeit von regelmäßigen Kontrolluntersuchungen. Für die Aufnahme in die Warteliste ist der Wunsch des Patienten und seine Einwilligung in eine Transplantation die Voraussetzung. (...) Während der Wartezeit ist die Entscheidung in angemessenen Zeitabständen zu überprüfen und zu dokumentieren. (...) Die Entscheidung über die Aufnahme eines Patienten auf die Warteliste trifft das Transplantationszentrum unter Berücksichtigung der individuellen Situation des Patienten (Patientenprofil) und im Rahmen des angebotenen Behandlungsspektrums des Transplantationszentrums (Zentrumsprofil). Gegebenenfalls ist der Patient über die Möglichkeiten der Aufnahme in die Warteliste in einem anderen Transplantationszentrum aufzuklären.

---

[703] BÄK, DÄ 2000, S. 316 ff.

Die Vorstellung zur Herz- oder Lungentransplantation erfolgt, wenn ein Schweregrad der Krankheit erreicht ist, bei dem eine konventionelle Behandlung nicht mehr erfolgversprechend erscheint. Im Rahmen der Evaluation zur Transplantation wird durch geeignete standardisierte Untersuchungen der zu erwartende medizinische Nutzen bezüglich Lebensdauer und Lebensqualität für den Patienten ermittelt und begründet.

1.2 Nierentransplantation

a) Gründe für die Aufnahme

Indikation zur Nierentransplantation ist das nicht rückbildungsfähige, terminale Nierenversagen, das zur Erhaltung des Lebens eine Dialysebehandlung erforderlich macht oder in Kürze erforderlich machen wird. Letzteres gilt vor allem bei Kindern, geplanter Lebendspende und chronischem Transplantatversagen nach bereits erfolgter Transplantation. Eine Dialysebehandlung ist „in Kürze" erforderlich, wenn bereits technische Vorbereitungen für eine Dialysebehandlung (zum Beispiel Anlegen eines Shunts) getroffen werden müssen.

b) Gründe für die Ablehnung

Kontraindikationen gegen eine Nierentransplantation sind:
- nicht kurativ behandelte bösartige Erkrankungen,
- klinisch manifeste Infektionserkrankungen,
- HIV-Infektion,
- schwerwiegende zusätzliche Erkrankungen (zum Beispiel Herz- und Gefäßerkrankungen, Bronchial- und Lungenerkrankungen, Lebererkrankungen), die entweder ein vitales Risiko bei der Transplantation darstellen oder den längerfristigen Transplantationserfolg infrage stellen.

Bei der Beurteilung der vorstehend aufgeführten eventuellen Kontraindikationen für eine Transplantation soll stets der körperliche und seelische Gesamtzustand des Patienten gewürdigt und eingeschätzt werden. Bei der Abwägung nach den genannten Kriterien sind die jeweiligen aktuellen Veröffentlichungen der Fachgesellschaften und die internationale Fachliteratur zu berücksichtigen. (...)

1.3 Lebertransplantation

a) Gründe für die Aufnahme

Eine Lebertransplantation kann angezeigt sein bei nicht rückbildungsfähiger, fortschreitender, das Leben des Patienten gefährdender Lebererkrankung, wenn keine akzeptable Behandlungsalternative besteht und keine Kontraindikationen für eine Transplantation vorliegen. Daneben kommen als Indikation für eine Lebertransplantation auch solche genetischen Erkrankungen in Frage, bei denen der genetische Defekt wesentlich in der Leber lokalisiert ist und dieser durch eine Transplantation korrigiert werden kann.

aa) Mögliche Indikationen
Entsprechend dem heutigen Stand der Erkenntnisse der medizinischen Wissenschaft können folgende Erkrankungen unter Berücksichtigung von Notwendigkeit und Erfolgsaussicht durch eine Lebertransplantation behandelt werden:
- Leberzirrhosen (...)
- Cholestatische Lebererkrankungen (...)
- Genetische und metabolische Erkrankungen (...)
- Akutes Leberversagen (...)
- Bösartige Lebertumoren (...)
- Sonstige Erkrankungen (...)

Patienten können auf die Warteliste zur Lebertransplantation aufgenommen werden, wenn die Überlebenswahrscheinlichkeit mit Transplantation größer ist als ohne. (...)

bb) Einschränkung der Indikationen

(...) Bei Patienten mit alkoholinduzierter Zirrhose erfolgt die Aufnahme auf die Warteliste erst dann, wenn der Patient für mindestens sechs Monate völlige Alkoholabstinenz eingehalten hat. Eine frühzeitigere Anmeldung auf der Warteliste kann nur dann erfolgen, wenn der Patient eine erfolgreiche Entzugsbehandlung nachweist und ein entsprechendes fachärztliches Gutachten vorliegt. Krankheitseinsicht und Kooperationsfähigkeit des Patienten müssen einen längerfristigen Transplantationserfolg sowie eine ausreichende Compliance auch in schwierigen Situationen ermöglichen.

Bei allen Patienten mit bösartigen Erkrankungen muss vor der Aufnahme auf die Warteliste sowie durch regelmäßige Kontrollen während der Wartezeit extrahepatisches Tumorwachstum ausgeschlossen sein. (...)

b) Gründe für die Ablehnung
Kontraindikationen für eine Lebertransplantation sind grundsätzlich alle Erkrankungen oder Befunde, welche einen Erfolg der Transplantation

ernsthaft infrage stellen. Bei der Beurteilung der nachfolgend angegebenen eventuellen Kontraindikationen für eine Transplantation soll stets der körperliche und seelische Gesamtzustand des Patienten gewürdigt und eingeschätzt werden.
Als derzeitige Kontraindikationen sind anzusehen:
Es gilt das zur Nierentransplantation Gesagte.

1.4 Herztransplantation

a) Gründe für die Aufnahme

Indikation zur Herztransplantation ist das terminale Herzversagen (...), das zur Erhaltung des Lebens eine medikamentöse oder apparative Herzinsuffizienzbehandlung erforderlich macht. (...)

Voraussetzung für die Aufnahme in die Warteliste ist insbesondere die Befundung der Organfunktionen, wie sie im Anmeldeformular der Organkommission „Herz und Lunge" der Deutschen Transplantationsgesellschaft vorgesehen sind (...). Derzeit gilt die für den jeweiligen Patienten maximale Sauerstoffaufnahme als entscheidendes Kriterium für die Notwendigkeit der Transplantation.

b) Gründe für die Ablehnung

Derzeitige Kontraindikationen für eine Herztransplantation sind in Tabelle 3 aufgeführt. Dazu gehören zum Beispiel eine HIV-Infektion und bestehender schwerer Nikotin-, Alkohol-, sonstiger Drogen-Abusus sowie unzureichende Compliance. Es handelt sich im Wesentlichen um zusätzliche Erkrankungen oder psychosoziale Faktoren, die entweder ein vitales Risiko bei der Transplantation darstellen oder den längerfristigen Transplantationserfolg mindern.

Bei der Beurteilung (...) soll stets der körperliche und seelische Gesamtzustand des Patienten gewürdigt und eingeschätzt werden.

1.5 (Herz-) Lungentransplantation

Die Übertragung der Lunge kann als einseitige, als doppelseitige oder als kombinierte Herz-Lungen-Transplantation ausgeführt werden. Aufgrund der sehr divergenten Pathogenese (...) sowie der entsprechend unterschiedlichen konservativen Therapie und Prognose haben die folgenden Richtlinien noch vorläufigen Charakter.

a) Gründe für die Aufnahme

Indikation zur Herz-Lungen-Transplantation ist das nicht rückbildungsfähige, endgültige Herzversagen bei irreversiblen Lungenerkrankungen

(...), das zur Erhaltung des Lebens eine medikamentöse Herzinsuffizienzbehandlung sowie eine kontinuierliche Sauerstofftherapie erforderlich macht. Voraussetzung für die Aufnahme in die Warteliste ist insbesondere die Befundung der Organfunktionen, wie sie im Anmeldeformular der Organkommission „Herz und Lunge" der Deutschen Transplantationsgesellschaft vorgesehen sind (...). Ein Patient zur Aufnahme in die Warteliste zur kombinierten Herz-Lungen-Transplantation muss auch die Kriterien für eine Herztransplantation erfüllen. Weiteres wichtiges Kriterium für die Aufnahme ist der individuelle Krankheitsverlauf der letzten zwölf Monate einschließlich notwendiger stationärer Behandlungen und der Verlauf der Lungenfunktionsparameter.

b) Gründe für die Ablehnung

Gründe für eine Ablehnung zur Herz-Lungen-Transplantation sind in Tabelle 5 aufgeführt. Dazu gehören zum Beispiel eine HIV-Infektion und bestehender schwerer Nikotin-, Alkohol-, sonstiger Drogen-Abusus sowie unzureichende Compliance.

1.6 Lungentransplantation

(...)

a) Gründe für die Aufnahme

Indikation zur Lungentransplantation ist das nicht rückbildungsfähige, terminale Lungenversagen, das zur Erhaltung des Lebens eine medikamentöse oder apparative Atem-Insuffizienzbehandlung erforderlich macht.

b) Gründe für die Ablehnung

Es gilt das zur Herz-Lungen-Transplantation Gesagte.

Im Rahmen eines Heilversuchs kann von den hier angegebenen Richtlinien ausnahmsweise abgewichen werden. Studien, die im Sinne der Weiterentwicklung der Transplantationsmedizin durchgeführt werden, sind der zuständigen lokalen Ethikkommission vorzulegen und der Ständigen Kommission Organtransplantation der Bundesärztekammer anzuzeigen.

2 Richtlinien für die Organvermittlung

Die Vorbemerkungen sind bezüglich aller Transplantationsarten identisch.

2.1 Vorbemerkungen

Grundlage dieser Richtlinien ist das Transplantationsgesetz (TPG). (...)
Voraussetzung für die Organvermittlung ist, dass der in die Warteliste eines Transplantationszentrums aufgenommene Patient mit den für die Vermittlung notwendigen aktuellen medizinischen Daten bei der Vermittlungsstelle registriert ist.

Bestehen bei einem registrierten Patienten vorübergehend Kontraindikationen gegen eine Transplantation, wird der Patient als „NT", vorübergehend „nicht transplantabel", klassifiziert und bei der Empfängerauswahl nicht berücksichtigt. Der Patient ist jeweils über seinen Status auf der Warteliste von einem Arzt des Transplantationszentrums zu informieren. Die folgenden Richtlinien für die Organ-Allokation beruhen auf den Grundsätzen der Erfolgsaussicht, der Dringlichkeit und der Chancengleichheit. Das Prinzip der freien Arztwahl bleibt unberührt.

Der Erfolg einer Transplantation wird als Überleben des Empfängers, die längerfristig gesicherte Transplantatfunktion sowie die verbesserte Lebensqualität definiert. Die Erfolgsaussichten sind für die Organe, aber auch innerhalb definierter Patientengruppen grundsätzlich verschieden. Neben diesen empfängerbezogenen Kriterien hängt der Erfolg der Transplantation auch von der Qualität des jeweiligen Spenderorgans und der Qualität der medizinischen Betreuung ab.

2.2 Nierentransplantation

a) Kriterien für die Allokation von Nieren

– *Blutgruppenkompatibilität (A-B-0-System)*
(...)

– *Grad der Übereinstimmung der HLA-Merkmale (40 % Gewichtung)*
Im Hinblick auf den langfristigen Transplantationserfolg ist eine möglichst weitgehende Übereinstimmung der HLA-Merkmale anzustreben.

Berücksichtigt und in einer Punktzahl ausgedrückt wird bei der Organverteilung die Summe der „Mismatches" (Nicht-Übereinstimmungen) der Antigene des HLA-A, HLA-B und HLA-DR Locus beziehungsweise die Anzahl der zwischen Spender und Empfänger übereinstimmenden HLA-Antigene.

– *Mismatch-Wahrscheinlichkeit (10 % Gewichtung)*
Die Mismatch-Wahrscheinlichkeit (Probability) bezeichnet die errechnete Wahrscheinlichkeit, ein weitgehend in den HLA-Merkmalen übereinstimmendes Organ angeboten zu bekommen. Grundlage für die Berechnung ist die Verteilung der HLA-Merkmale in der Bevölkerung.

– *Wartezeit (30 % Gewichtung)*
Die Wartezeit beginnt mit dem ersten Tag der Nierenersatztherapie. Sie ist ein Dringlichkeitsfaktor bei der Organ-Allokation. Die Wartezeit wird in Tagen berechnet, es werden derzeit bis zu sechs Jahren angerechnet.

– *Konservierungszeit (20 % Gewichtung)*
Eine möglichst kurze Konservierungs- und Transportzeit ist anzustreben und bei der Organ-Allokation zu berücksichtigen.
  Eine sofortige und adäquate Funktionsaufnahme des Transplantats ist ein entscheidender Vorteil für einen langfristigen Transplantationserfolg. Neben spenderseitigen Faktoren (zum Beispiel Alter des Spenders, Funktionszustand der Spendernieren zum Zeitpunkt der Organentnahme) und der warmen Ischämiezeit ist die spontane Funktionsaufnahme auch von der Dauer der Konservierungszeit („kalte Ischämiezeit") abhängig. Prinzipiell sollte deshalb die Konservierungszeit so kurz wie möglich gehalten werden. Das gilt insbesondere bei Nieren von älteren Organspendern und Organen mit eingeschränkter Funktion zum Zeitpunkt der Entnahme sowie bei längerer warmer Ischämiezeit. Neben HLA-Kompatibilität und Wartezeit ist die Ischämiezeit als weiterer Faktor für die Allokation zu berücksichtigen. Es ist anzunehmen, dass durch die Nutzung der Informations- und Organisationsstrukturen in den gebildeten Organentnahmeregionen die Ischämiezeiten verkürzt werden können. Die Transplantationszentren sollen verpflichtet sein, nach Erhalt der Organe die Transplantation unverzüglich durchzuführen. Es besteht die Erwartung, dass durch die Berücksichtigung der Ischämiezeit die Erfolgsaussichten für die Patienten verbessert werden. Das Ergebnis ist zu dokumentieren und innerhalb von zwei Jahren im Rahmen der Qualitätssicherung zu überprüfen.

– *Hochimmunisierte Patienten*
Diese Patienten werden im Rahmen von Sonder-Allokations-Programmen (HIT-Programm, AM-Programm) wegen ihrer sonst sehr viel schlechteren Chancen für ein Transplantat bevorzugt berücksichtigt.

– *Hohe Dringlichkeit (high urgency – HU)*
In Einzelfällen, in denen eine lebensbedrohliche Situation vorliegt beziehungsweise absehbar ist, besteht eine besondere Dringlichkeit zur Transplantation, die eine vorrangige Organzuteilung rechtfertigt. Diese Einzelfälle müssen besonders begründet werden („high urgency"); sie werden so gewichtet, dass sie innerhalb von sechs Wochen transplantiert werden. Die Vermittlungsstelle berichtet regelmäßig über diese Fälle der Ständigen Kommission Organtransplantation der Bundesärztekammer.

– *Nierentransplantation bei Kindern*
Bei Kindern im Wachstumsalter sollte die Wartezeit so kurz wie möglich gehalten werden; sie sind deshalb bei der Organvermittlung wegen zu befürchtender Störung der körperlichen und seelischen Entwicklung besonders zu berücksichtigen.

– *Kombinierte Organtransplantationen*
Kombinierte Organtransplantationen nehmen eine Sonderstellung ein. Unter Berücksichtigung von Indikation und Erfolgsaussicht erfolgt eine vorrangige Allokation der Niere für kombinierte Organtransplantationen (zum Beispiel Niere-Herz, Niere-Leber und andere).

b) Verfahrensweise bei der Organvermittlung
Die Vermittlungsentscheidung ist verbindlich. Sie wird für jedes Organ transparent und nachvollziehbar begründet und dokumentiert. Das Verfahren der Organvermittlung erfolgt unter Verwendung eines abgestimmten Allokations-Algorithmus nach den unter 1 beschriebenen Kriterien. Die Entscheidung über die Annahme eines Spenderorgans trifft das Transplantationszentrum unter Berücksichtigung der vom Patienten bei seiner Aufklärung getroffenen individuellen Entscheidung und unter Berücksichtigung der Gesamtsituation des Spenderorgans sowie der individuellen Situation des Transplantatempfängers (Patientenprofil). Begründete Vorgaben für Spenderorgane können im Rahmen des angebotenen Behandlungsspektrums mit der Vermittlungsstelle vereinbart werden (Zentrumsprofil). Die Ablehnung eines angebotenen Spenderorgans ist unter Angabe der Gründe zu dokumentieren. Die Gewichtung der Allokationsfaktoren wird fortlaufend gemäß dem Stand der medizinischen Wissenschaft überprüft und angepasst.

Zur Überprüfung neuer Entwicklungen und Möglichkeiten der Organ-Allokation kann die Vermittlungsstelle im Rahmen wissenschaftlich definierter Sonderprogramme für einen begrenzten Zeitraum von diesen Richtlinien abweichen. Die Ständige Kommission Organtransplantation der Bundesärztekammer ist vor Beginn und nach Abschluss eines Programms zu unterrichten.

c) Sanktionen

Bei einem Verstoß gegen die Allokationsrichtlinien sind die Voraussetzungen für die Zulässigkeit der Organübertragung nach § 9 TPG nicht gegeben, und es liegt nach § 20 Abs. 1 Nr. 2 TPG ein Bußgeldtatbestand vor. Wird der Vermittlungsstelle ein Verstoß bekannt oder hat sie hinreichende Verdachtsmomente für einen solchen, unterrichtet sie die zuständige Bußgeldbehörde. Darüber hinaus meldet sie den Fall an die Prüfungskommission der Vertragspartner nach § 12 Abs. 4 Nr. 4 TPG.

2.3 Lebertransplantation

a) Kriterien für die Allokation von Lebern

- *Blutgruppenkompatibilität (A-B-0-System)*
(...)
- *Dringlichkeitsstufen I-IV*

Dringlichkeitsstufe I
  High urgency (HU), akutes Leberversagen, akutes Transplantatversagen innerhalb von sieben Tagen nach Transplantation. Bei Patienten in akut lebensbedrohlicher Situation (high urgency/Dringlichkeitsstufe I) droht ohne Transplantation der Tod in wenigen Tagen. Sie werden daher vorrangig vor allen anderen Patienten bei der Organzuteilung berücksichtigt. Innerhalb der HU-Patienten wird zunächst die Ischämiezeit und danach die Wartezeit berücksichtigt.

Weitere Dringlichkeitsstufen II – IV
(...)
Bei Patienten der Dringlichkeitsstufe II mit akuter Dekompensation (...) soll durch eine erhöhte Priorität die Behandlungs- und Überlebenschance verbessert werden. Deshalb erhalten diese Patienten den maximal für Dringlichkeit erreichbaren Wert. Patienten der Dringlichkeitsstufe III erhalten die Hälfte, Patienten der Dringlichkeitsstufe IV erhalten ein Viertel des für Dringlichkeit erreichbaren Wertes.

Anmeldung für die Dringlichkeitsstufen
Die Anmeldung für die Dringlichkeitsstufe I gilt zeitlich begrenzt auf sieben Tage, bei Anmeldung der Dringlichkeitsstufe II auf vier Wochen; beide unterliegen einer Überprüfung im Auditverfahren. In Abwägung von Dringlichkeit und Erfolgsaussichten sollen zwei Drittel der verfügbaren Organe für Patienten der Dringlichkeitsstufen III und IV zur Verfügung stehen. Patienten mir chronischen Lebererkrankungen ohne Komplikationen (Dringlichkeitsstufe IV) müssen eine Chance haben, nach entsprechender Wartezeit bei der Organ-Allokation berücksichtigt zu werden.

- *Wartezeit (40 % Gewichtung)*

Die Wartezeit ist ein bedeutsamer Faktor für die Prognose des chronisch Leberkranken. Aufgrund der Sterblichkeit und der fortschreitenden Verschlechterung des Gesamtzustandes, insbesondere während des ersten

Jahres der Wartezeit, stellt diese somit einen besonderen Dringlichkeitsfaktor dar. Wird der Patient nach einer NT-Klassifikation wieder transplantabel, ist die vor der NT-Listung bereits registrierte Wartezeit anzurechnen. Die insgesamt zu berücksichtigende Wartezeit ist derzeit auf zwölf Monate zu begrenzen. Die Wartezeit wird in Tagen berechnet.

– *Konservierungszeit (20 % Gewichtung)*
Die sofortige und adäquate Funktionsaufnahme der transplantierten Leber ist für den Verlauf und den Erfolg nach Transplantation entscheidend. Neben spenderbedingten Faktoren (zum Beispiel Alter, Verfettung, Intensivverlauf) ist ganz besonders die Dauer der Konservierung (kalte Ischämiezeit) für die Frühfunktion von Bedeutung. Eine möglichst kurze kalte Ischämiezeit ist daher anzustreben und bei der Organ-Allokation zu berücksichtigen.

Die Konservierungsdauer ist abhängig von organisatorischen Faktoren und der Transportzeit zwischen Spenderkrankenhaus und Transplantationszentrum. Neben Dringlichkeit und Wartezeit ist daher die Ischämiezeit als dritter wichtiger Faktor für die Allokation zu berücksichtigen. Es ist anzunehmen, dass durch die Nutzung der Informations- und Organisationsstrukturen in den gebildeten Organentnahmeregionen die Ischämiezeiten verkürzt werden können. Die Transplantationszentren sollen verpflichtet sein, nach Erhalt der Organe die Transplantation unverzüglich durchzuführen. Es besteht die Erwartung, dass durch die Berücksichtigung der Ischämiezeit die Erfolgsaussichten für die Patienten verbessert werden. Das Ergebnis ist zu dokumentieren und innerhalb von zwei Jahren im Rahmen der Qualitätssicherung zu überprüfen.

– *Übereinstimmung der HLA-Merkmale*
Anders als bei der Nierentransplantation spielt die HLA-Kompatibilität für das Ergebnis der Lebertransplantation derzeit keine Rolle. Sie findet daher keine Berücksichtigung bei der Organ-Allokation.

– *Lebertransplantation bei Kindern*
Bei Kindern im Wachstumsalter muss die Wartezeit möglichst kurz gehalten werden. Wegen der problematischen Größenverhältnisse sollen zunächst alle Organspender unter 40 kg Körpergewicht primär für die Kinderlebertransplantation vermittelt werden. Auch die Möglichkeit einer Organteilung sollte bei einem geeigneten Spender genutzt werden.

– *Kombinierte Organtransplantation*
Unter Berücksichtigung von Indikation und Erfolgsaussicht erfolgt eine vorrangige Allokation für Lebertransplantationen in Kombination mit

anderen Organen, wenn diese Kombinationen nach Prüfung durch das Audit-Komitee als sinnvoll und dringlich angesehen werden. Das gilt nicht, wenn zusätzlich zur Leber lediglich eine Niere transplantiert werden soll.

b) Verfahrenweise bei der Organvermittlung
Die Regeln der Organ-Allokation der vermittlungspflichtigen Leber-Spenderorgane sind regelmäßig auf ihre Validität zu überprüfen. Auf der Grundlage der Qualitätssicherung ist jährlich zu klären, ob die Entwicklung der medizinischen Wissenschaft eine Änderung der Kriterien oder ihrer Gewichtung erforderlich macht. I.Ü. gilt, ausgenommen der letzte Absatz, das zur Nierentransplantation Gesagte.

c) Expertengruppe Lebertransplantation (Audit-Gruppe)
(...)

d) Sanktionen
Es gilt das zur Nierentransplantation Gesagte.

2.4 Herztransplantation

a) Kriterien für die Allokation von Herzen
– *Blutgruppenkompatibilität (A-B-0-System)*
(...)

– *Hohe Dringlichkeit (high urgency – HU)*
Bei Patienten auf der Warteliste in akut lebensbedrohlicher Situation besteht eine besondere Dringlichkeit zur Transplantation. Sie werden daher vorrangig vor allen anderen Patienten transplantiert. Die Zuordnung eines Patienten in diese Dringlichkeitsstufe muss besonders begründet werden. Empfänger, die diese Kriterien erfüllen, sind in der Regel bereits auf der Warteliste geführte Patienten, deren Zustand sich verschlechtert. Es handelt sich um Patienten, die auf der Intensivstation trotz höher dosierter Therapie mit Katecholaminen und Phosphodiesterase-Hemmern nicht rekompensierbar sind oder bei denen refraktäre Arrhythmien dokumentiert werden. Es handelt sich jedoch nicht um Patienten, die zur Beobachtung oder mit Low-dose-Katecholaminen auf der Intensivstation liegen. Bei progredientem Multiorganversagen scheidet die HU-Listung aus. Bei Patienten, die noch nicht in die Warteliste aufgenommen sind, muss vor HU-Anmeldung eine detaillierte Evaluation erfolgen.

Patienten, bei denen ein ventrikuläres Unterstützungssystem (VAD) implantiert wird, werden grundsätzlich auf der einheitlichen Warteliste mit normaler Dringlichkeit geführt. Falls sich das Krankheitsbild initial verschlechtert, ist eine HU-Anmeldung nicht angezeigt. VAD-Patienten werden nur dann in die HU-Gruppe eingestuft, wenn sie sich zunächst erholen und erst später methodenbedingte Komplikationen erleiden. Nicht dazu zählen Komplikationen im Frühverlauf (1–2 Wochen) nach VAD-Implantation. Eine HU-Anmeldung kommt nicht in Betracht bei Patienten, bei denen eine notfallmäßige Entscheidung gefällt werden muss nach großem Myokardinfarkt oder fulminanter Myokarditis. Sie weisen nach bisherigen Ergebnissen eine sehr geringe Erfolgsaussicht bei einer Transplantation auf. Dies gilt auch für die akute Retransplantation bei initialem Transplantatversagen. Hier ist gegebenenfalls die Implantation eines VAD angezeigt.

Die Allokation von Organen erfolgt auch für HU-Patienten nach den in der Tabelle (...) dargestellten Regeln. Innerhalb der HU-Patienten wird zunächst die Ischämiezeit und danach die Wartezeit berücksichtigt. Der HU-Status gilt für die Dauer von sieben Tagen, er muss nach Ablauf dieser Frist erneut begründet werden.

– *Wartezeit (80 % Gewichtung)*
Es gilt im Wesentlichen das zur Lebertransplantation Gesagte. Die insgesamt zu berücksichtigende Wartezeit ist derzeit auf zwei Jahre zu begrenzen.

– *Konservierungszeit (20 % Gewichtung)*
Es gilt im Wesentlichen das zur Lebertransplantation Gesagte. Für die isolierte Herztransplantation wird eine prospektive Gesamtischämiezeit (kalt und warm) von unter drei Stunden empfohlen.

– *Übereinstimmung der HLA-Merkmale*
Im Hinblick auf den langfristigen Transplantationserfolg ist auch für thorakale Organe eine möglichst weitgehende Übereinstimmung der HLA-Merkmale zwischen Organspender und -Empfänger anzustreben. Aufgrund der Logistik von Organentnahme und -transplantation mit obligat kurzen Ischämiezeiten kommt ein prospektives HLA-Matching bei der thorakalen Organtransplantation derzeit nicht in Betracht.

b) Verfahrensweise bei der Organvermittlung
Es gilt im Wesentlichen das zur Lebertransplantation Gesagte. Bei der Herztransplantation wird zum Beispiel die Anwendbarkeit der HLA-Kompatibilität als Vergabekriterium, die derzeit aus Zeitgründen nicht genutzt werden kann, oder die Abhängigkeit der tatsächlichen kalten

Ischämie von der räumlichen Entfernung überprüft. Darüber hinaus wird die Wartezeit und deren Einfluss auf die Prognose aller Patienten auf der bundeseinheitlichen Warteliste prospektiv analysiert.

c) Expertengruppe Thorakale Transplantation (Audit-Gruppe)
(...)

d) Sanktionen
Es gilt das zur Nierentransplantation Gesagte.

2.5 Herz-Lungen- und Lungentransplantation

a) Kriterien für die Allokation von Herz-Lungen und Lungen
- *Blutgruppenkompatibilität (A-B-0-System)*
(...)
- *Hohe Dringlichkeit (high urgency – HU)*
Es gilt im Wesentlichen das zur Herztransplantation Gesagte.
- *Wartezeit (80 % Gewichtung)*
Es gilt das zur Herztransplantation Gesagte.
- *Konservierungszeit (20 % Gewichtung)*
Es gilt im Wesentlichen das zur Lebertransplantation Gesagte. Für die kombinierte Herz-Lungen-Transplantation wird eine prospektive Gesamtischämiezeit (kalt und warm) von unter drei Stunden, für die alleinige Lungentransplantation von unter vier Stunden empfohlen.
- *Übereinstimmung der HLA-Merkmale*
Es gilt das zur Herztransplantation Gesagte.
- *Kombinierte Herz-Lungen-Transplantation*
Patienten mit geplanter Herz-Lungen-Transplantation ist innerhalb jeder Dringlichkeitsstufe Vorrang vor Patienten mit isolierter Herz- und isolierter Lungentransplantation zu geben.

b) Verfahrensweise bei der Organvermittlung
Es gilt das zur Herztransplantation Gesagte.

c) Expertengruppe Thorakale Transplantation (Audit-Gruppe)
(...)

d) Sanktionen
Es gilt das zur Nierentransplantation Gesagte.

Literaturverzeichnis

Abendroth, D. / Schelzig, H. / Storck, M.: Langzeit-Ergebnisse der Transplantation von „Full-House"-Nieren – Einfluss der Immunsuppression?, Transplantationsmedizin Supplement 1998, S. 88 f.
Ach, Johann S.: Von Natur aus knapp, Gerechtigkeitstheoretische Überlegungen zur Verteilung knapper Spenderorgane in der Transplantationsmedizin, in: Zeitschrift für Medizinische Ethik 1997, Bd. 43, S. 31 ff.
Ach, Johann S.: Ersatzteillager Tier, Moralische Probleme der Xenotransplantation, in: Ach, J. S. / Quante, M. (Hrsg.): a.a.O., S. 291 ff.
Ach, Johann S. / Quante, Michael (Hrsg.): Hirntod und Organverpflanzung, Ethische, medizinische, psychologische und rechtliche Aspekte der Transplantationsmedizin, Stuttgart u.a. 1997
Albert, Franz Werner / Land, Walter / Zwierlein, Eduard (Hrsg.): Transplantationsmedizin und Ethik, Auf dem Weg zu einem gesellschaftlichen Konsens, Lengerich 1995
Albrecht, Ernst: Klare Verantwortlichkeit – Mehr Menschlichkeit, Zwei Leitlinien für den modernen Bundesstaat, Ansprache vor dem Bundesrat am 8. November 1985, Bonn 1985
Albrecht, K. / Friedrich, J. / Pfeiffer, T.: Können die ungünstigeren Ergebnisse älterer Spendernieren (über 60 Jahre) durch ein Alters-„Match" (Empfänger über 60 Jahre) verbessert werden?, Transplantationsmedizin 1994, Heft 3, S. 183 ff.
Andreae, Clemens-August / Theurl, Engelbert: Probleme der Zuteilung von Ressourcen in Ausnahmesituationen, Das Beispiel des Gesundheitswesens, in: Ökonomische Grenzen der Medizin, Akademie der Wissenschaften und der Literatur, Mainz; Stuttgart 1990, S. 5 ff.
Ankermann, Ernst / Kullmann, Hans Josef / Bischoff, Rolf: Arzthaftpflichtrechtsprechung, Teil I – Entscheidungen von 1949–1992, 1. Band, Stand: 53. Lfg., Juli 1995, Berlin 1987
Arthur, John (ed.): Justice and Economic Distribution, 2. Auflage, New Jersey 1991
Badura, Peter: Das Prinzip der sozialen Grundrechte und seine Verwirklichung im Recht der Bundesrepublik Deutschland, in: Der Staat, Zeitschrift für Staatslehre, öffentliches Recht und Verfassungsgeschichte, 14. Band, Heft 1, Berlin 1975, S. 17 ff.
Bahro, Horst / Berlin, Henning / Hübenthal, Hubertus-Michael: Hochschulzulassungsrecht, Kommentar, 3. Auflage, München 1994
Baluch, B. / Randhawa, G.: Attitude Measures, Personality Traits and the Role of Persuasion in Organ Donation, Transplantationsmedizin 1998, Heft 2, S. 102 ff.

Bansch, Frank / Mathes, Heinz-Werner: Öffentliches Recht: Der numerus clausus, JuS 1969, S. 231 ff.
Battis, Ulrich / Krautzberger, Michael / Löhr, Rolf-Peter: Baugesetzbuch, Kommentar, 7. Auflage, München 1999
Baumbach, Adolf / Lauterbach, Wolfgang / Albers, Jan / Hartmann, Peter: Zivilprozessordnung mit Gerichtsverfassungsgesetz und anderen Nebengesetzen, 59. Auflage, München 2001
Beckmann, J. P.: Zu anthropologischen und ethischen Fragen der Xenotransplantation, Transplantationsmedizin 1999, Heft 3, S. 131 ff.
Bender, Albrecht W.: Organtransplantation und AMG, VersR 1999, S. 419 ff.
Bentham, Jeremy: The works of Jeremy Bentham, Bristol 1995
Berg, Wilfried: Die Verwaltung des Mangels, Verfassungsrechtliche Determinanten für Zuteilungskriterien bei knappen Ressourcen, in: Der Staat, Zeitschrift für Staatslehre, öffentliches Recht und Verfassungsgeschichte, 15. Band, Heft 1, Berlin 1976, S. 1 ff.
Beschlussempfehlung und Bericht des Ausschusses für Gesundheit (14. Ausschuss) vom 23. Juni 1997 zu dem Gesetzentwurf der Fraktionen der CDU/CSU, SPD und F.D.P. – BT-Drs. 13/4355 – und zu dem Gesetzentwurf der Abgeordneten Monika Knoche, Gerald Häfner und der Fraktion Bündnis 90 / Die Grünen – BT-Drs. 13/2926, BT-Drs. 13/8017
Beske, F. / Hallauer, J. F. / Gerlitz, J. / Kern A. O.: Reform des Gesundheitswesens. Die Meinung der Ärzte, DÄ 1997, Heft 36, S. 1826 ff., Heft 38, S. 1956 ff., Heft 40, S. 2083 ff.
Bidinger, Helmuth: Personenbeförderungsrecht, Kommentar zum Personenbeförderungsgesetz nebst sonstigen einschlägigen Vorschriften, fortgeführt von Bidinger, Rita, 1. Band, 2. Auflage, Stand: Lfg. 2/99 vom August 1999, Berlin 1971
Blümel, Wolfgang: Die Allokation öffentlicher Güter in unterschiedlichen Allokationsverfahren, Oldenburg 1986
Blumer, K.: Tierethische Aspekte der Xenotransplantation, Transplantationsmedizin 1999, Heft 3, S. 141 ff.
Brennan, Geoffrey / Buchanan, James M.: The Reason of Rules. Constitutional Political Economy, Cambridge 1985; in deutscher Übersetzung von Monika Vanberg, mit einer Einleitung herausgegeben von Christian Watrin: Brennan, G. / Buchanan, J. M., Die Begründung von Regeln, Konstitutionelle Politische Ökonomie, Tübingen 1993
Breyer, Friedrich / Kliemt, Hartmut: Solidargemeinschaften der Organspender: Private oder öffentliche Organisation?, in: Oberender, P. (Hrsg.): a.a.O., S. 135 ff.

Brockhaus: Die Enzyklopädie, in vierundzwanzig Bänden, 20. Auflage, Mannheim 1997/1998

Bundesärztekammer (BÄK): Stellungnahme zur Anhörung am 9. Oktober 1996, Deutscher Bundestag, Ausschuss für Gesundheit, Ausschussdrucksache 594/13, S. 1 ff.

Bundesärztekammer (BÄK): Entwurf (Stand: 4. Mai 1999) für die Richtlinien für die Warteliste „Herz-, Herz-Lungen- und Lungentransplantation" (thorakale Organtransplantationen), o.S.

Bundesärztekammer (BÄK): Entwurf (Stand: 18. Juni 1999) für die Richtlinien zur Organvermittlung thorakaler Spenderorgane (Herz), o.S.

Bundesärztekammer (BÄK): Entwurf (Stand: 18. Juni 1999) für die Richtlinien zur Organvermittlung thorakaler Spenderorgane (Herz-Lungen und Lungen), o.S.

Bundesärztekammer (BÄK): Stellungnahme des Wissenschaftlichen Beirates der Bundesärztekammer zur Xenotransplantation, DÄ 1999, Heft 28–29, S. 1541 ff.

Bundesärztekammer (BÄK): Richtlinien zur Organtransplantation gemäß § 16 Transplantationsgesetz, DÄ 2000, Heft 7, S. 316 ff.

Bundesrat: Stellungnahme zum Entwurf eines Gesetzes über Eingriffe an Verstorbenen zu Transplantationszwecken (Transplantationsgesetz) vom 10. 11. 1978, BR-Drs. 395/78 (Beschluss)

Bundesrat: Gesetzesbeschluss des Deutschen Bundestages, Gesetz über die Spende, Entnahme und Übertragung von Organen (Transplantationsgesetz TPG), BR-Drs. 635/97

Bundesregierung: Entwurf eines Gesetzes über Eingriffe an Verstorbenen zu Transplantationszwecken (Transplantationsgesetz) vom 16. 3. 1979, BT-Drs. 8/2681

Bundesregierung: Antwort der Bundesregierung auf die Große Anfrage der Abgeordneten Frau Schmidt (Hamburg) und der Fraktion DIE GRÜNEN, 26. 9. 1990, Drucksachen 11/5163, 11/5166, 11/5167, 11/5168, Probleme der modernen Transplantationsmedizin, I bis IV, BT-Drs. 11/7980

Calabresi, Guido / Bobbitt, Philip C.: Tragic Choices, The Conflicts Society Confronts in the Allocation of Tracically Scarce Ressources, New York 1978

Cohen, B. / Persijn, G.G.: Stellungnahme der Eurotransplant International Foundation zur öffentlichen Anhörung am 9. Oktober 1996, Deutscher Bundestag, Ausschuss für Gesundheit, Ausschussdrucksache 599/13, S. 12 f.

Conrads, Christoph: Eurotransplant und UNOS-Modelle der Organallokation?, MedR 1996, S. 300 ff.

Cornelius, Sabine: Zur effizienten Allokation knapper Ressourcen – Das Beispiel der Vergabe von Start- und Landerechten an überlasteten Flughäfen in den USA –, Berlin u.a. 1994
Deng, M. C. / De Meester, J. / Scheld, H. H.: Development of Cardiac Transplant Policy in Germany (Part 1), Thorac Cardiovasc Surgeon (47) 1999, S. 1 ff.
Denninger, Erhard: Hochschulrahmengesetz, Kommentar, München 1984
Deutsch, Erwin: Das internationale Recht der experimentellen Humanmedizin, NJW 1978, S. 570 ff.
Deutsch, Erwin: Arztrecht, Arzneimittelrecht und Medizinprodukterecht, 4. Auflage, Berlin u.a. 1999
Deutsche Gesellschaft für Medizinrecht (DGMR): Einbecker Empfehlungen der Deutschen Gesellschaft für Medizinrecht (DGMR) e.V. zur Allokation von Spenderorganen, zur Zulassung eines Krankenhauses als Transplantationszentrum und zur Qualitätssicherung, MedR 1998, S. 532
Deutscher Bundestag: Antrag der Abgeordneten Gudrun Schaich-Walch u.a. vom 21. Juni 1994, Transplantationsgesetz, BT-Drs. 12/8063
Deutscher Bundestag: Antrag der Abgeordneten Rudolf Dreßler u.a. vom 17. April 1996, Spende, Entnahme und Übertragung von Organen, BT-Drs. 13/4368
Deutsche Stiftung Organtransplantation (DSO): Presseinformation, Fünf Faktoren entscheiden über den Empfänger, Neu-Isenburg, April 1996
Deutsche Transplantationsgesellschaft (DTG): Transplantationskodex nebst Anlage zum Transplantationskodex, derzeitige Empfehlungen zum Organaustausch bzw. Organvermittlung, Transplantationsmedizin 1995, Heft 3, S. 154 ff.
Deutsche Transplantationsgesellschaft (DTG): Tätigkeitsbericht der Organkommission Herz der DTG 1996 – 1998 sowie überarbeitete Version des Vorschlags der Auditgruppe der Organkommission Herz gemäß der Auditgruppensitzung am 19. Oktober 1998, o.S.
Deutsche Transplantationsgesellschaft (DTG): Arbeitspapier zur Struktur der Transplantationsmedizin in Deutschland, 1998, o.S.
Deutsche Transplantationsgesellschaft (DTG): Zur Situation der Transplantationsmedizin in Deutschland, Stellungnahme der Deutschen Transplantationsgesellschaft, Transplantationsmedizin 1999, Heft 1, S. 2 ff.
Dierks, Christian / Neuhaus, Peter / Wienke, Albrecht (Hrsg.): Die Allokation von Spenderorganen, Rechtliche Aspekte, Berlin 1999
Dietl, K.-H. / Wolters, H. H. / Marschall, B. / Heidenreich, S. / Schürmann, G. / Senninger, N.: 1-Jahres-Ergebnisse der Doppelnierentrans-

plantation vom marginalen Spender, Transplantationsmedizin 1998, Heft 4, S. 191 ff.

Dönicke, Sabine: Strafrechtliche Aspekte der Katastrophenmedizin, Dissertation, Frankfurt am Main 1987

Drees, Gabriele / Scheld, Hans H.: Herztransplantation – ethische und juristische Aspekte, in: Toellner, R. (Hrsg.): a.a.O., S. 27 ff.

Dreßler, Rudolf u.a.: Antrag Spende, Entnahme und Übertragung von Organen vom 17. 4. 1996, BT-Drs. 13/4368

Duden: Das große Wörterbuch der deutschen Sprache, in acht Bänden, 2. Auflage, Mannheim 1993

Ehlers, Karen: Philosophische Konzepte der Verteilungsgerechtigkeit, in: Diskussionsbeiträge aus dem Institut für Finanzwissenschaft und Sozialpolitik der Christian-Albrechts-Universität zu Kiel, Kiel 1993

Eidenmüller, Horst: Effizienz als Rechtsprinzip, Möglichkeiten und Grenzen der ökonomischen Analyse des Rechts, Tübingen 1995

Eigler, Friedrich Wilhelm: Entscheidungskriterien und Konflikte am Beispiel der Lebertransplantation, in: Nagel, E. / Fuchs, Ch. (Hrsg.): a.a.O., S. 242 ff.

Enderle, Georges (Hrsg.): Ethik und Wirtschaftswissenschaft, Schriften des Vereins für Sozialpolitik, Bd. 147, Berlin 1985

Engelhardt, H. Tristam: Zielkonflikte in nationalen Gesundheitssystemen, in: Sass, H.-M. (Hrsg.): a.a.O., S. 35 ff.

Engin-Deniz, Egon: Vergleich des Utilitarismus mit der Theorie der Gerechtigkeit von John Rawls, Dissertation, Innsbruck u.a. 1991

Engisch, Karl: Einführung in das juristische Denken, 9. Auflage, Stuttgart u.a. 1997

Erhard, Jochen / Daul, Anton E. / Eigler, Friedrich Wilhelm: Organspende und Organkonservierung, DÄ 1995, Heft 1/2, S. 31 ff.

Eurotransplant International Foundation: Stellungnahme zur Anhörung am 9. Oktober 1996, Deutscher Bundestag, Ausschuss für Gesundheit, Ausschussdrucksache 599/13, S. 12 f.

Evangelische Kirche in Deutschland: Stellungnahme des Kirchenamtes der Evangelischen Kirche in Deutschland zur Öffentlichen Anhörung des Gesundheitsausschusses des Deutschen Bundestages zu Gesetzentwürfen im Rahmen der Transplantationsgesetzgebung am 9. Oktober 1996 in Bonn, Deutscher Bundestag, Ausschuss für Gesundheit, Ausschussdrucksache 594/13, S. 16 ff.

Fechner, Erich: Kostenrisiko und Rechtswegsperre – Steht der Rechtsweg offen?, JZ 1969, S. 349 ff.

Feuerstein, Günter: Das Transplantationssystem, Dynamik, Konflikte und ethisch-moralische Grenzgänge, Weinheim u.a. 1995

Fiebig, Udo: Anforderungen des Gesetzgebers an die Prüfrichtlinien, DÄ 1978, Heft 21, S. 1265 ff.

Fikentscher, Wolfgang: Methoden des Rechts in vergleichender Darstellung, Bd. IV, Dogmatischer Teil, 1. Auflage, Tübingen 1977

Fischerhof, Hans: Deutsches Atomgesetz und Strahlenschutzrecht, Kommentar, Bd. I, 2. Auflage, Baden-Baden 1978

Flume, Werner: Rechtsgeschäft und Privatautonomie, Sonderdruck aus: Hundert Jahre Deutsches Rechtsleben, Festschrift zum hundertjährigen Bestehen des Deutschen Juristentages 1860–1960, Bd. I, Karlsruhe 1960, S. 135 ff.

Friauf, Karl H.: Zur Rolle der Grundrechte im Interventions- und Leistungsstaat, DVBl. 1971, S. 674 ff.

Fuchs, Christoph: Allokation der Mittel im Gesundheitswesen, Rationalisierung versus Rationierung, in: Zentrum für Medizinische Ethik, Bochum 1994

Fuchs, Christoph: Ethik und Gesundheitsökonomie, in: Ökonomische Grenzen der Medizin, Akademie der Wissenschaften und der Literatur, Mainz; Stuttgart 1990, S. 55 ff.

Gäfgen, Gerard: Die ethische Problematik von Allokationsentscheidungen – am Beispiel des Ressourceneinsatzes im Gesundheitswesen, in: Beiträge der Forschungsstelle für Wirtschaftsethik an der Hochschule St. Gallen für Wirtschafts- und Sozialwissenschaften, Nr. 6, St. Gallen 1984, S. 249 ff.

Gäfgen, Gerard: Gesundheit, Gerechtigkeit und Gleichheit: Distributive Aspekte der Gesundheitsversorgung, in: Gäfgen, G. / Oberender, P. (Hrsg.): a.a.O., S. 11 ff.

Gäfgen, Gerard / Oberender, Peter (Hrsg.): Gesundheitsökonomische Beiträge, Bd. 6, Verteilungsziele und Verteilungswirkungen im Gesundheitswesen, 1. Auflage, Baden-Baden 1989

Gaertner, Wulf: Einige Theorien der Verteilungsgerechtigkeit im Vergleich, in: Enderle, G. (Hrsg.): a.a.O., S. 111 ff.

Gallas, Wilhelm: Beiträge zur Verbrechenslehre, Berlin 1968

Gauthier, David: Morals by Agreement, Oxford 1986

Gesetzentwurf der Fraktionen der CDU/CSU, SPD und F.D.P. vom 16. April 1996, Entwurf eines Gesetzes über die Spende, Entnahme und Übertragung von Organen (Transplantationsgesetz – TPG), BT-Drs. 13/4355

Gesetzentwurf der Abgeordneten Monika Knoche, Gerald Häfner und der Fraktion Bündnis 90 / Die Grünen vom 7. November 1995, Entwurf eines Gesetzes über die Spende, die Entnahme und die Übertragung von Organen (Transplantationsgesetz – TPG), BT-Drs. 13/2926

Gethmann, Carl Friedrich: Ethische Probleme der Verteilungsgerechtigkeit im Umweltstaat, in: Gethmann, C. F. / Kloepfer, M. / Reinert, S. (Hrsg.): a.a.O., S. 1 ff.

Gethmann, Carl Friedrich / Kloepfer, Michael / Reinert, Sigrid (Hrsg.): Verteilungsgerechtigkeit im Umweltstaat, Bonn 1995

Giesen, Dieter: Ethische und rechtliche Probleme am Ende des Lebens, JZ 1990, S. 929 ff.

Giesen, Dieter: Arzthaftungsrecht, Die zivilrechtliche Haftung aus medizinischer Behandlung in der Bundesrepublik Deutschland, in Österreich und der Schweiz, 4. Auflage, Tübingen 1995

Gottinger, Hans W. / Leinfellner, Werner (Hrsg.): Decision Theory and Social Ethics, Issues in Social Choice, Dordrecht u.a. 1978

Grillmaier, J. B.: Ärztliche Fragen bei der Zulassung neuer Arzneispezialitäten in der Bundesrepublik Deutschland, Int. J. clin. Pharmacol. (24) 1969, S. 315 ff.

Gubernatis, Gundolf: Stellungnahme zu den Entwürfen eines Transplantationsgesetzes, speziell zur Thematik der Anhörung am Mittwoch, 9. Oktober 1996, Deutscher Bundestag, Ausschuss für Gesundheit, Ausschussdrucksache 599/13, S. 46 ff.

Gubernatis, Gundolf: Solidarmodell – mehr Gerechtigkeit in der Organverteilung, mehr Wahrhaftigkeit bei der Organspende – ein Weg zu multipler Problemlösung in der Transplantationsmedizin, in: Lachmann, R. / Meuter, N. (Hrsg.): a.a.O., S. 15 ff.

Gubernatis, Gundolf / Kliemt, Hartmut: Solidarität und Rationierung in der Organtransplantation, Transplantationsmedizin 1999, I Ieft 1, S. 4 ff.

Gutmann, Thomas / Land, Walter: Ethische und rechtliche Fragen der Organverteilung: Der Stand der Debatte, in: Schmidt, U. / Albert, F. W. (Hrsg.): a.a.O., S. 92 ff.

Hackenbroch, Veronika: Am Rande der Legalität, Der Spiegel vom 13. Februar 2000, Heft 11, S. 298 f.

Hailbronner, Kay (Hrsg.): Kommentar zum Hochschulrahmengesetz (HRG), Loseblattsammlung, Stand: 21. Lfg., Juni 1999, Ordner 1 (§§ 1–57 f), Heidelberg 1988

Haedrich, Heinz: Atomgesetz mit Pariser Atomhaftungs-Übereinkommen, Taschenkommentar, Baden-Baden 1986

Hamlin, Alan P.: Ethics, Economics and the State, Great Britain, Brighton, Sussex 1986

Hare, R. M.: Justice and Equality, in: Arthur, J. (ed.): a.a.O., S. 116 ff.

Harsanyi, J. C.: Rule Utilitarianism and Decision Theory, in: Gottinger, H. W. / Leinfellner, W. (Hrsg.): a.a.O., S. 3 ff.

Hasskarl, Horst: Wirksamkeit und klinische Prüfung – Ergebnisse einer Auseinandersetzung, DÄ 1979, Heft 3, S. 161 ff.
Hauck, Karl / Haines, Hartmut: Sozialgesetzbuch SGB V, Gesetzliche Krankenversicherung, 1. Band, Kommentar, Kommentierung §§ 1–68, Loseblattsammlung, Stand: 40. Lfg., 1. März 1999, Berlin 1989
Haverkate, Görg: Verfassungslehre, Verfassung als Gegenseitigkeitsordnung, München 1992
v. Hayek, Friedrich A.: Die Verfassung der Freiheit, 3. Auflage, Tübingen 1991
Heaf, J. G. / Ladefoged, J.: Long Dialysis Duration Improves the Prognosis of Subsequent Renal Transplantation, Transplantationsmedizin 1998, Heft 4, S. 186 ff.
v. d. Helm, K. / Blusch, J.: Infektionsrisiko durch endogene Retroviren von Schweinen bei der Xenotransplantation, Transplantationsmedizin 1999, Heft 3, S. 205 ff.
Henning, Klaus J.: Der Nachweis der Wirksamkeit von Arzneimitteln, NJW 1978, S. 1671 ff.
Herbig, Gottfried: Die öffentlichen Einrichtungen im sozialen Rechtsstaat der Gegenwart, in: Schriftenreihe der Hochschule, Speyer, Bd. 44, Berlin 1970
Hermes, Georg: Gleichheit durch Verfahren bei der staatlichen Auftragsvergabe, JZ 1997, S. 909 ff.
Hesse, Konrad: Grundzüge des Verfassungsrechts der Bundesrepublik Deutschland, 20. Auflage, Heidelberg 1995
Heuer, Stefanie / Conrads, Christoph: Aktueller Stand der Transplantationsgesetzgebung 1997, MedR 1997, S. 195 ff.
v. Heymann, Ekkehardt: Arzneimittelprüfung nach dem jeweiligen Stand der wissenschaftlichen Erkenntnisse, DAZ 1974, S. 1901 ff.
Hirsch, Günter: Transplantation und Sektion, Heidelberg 1992
Höffe, Otfried: Rawls Theorie der politisch sozialen Gerechtigkeit, in: Rawls, J. (Hrsg.): a.a.O., S. 1 ff.
Höffe, Otfried: Ein sicheres Kennzeichen schlechter Sitten, Philosophische Überlegungen über die Begehrlichkeit am Beispiel der Medizin, in: FAZ vom 22. Februar 1997, Nummer 45, Beilage: Bilder und Zeiten
Höffe, Otfried: Medizin in Zeiten knapper Ressourcen oder: Besonnenheit statt Pleonexie, DÄ 1998, Heft 5, S. 174 ff.
Höfling, Wolfram: kurze schriftliche Stellungnahme aus Anlass der vom Ausschuss für Gesundheit des Deutschen Bundestages durchgeführten öffentlichen Anhörung zum Gesetzentwurf der Bundesregierung (Entwurf eines ... Strafrechtsänderungsgesetzes – Organhandel, BT-Drs. 13/587) und zum Gesetzentwurf der Fraktionen der CDU/CSU, SPD

und F.D.P. (Entwurf eines Gesetzes über Spende, Entnahme und Übertragung von Organen – TPG, BT-Drs. 13/4355) am Mittwoch, dem 9. Oktober 1996, Deutscher Bundestag, Ausschuss für Gesundheit, Ausschussdrucksache 599/13, S. 4 ff.

Hoerster, Norbert: Recht und Moral, Texte zur Rechtsphilosophie, München 1977

Hofmann, G. O. / Schneeberger, H. / Illner, W. D. / Schleibner, S. / Petersen, P. / Theodorakis, J. / Gerbig, D. / Land, W.: Chronischer Transplantatverlust nach allogener Nierentransplantation – Wertigkeit von Risikofaktoren, Transplantationsmedizin 1995, Heft 1, S. 7 ff.

Holznagel, Bernd: Die Vermittlung von Spenderorganen nach dem geplanten Transplantationsgesetz, DVBl. 1997, S. 393 ff.

Howard, R. J. / Pfaff W. W. / Salomon D. / Peterson J. / Scornik J. C. / Frederickson E. Fenell III RS: Kidney Transplantation in older patients, Transplantation Proceedings (21) 1989, S. 2020 f.

Hufen, Friedhelm: Gleichheitssatz und Bildungsplanung – Zum Funktionswandel der Grundrechte im modernen Sozialstaat, Baden-Baden 1975

Hylton, Keith N.: The Law and Ethics of Organ Sales, in: Jahrbuch für Recht und Ethik, Bd. 4, Berlin 1996, S. 115 ff.

Jonas, Hans: Technik, Medizin und Ethik, Zur Praxis des Prinzips Verantwortung, Frankfurt am Main 1985

Kalisch, Werner: Beschränkungen in der Zulassung zum Studium in verfassungsrechtlicher Sicht, DVBl. 1967, S. 134 ff.

Kant, Immanuel: Grundlegung zur Metaphysik der Sitten, 3. Auflage, Leipzig 1947

Kaser, Max: Römisches Privatrecht, München 1992

Kirchhoff, Rainer: Triage im Katastrophenfall, Ärztliche Sofortmaßnahmen im Katastrophengebiet, Notfallmedizin, Bd. 9, Erlangen 1984

Kißlinger, Andreas: Das Recht auf politische Chancengleichheit, 1. Auflage, Baden-Baden 1998

Kleinknecht, Theodor / Meyer-Goßner, Lutz: Strafprozessordnung; Gerichtsverfassungsgesetz, Nebengesetze und ergänzende Bestimmungen, 44. Auflage, München 1999

Kley, Roland: John Rawls Theorie der Gerechtigkeit, Eine Einführung, in: Beiträge der Forschungsstelle für Wirtschaftsethik an der Hochschule St. Gallen für Wirtschafts- und Sozialwissenschaften, Nr. 3, St. Gallen 1983

Kliemt, Hartmut: „Gerechtigkeitskriterien" in der Transplantationsmedizin, Eine ordoliberale Perspektive, in: Nagel, E. / Fuchs, Ch. (Hrsg.): a.a.O., S. 262 ff.

Kliemt, Hartmut: Wem gehören die Organe?, in: Ach, J. S. / Quante, M. (Hrsg.): a.a.O., S. 271 ff.
Kloepfer, Michael: Grundrechte als Entstehenssicherung und Bestandsschutz, München 1970
Kloepfer, Michael: Gleichheit als Verfassungsfrage, Berlin 1980
Kloepfer, Michael: Die Verfassungsmängel des „Mängelberichts", Zum Bericht der Bundesregierung über die strukturellen Probleme des föderativen Bildungssystems, ZRP 1978, S. 121 ff.
Kloepfer, Michael / Reinert, Sigrid: Umweltprobleme als Verteilungsprobleme in rechtlicher Sicht, in: Gethmann, C. F. / Kloepfer, M. / Reinert, S. (Hrsg.): a.a.O., S. 23 ff.
Kloesel, Arno / Cyran, Walter: Arzneimittelrecht, Kommentar, Bd. I, 3. Auflage, Stand: 66. Erg.lfg., Loseblatt, Mai 1998, Stuttgart 1962
Köbler, Gerhard: Etymologisches Rechtswörterbuch, Tübingen 1995
Köhler, Wolfgang R.: Zur Geschichte und Struktur der utilitaristischen Ethik, Dissertation, Frankfurt am Main 1979
Koenig, Christian: Die öffentlich-rechtliche Verteilungslenkung, Berlin 1994
Kohlhaas, Max: Rechtsfolgen von Transplantationseingriffen, NJW 1970, S. 1224 ff.
Kommissariat der Deutschen Bischöfe: Stellungnahme zur Anhörung zum Transplantationsgesetz am 9. Oktober 1996, Deutscher Bundestag, Ausschuss für Gesundheit, Ausschussdrucksache 599/13, S. 20 ff.
Kopetzki, Christian: Organgewinnung zu Zwecken der Transplantation – Eine systematische Analyse des geltenden Rechts, aus der Reihe Forschungen aus Staat und Recht 82, Wien u.a. 1988
Koslowski, Peter: Prinzip der ethischen Ökonomie, Tübingen 1988
Krause, Hermann: Der verteilende Staat, in: Festschrift für Paul Gieseke, Karlsruhe 1958
Krey, Volker: Der Fall Peter Lorenz – Probleme des rechtfertigenden Notstandes bei der Auslösung von Geiseln, ZRP 1975, S. 97 ff.
Kriele, Martin: „Stand der medizinischen Wissenschaft" als Rechtsbegriff, NJW 1976, S. 355 ff.
Kübler, Heidrun: Verfassungsrechtliche Aspekte der Organentnahme zu Transplantationszwecken, in: Schriften zum Öffentlichen Recht, Bd. 327, Berlin 1977
Kühn, Hermann Christoph: Die Motivationslösung, Neue Wege im Recht der Organtransplantation, Dissertation, Berlin 1998
Küper, Wilfried: Tötungsverbot und Lebensnotstand, Zur Problematik der Kollision „Leben gegen Leben", JuS 1981, S. 785 ff.

Künschner, Alfred: Wirtschaftlicher Behandlungsverzicht und Patientenauswahl, Knappe medizinische Ressourcen als Rechtsproblem, Dissertation, Stuttgart 1992
Künsebeck, H. W. / Harborth, S. / Wilhelm, U.: Einfluss psychosozialer Faktoren auf Einstellungen zur Organspende bei Gesundheitsberufen und in der Bevölkerung, Transplantationsmedizin 1999, Heft 2, S. 121 ff.
Kunze, Günther / Richter, Klaus V. / Vogt, Sebastian: Herztransplantation, Spender-Empfänger-Auswahl nach immunologischen Kriterien, DÄ 1992, Heft 7, S. 324 ff.
Lachmann, Rolf / Meuter, Norbert: Medizinische Gerechtigkeit, Patientenauswahl in der Transplantationsmedizin, München 1997
Lachmann, Rolf / Meuter, Norbert (Hrsg.): Zur Gerechtigkeit der Organverteilung, Ein Problem der Transplantationsmedizin aus interdisziplinärer Sicht, Bd. 8 der Reihe Medizin-Ethik, Jahrbuch des Arbeitskreises Medizinischer Ethik-Kommissionen in der Bundesrepublik Deutschland, herausgegeben von Toellner, R. in Verbindung mit v. Bergmann, K. / Doppelfeld, E. / Jäger, L. / Just, H., Stuttgart u.a. 1997
Lachmann, Rolf / Meuter, Norbert / Schwemmer, Oswald: Allokationsprobleme in der Transplantationsmedizin, in: Ach, J. S., Quante, M. (Hrsg.): a.a.O., S. 247 ff.
Land, Walter / Dossetor, John B. (Hrsg.): Organ Replacement Therapy: Ethics, Justice, Commerce, Berlin u.a. 1991
Land, Walter: Das Dilemma der Allokation von Spenderorganen, Die Verquickung eines therapeutischen Prinzips mit der Verteilung eines knappen kostbaren Gemeinguts, in: Albert, F. W. / Land, W. / Zwierlein, E. (Hrsg.): a.a.O., S. 61 ff.
Larenz, Karl: Methodenlehre der Rechtswissenschaft, 6. Auflage, Berlin 1991
Larenz, Karl / Canaris, Claus-Wilhelm: Methodenlehre der Rechtswissenschaft, 3. Auflage, Berlin 1995
Larenz, Karl / Wolf, Manfred: Allgemeiner Teil des Bürgerlichen Rechts, 8. Auflage, München 1997
Largiadèr, Felix: Allokation bei Patienten auf der Warteliste, in: Largiadèr, F. / Candinas, D. / Mosimann, F. (Hrsg.): a.a.O., S. 21 ff.
Largiadèr, Felix / Candinas, Daniel / Mosimann, Francois (Hrsg.): Organ-Allokation, Zuteilung von Organen für die Transplantation, Bern 1997
Laufs, Adolf: Arztrecht, 5. Auflage, München 1993
Laufs, Adolf / Dierks, Christian / Wienke, Albrecht / Graf-Baumann, Toni / Hirsch, Günther (Hrsg.): Die Entwicklung der Arzthaftung, Berlin 1997

Leisner, Walter: Effizienz als Rechtsprinzip, aus der Reihe: Recht und Staat in Geschichte und Gegenwart, Tübingen 1971
Leisner, Walter: Der Gleichheitsstaat – Macht durch Nivellierung, Berlin 1980
Leitenberger, A. / Meyer-Jürgens, U.-B. / Waldmann, J. / Dreikorn, K.: „Old for Old" – Was hat es uns bisher gebracht?, Transplantationsmedizin Supplement 1999, S. 76
Lenckner, Theodor: Ärztliche Hilfeleistungspflicht und Pflichtenkollision, MedKl (64) 1969, S. 1000 ff.
Lewandowski, Günter: Sicherheitsentscheidungen bei Arzneimitteln zwischen Wissenschaft und Politik, DAZ 1980, S. 1368 ff.
Lilie, Hans: Transplantationsgesetz – was nun?, Medizin – Recht – Ethik, Sonderdruck, Europäischer Verlag der Wissenschaften, 1998
Lilie, Hans: Ist das Local-Donor-Prinzip mit dem Transplantationsgesetz (TPG) vereinbar?, in: Dierks, Ch. / Neuhaus, P. / Wienke, A. (Hrsg.): a.a.O., S. 53 ff.
Loebe, M. / Hetzer, R. / Schüler, S. / Hummel, M. / Friedel, N. / Weng, Y. / Schiessler, A.: Herztransplantation – Indikation und Ergebnisse, Zent bl Chir 117 (12) 1992, S. 681 ff.
Loebe, M. / Schüler, S. / Warnecke, H. / Hetzer, R.: Herztransplantation im Alter – wo liegt die Grenze?, ZKardiol (77) 1988, S. 1404
Loewy, Erich H.: Ethische Fragen in der Medizin, Wien u.a. 1995
Lüling, Hartmut Edwin: Die innere Freiheit des Menschen, Dissertation, Zürich 1979
Maunz, Theodor / Dürig, Günter: Grundgesetz Kommentar, Bd. I, Art. 1–10; Bd. II, Art. 11–19, 7. Auflage, Stand: 37. Erg.lfg., August 2000, München 1991
Maurach, Reinhart / Schroeder, Friedrich-Christian / Maiwald, Manfred: Strafrecht, Besonderer Teil, Teilband 1, Straftaten gegen Persönlichkeits- und Vermögenswerte, 8. Auflage, Heidelberg 1995
Mergen, Armand (Hrsg.): Die juristische Problematik in der Medizin, Bd. III – Die Verantwortung des Arztes, München 1971
Mill, John Stuart: Utilitarianism, in: Warnock, M. (ed.): a.a.O., S. 251 ff.
Moor, Paul: Die Freiheit zum Tode, Ein Plädoyer für das Recht auf menschenwürdiges Sterben, Reinbek bei Hamburg 1973
Müller, Anneliese: Die sozial- und wirtschaftsphilosophische Bedeutung des Utilitarismus unter besonderer Berücksichtigung Englands, speziell von Jeremy Bentham, Dissertation, Berlin 1956
Müller, Klaus: Sachenrecht, Köln 1988
Müller-Römer, Dietrich: Arzneimittelrecht von A–Z, Handbuch für die pharmazeutische Praxis, Neu-Isenburg 1978

v. Münch, Ingo / Kunig, Philip (Hrsg.): Grundgesetz-Kommentar, Bd. 1, Präambel – Art. 20, 5. Auflage, München 2000

v. Münch, Ingo / Kunig, Philip (Hrsg.): Grundgesetz-Kommentar, Bd. 3, Art. 70 – Art. 146, 3. Auflage, München 1996

Nagel, Eckhard / Fuchs, Christoph (Hrsg.): Soziale Gerechtigkeit im Gesundheitswesen – Ökonomische, ethische, rechtliche Fragen am Beispiel der Transplantationsmedizin, Dokumentation des Wissenschaftlichen Symposiums „Verteilungsgerechtigkeit im Gesundheitswesen – Probleme und Positionen am Beispiel der Transplantationsmedizin" vom 7.–9. Mai 1992 in Hannover, Veranstalter: Akademie für Ethik in der Medizin, Göttingen, Akademie der Wissenschaften und der Literatur, Mainz, Deutsche Stiftung Organtransplantation, Neu-Isenburg; Berlin 1993

Nagel, Eckhard / Schmidt, Petra: Transplantation, Leben durch fremde Organe, Heidelberg 1996

Nozick, Robert: Anarchy, State and Utopia, London 1974

Nozick, Robert: The examined Life. Philosophical Meditations, New York 1989, dt.: Vom richtigen, guten und glücklichen Leben, München u.a. 1991

Oberender, Peter (Hrsg.): Transplantationsmedizin: Ökonomische, ethische, rechtliche und medizinische Aspekte, 1. Auflage, Baden-Baden 1995

Obermann, Konrad: Rationierung in der Medizin aus ökonomischer Sicht, MedKl (94) 1999, S. 110 ff.

Opelz, G.: Effect of HLA matching in heart transplantation, in: Transplantation Proceedings (21) 1989, S. 794 ff.

Opelz, G. / Wujciak, Th. / Back, D. / Mytilineos, J. / Schwarz, V. / Albrecht, G.: Einfluss der HLA-Kompatibilität auf die Nierentransplantation, InfusionstherTransfusionsmed (21) 1994, S. 198 ff.

Opelz, G. / Wujciak, Th.: Cadaveric Kidneys Should Be Allocated According to the HLA-Match, Transplantation Proceedings (27) 1995, S. 93 ff.

Ossenbühl, Fritz: Rechtliche Probleme der Zulassung zu öffentlichen Stadthallen – Zur Dogmatik der Gewährung öffentlicher Leistungen –, DVBl. 1973, S. 289 ff.

Palandt, Otto: Bürgerliches Gesetzbuch, Kommentar, 60. Auflage, München 2001

Pareto, Vilfredo: Manuel d'Economic Politique, 2. Auflage, Paris 1927, in englischer Übersetzung, New York 1971

Pelz, Franz Joseph: Verschulden – Realität oder Fiktion, Die ärztliche Haftung in der Rechtsprechung, in: Laufs, A./Dierks, Ch./Wienke, A./Graf-Baumann, T. / Hirsch, G. (Hrsg.): a.a.O., S. 41 ff.
Persijn, G.G. / De Meester, J. M. J. / Smits, J. M. A. / Doxiadis, I. I. N.: Einfluss der Histokompatibilität auf die langfristige Transplantatüberlebenszeit bei Eurotransplant, Transplantationsmedizin 1996, Heft 2, S. 69 ff.
Pichlmayr, Ina und Rudolf: Lebenschance Organtransplantation, Wissenswertes über Durchführung und Probleme von Organtransplantationen, Stuttgart 1991
Piechowiak, Helmut: Notfallmedizin und Katastrophenvorsorge, Kritische Anmerkungen zur Diskussion um die Ethik der Katastrophenmedizin, DÄ 1983, Ausgabe B, Heft 5, S. 56 ff.
Plagemann, Hermann: Der Wirksamkeitsnachweis nach dem Arzneimittelgesetz von 1976, Funktionen und Folgen eines unbestimmten Rechtsbegriffs, Baden-Baden 1979
Podlech, Adalbert: Gehalt und Funktionen des allgemeinen verfassungsrechtlichen Gleichheitssatzes, Berlin 1971
Pschyrembel: Klinisches Wörterbuch, 258. Auflage, Berlin u.a. 1998
Püttner, Günter / Lingemann, Stefan: Aktuelle Probleme der Zulassung zu öffentlichen Einrichtungen (Teile 1 und 2), JA 1984, S. 121 ff., 274 ff.
Rampfl-Platte, E.: Das Transplantationsgesetz, Neue ärztliche Aufgaben mit Haftungsrisiko?, Chirurg BDC (38) 1999, Nr. 10, S. 278 ff.
Rawls, John: A Theory of Justice, Oxford u.a. 1971; deutsche Übersetzung: Eine Theorie der Gerechtigkeit, Frankfurt am Main 1993
Rawls, John (Hrsg.): Gerechtigkeit als Fairness, Freiburg u.a. 1977
Rebentisch, Ernst: Handbuch der medizinischen Katastrophenhilfe, 2. Auflage, München 1991
Recktenwald, Horst Claus: Wörterbuch der Wirtschaft, 11. Auflage, Stuttgart 1990
Reese-Schäfer, Walter: Was ist Kommunitarismus?, Frankfurt am Main u.a. 1994
Rinck, Gerd: Wirtschaftsrecht, 5. Auflage, Köln 1977
Römeli, Josef: Hirntod und Organspende, Ethische Probleme der Transplantationsmedizin, in: Zeitschrift für Medizinische Ethik 1997, Bd. 43, S. 3 ff.
Rothe, Klaus: Chancengleichheit, Leistungsprinzip und soziale Ungleichheit, Berlin 1981
Rowley, Charles K. / Peacock, Alan T.: Welfare economics – a liberal restatement, York Studies in Economics, London 1975

Rudolphi, Hans-Joachim / Horn, Eckhard / Samson, Erich / Günther, Hans-Ludwig / Hoyer, Andreas (Hrsg.): Systematischer Kommentar zum Strafgesetzbuch, Bd. 1, Allgemeiner Teil (§§ 1 bis 79 b), 7. Auflage, Stand: 30. Lfg., Mai 1999, Neuwied 1994

Sahm, Stephan: Die Xenotransplantation geht alle an, in: FAZ vom 6. Oktober 1999, Nr. 232, Seite N 2

Sass, Hans-Martin (Hrsg.): Ethik und öffentliches Gesundheitswesen, Ordnungsethische und ordnungspolitische Einflussfaktoren im öffentlichen Gesundheitswesen, Berlin 1988

Schaefer, H.: Was heißt: „Nach dem neuesten Stande der Wissenschaft?", in: Therapie der Gegenwart 1963, S. 373 ff.

Schiwy, Peter: Deutsches Arzneimittelrecht, Arzneimittelgesetz, Kommentar, Bd. I, Stand: 41. Erg. lfg., 1. Juni 1999, Starnberg 1991

Schlitt, H. J. / Brunkhorst, R. / Haverich, A. / Raas, R.: Transplantation xenogener Organe aus der Sicht des Patienten, Transplantationsmedizin Supplement 1998, S. 83 f.

Schmidt, Ulla/ Albert, Franz Werner (Hrsg.): Praxis der Nierentransplantation (IV), Lengerich 1997

Schmidt, Volker H.: Politik der Organverteilung, Eine Untersuchung über Empfängerauswahl in der Transplantationsmedizin, Baden-Baden 1996

Schmidt, Volker H.: Zu einigen ungelösten Problemen der Organallokation, in: Transplantationsmedizin 1996, Heft 1, S. 39 ff.

Schmidt, Volker H.: Stellungnahme zu den Gesetzentwürfen von (1) den Fraktionen der CDU/CSU, SPD und F.D.P. sowie (2) den Abgeordneten Monika Knoche, Gerald Häfner und der Fraktion BÜNDNIS 90/ DIE GRÜNEN für ein Transplantationsgesetz aus Anlass der vom Ausschuss für Gesundheit des Deutschen Bundestages durchgeführten öffentlichen Anhörung am 9. Oktober 1996 in Bonn, Zur Vermittlung bzw. Verteilung postmortal entnommener Organe, Deutscher Bundestag, Ausschuss für Gesundheit, Ausschussdrucksache 602/13, S. 25 ff.

Schmidt, Volker H. / Hartmann, Brigitte K.: Lokale Gerechtigkeit in Deutschland, Studien zur Verteilung von Bildungs-, Arbeits- und Gesundheitsgütern, Opladen 1997

Schmidt-Didczuhn, Andrea: Transplantationsmedizin in Ost und West im Spiegel des Grundgesetzes, ZRP 1991, S. 264 ff.

Schmitt-Rink, Gerhard: Grundzüge der Verteilungstheorie, Göttingen 1971

Schönke, Adolf / Schröder, Horst: Strafgesetzbuch Kommentar, 26. Auflage, München 2001

Scholler, Heinrich: Die Interpretation des Gleichheitssatzes als Willkürverbot oder als Gebot der Chancengleichheit, Berlin 1969

Schreiber, Hans-Ludwig: Schriftliche Stellungnahme zur öffentlichen Anhörung der Ausschüsse für Gesundheit u.a. zu den Gesetzentwürfen für ein Transplantationsgesetz am 9. Oktober 1996, Deutscher Bundestag, Ausschuss für Gesundheit, Ausschussdrucksache 603/13, S. 17 ff. (erneut abgedruckt als Ausschussdrucksache 618/13, S. 6 ff.)
Schreiber, Hans-Ludwig / Haverich, Axel: Richtlinien für die Warteliste und für die Organvermittlung, DÄ 2000, Heft 7, S. 307 f.
Schroeder, Friedrich-Christian: Gegen die Spendenlösung bei der Organgabe, ZRP 1997, S. 265 ff.
Schubert, Gernot: Zur Einführung: Arzneimittelrecht, JuS 1983, S. 748 ff.
Schwemmer, Oswald: Ökonomische Rationalität und praktische Vernunft oder: Kann man ethische Grundsätze zu Prinzipien ökonomischer Systeme machen?, in: Enderle, G. (Hrsg.): a.a.O., S. 33 ff.
Seifert, Karl-Heinz / Hömig, Dieter: Grundgesetz für die Bundesrepublik Deutschland, Taschenkommentar, 6. Auflage, Baden-Baden 1999
Siep, Ludwig: Zur Ethik der Organtransplantation, S. 235 ff., in: Jahrbuch für Wissenschaft und Ethik, Bd. 1, Berlin 1996
Smart, J. J. C.: Extreme and Restricted Utilitarianism, in: The Philosophical Quarterly 6, Oxford u.a. 1956
Smart, J. J. C. / Williams, Bernard (eds.): Utilitarianism. For and against, Cambridge 1973
Smart, J. J. C. (1978): Distributive Justice and Utilitarianism, in: Arthur, J. (ed.): a.a.O., S. 103 ff.
Smit, H. / Sasse, R. / Zickgraf, T. / Schoeppe, W. / Molzahn, M.: Organspende und Transplantation in Deutschland 1997, DSO, Neu-Isenburg 1998
Sohmen, Egon: Allokationstheorie und Wirtschaftspolitik, 2. Auflage, Tübingen 1992
Späth, Lothar: Föderalismus als dynamisches Prinzip, Ansprache vor dem Bundesrat am 16. November 1984, Bonn 1984
Stangl, M. J. / Theodorakis, J. / Illner, W.-D. / Schneeberger, H. / Land, W.: Nierentransplantation unter Verwendung von „marginalen" Spenderorganen – eine Möglichkeit, die Zahl der Organspenden zu erhöhen, Transplantationsmedizin Supplement 1999, S. 68 f.
Steffen, Erich: Neue Entwicklungslinien der BGH-Rechtsprechung zum Arzthaftungsrecht, 4. Auflage, Köln 1990
Tammelo, Ilmar: Theorie der Gerechtigkeit, 1. Auflage, Freiburg 1977
Tenschert, W. / Cremaschi, L. / Reek, C. / Fernandez, S. / Huland, H.: Fünf-Jahres-Resultate der Nierentransplantation in Hamburg: Untersuchung klinischer Parameter, welche die Langzeitfunktion von Nie-

rentransplantaten beeinflussen, Transplantationsmedizin 1997, Heft 3, S. 132 ff.
Thiel, G.: Excuses of Nephrologists Not to Transplant, in: Land, W. / Dossetor, J.B. (Hrsg.): a.a.O., S. 353 ff.
Thomas, Heinz / Putzo, Hans: Zivilprozessordnung, 23. Auflage, München 2001
Toellner, Richard: Organtransplantation – Beiträge zu ethischen und juristischen Fragen, Stuttgart u.a. 1991
Tomuschat, Christian: Güterverteilung als rechtliches Problem, in: Der Staat, Zeitschrift für Staatslehre, öffentliches Recht und Verfassungsgeschichte, 12. Band, Heft 1, Berlin 1973, S. 433 ff.
Transplantationsverbund Bonn, Homburg, Kaiserslautern, Mainz (BHKM): Protokoll des Treffens am 25. 6. 1997, nicht veröffentlicht, 1997
Tschentscher, Thomas / Koenig, Christian: Rechtsqualität, Vergabe und Übertragbarkeit sogenannter „Slots" nach dem deutschen Luftverkehrsrecht, NVwZ 1991, S. 219 ff.
Varian, Hal R.: Grundzüge der Mikroökonomik, 3. Auflage, München 1995
Vesting, Jan-W. / Müller, Stefan: Xenotransplantation: Naturwissenschaftliche Grundlagen, Regelung und Regelungsbedarf, MedR 1996, S. 203 ff.
Vilmar, K.: Stellungnahme der Bundesärztekammer zur Anhörung am 9. Oktober 1996, Deutscher Bundestag, Ausschuss für Gesundheit, Ausschussdrucksache 594/13, S. 2 f.
Voßkuhle, Andreas: „Wer zuerst kommt, mahlt zuerst!" – Das Prioritätsprinzip als antiquierter Verteilungsmodus einer modernen Rechtsordnung, in: Die Verwaltung 1999, S. 21 ff.
Walzer, Michael: Sphären der Gerechtigkeit, Ein Plädoyer für Pluralität und Gleichheit, Frankfurt am Main u.a. 1994
Warnock, M. (ed.): John Stuart Mill, Utilitarianism, On Liberty, Essay on Bentham, London 1962
Weber, F. / Lange, R.: Einstellungen zur Organspende: Ein Vergleich von Ärzten mit medizinischen Laien, Transplantationsmedizin Supplement 1998, S. 69
Weber, F.: Einstellung zur Organspende 1994 und 1998 – Die öffentliche Diskussion und ihre Wirkung, Transplantationsmedizin 1999, Heft 2, S. 116 ff.
Weber, Joachim / Lejeune, Stefanie: Rechtliche Probleme des rheinland-pfälzischen Transplantationsgesetzes, NJW 1994, S. 2392 ff.

Welzel, Hans: Anm. zu dem Urteil des OGH, Strafsenat, vom 5. 3. 1949, StS 19/49, MDR 1949, S. 370 ff.
Werner, Fritz: Über Tendenzen der Entwicklung von Recht und Gericht in unserer Zeit, S. 139 ff., in: Werner, F., Recht und Gericht in unserer Zeit, Reden,Vorträge, Aufsätze 1948-1969, Köln 1971
Wesslau, C. / May, G. / Vogler, H. / Krüger, R.: Quo vadis Organspende in Deutschland?, Transplantationsmedizin 1995, Heft 1, S. 3 ff.
Westhoff, A. / Klein, B. / Willers, R. / Grabensee, B.: Die kalte Ischämiezeit bleibt ein ausschlaggebender Faktor zum Erreichen der initialen Sofortfunktion des Transplantats – Ergebnisse einer multivarianten Untersuchung nach Nierentransplantation, Transplantationsmedizin Supplement 1994, S. 28
Wieczorek, Bernhard / Schütze, Rolf A.: Zivilprozessordnung und Nebengesetze, Großkommentar, 1. Band, Einl., §§ 1–127 a, 3. Auflage, Berlin u.a. 1994
Wiedemann, Günter J. / Thor-Wiedemann, Sabine: Rationierung im Gesundheitswesen: Welche Kriterien, welche Patienten?, MedKl (94) 1999, S. 116 ff.
Wiesing, Urban: Werden Spenderorgane nach medizinischen oder ethischen Kriterien verteilt?, in: Ach, J. S. / Quante, M. (Hrsg.): a.a.O., S. 227 ff.
Williams, Bernard: A critique of utilitarianism, in: Smart, J. J. C. / Williams, B. (eds.): a.a.O., S. 75 ff.
Wilts, Walter / Kleinewefers, Herbert: Die zivilrechtliche Haftung des Arztes, in: Mergen, A. (Hrsg.), a.a.O., S. 25 ff.
Wimmer, Raimund: Zulassungsbeschränkungen für Studienanfänger an deutschen Hochschulen?, DVBl. 1967, S. 139 ff.
Wodarg, Wolfgang u.a.: Antrag Kriterien für die Spende, Entnahme und Übertragung von menschlichen Organen vom 14. 3. 1996, BT-Drs. 13/4114
Wollenberg, K. / Blümke, M. / Pisarski, P. / Baier, P. / Strey, C. / Wimmenauer, S./Kirste, G.: Einfluss des neuen Allokationsverfahrens nach Wujciak – Single Center Erfahrungen, Transplantationsmedizin 1998, Heft 2, S. 115 ff.
Wujciak, Thomas / Deutsche Stiftung Organtransplantation (DSO): Stellungnahme zum Transplantationsgesetz (Anhörung des Gesundheitsausschusses des Deutschen Bundestages am 9. 10. 1996), Deutscher Bundestag, Ausschuss für Gesundheit, Ausschussdrucksache 602/13, S. 2 ff.

Wullstein, H. G. / Lison, A.-E.: Aufnahme von Patienten mit malignen Erkrankungen in die Warteliste zur Nierentransplantation, Transplantationsmedizin 1994, Heft 3, S. 193 f.

Zerkowski, H.-R. / Schüler, S. / Mohr, F. W. / Teichmann, W. / Schuler, G. / Lilie, H.: Mitteldeutscher Transplantationsverbund, Regionalisierung der Herztransplantation, DÄ 1997, Heft 38, S. 2397 ff.

Zöller, Richard: Zivilprozessordnung mit Gerichtsverfassungsgesetz und den Einführungsgesetzen, mit internationalem Zivilprozessrecht, Kostenanmerkungen, Kommentar, 21. Auflage, Köln 1999

Die Reihe RECHT UND MEDIZIN wird von den Professoren Deutsch (Göttingen), Laufs (Heidelberg) und Schreiber (Göttingen) herausgegeben. Ihre Aufgabe ist es, Monographien und Dissertationen auf dem Gebiet des medizinischen Rechts zu veröffentlichen. Dieses Gebiet, das an Bedeutung noch zunehmen wird, umfaßt auf der juristischen Seite sowohl zivilrechtliche als auch straf- und öffentlich-rechtliche Fragestellungen. Die Fragen können von der juristischen oder von der medizinischen Seite aus untersucht werden. Übergreifendes Ziel ist es, den medizin-rechtlichen Fragen nicht etwa ein gängiges juristisches Denkschema überzuwerfen, sondern die besonderen Probleme der Regelung medizinischer Sachverhalte eigenständig aufzufassen und darzustellen.

Die Adressen der drei Herausgeber sind:

Prof. Dr. Dr. h.c. Erwin Deutsch (Zivilrecht und Rechtsvergleichung)
Höltystraße 8
37085 Göttingen

Prof. Dr. Dr. h.c. Adolf Laufs (Zivilrecht und Rechtsgeschichte)
Kohlackerweg 12
69151 Neckargemünd

Prof. Dr. Dr. h.c. Hans-Ludwig Schreiber (Strafrecht und Rechtstheorie)
Grazer Str. 14
30519 Hannover

RECHT UND MEDIZIN

Band 1 Erwin Deutsch: Das Recht der klinischen Forschung am Menschen. Zulässigkeit und Folgen der Versuche am Menschen, dargestellt im Vergleich zu dem amerikanischen Beispiel und den internationalen Regelungen. 1979.

Band 2 Thomas Carstens: Das Recht der Organtransplantation. Stand und Tendenzen des deutschen Rechts im Vergleich zu ausländischen Gesetzen. 1979.

Band 3 Moritz Linzbach: Informed Consent. Die Aufklärungspflicht des Arztes im amerikanischen und im deutschen Recht. 1980.

Band 4 Volker Henschel: Aufgabe und Tätigkeit der Schlichtungs- und Gutachterstellen für Arzthaftpflichtstreitigkeiten. 1980.

Band 5 Hans Lilie: Ärztliche Dokumentation und Informationsrechte des Patienten. Eine arztrechtliche Studie zum deutschen und amerikanischen Recht. 1980.

Band 6 Peter Mengert: Rechtsmedizinische Probleme in der Psychotherapie. 1981.

Band 7 Hazel G.S. Marinero: Arzneimittelhaftung in den USA und Deutschland. 1982.

Band 8 Wolfram Eberbach. Die zivilrechtliche Beurteilung der *Humanforschung*. 1982.

Band 9 Wolfgang Deuchler: Die Haftung des Arztes für die unerwünschte Geburt eines Kindes ("wrongful birth"). Eine rechtsvergleichende Darstellung des amerikanischen und deutschen Rechts. 1984.

Band 10 Hermann Schünemann: Die Rechte am menschlichen Körper. 1985.

Band 11 Joachim Sick: Beweisrecht im Arzthaftpflichtprozeß. 1986.

Band 12 Michael Pap: Extrakorporale Befruchtung und Embryotransfer aus arztrechtlicher Sicht; insbesondere: Der Schutz des werdenden Lebens in vitro. 1987.

Band 13 Sabine Rickmann: Zur Wirksamkeit von Patiententestamenten im Bereich des Strafrechts. 1987.

Band 14 Joachim Czwalinna: Ethik-Kommissionen - Forschungslegitimation durch Verfahren. 1987.

Band 15 Günter Schirmer: Status und Schutz des frühen Embryos bei der *In-vitro*-Fertilisation. Rechtslage und Diskussionsstand in Deutschland im Vergleich zu den Ländern des angloamerikanischen Rechtskreises. 1987.

Band 16 Sabine Dönicke: Strafrechtliche Aspekte der Katastrophenmedizin. 1987.

Band 17 Erwin Bernat: Rechtsfragen medizinisch assistierter Zeugung. 1989.

Band 18 Hartmut Schulz: Haftung für Infektionen. 1988.

Band 19 Herbert Harrer: Zivilrechtliche Haftung bei durchkreuzter Familienplanung. 1989.

Band 20 Reiner Füllmich: Der Tod im Krankenhaus und das Selbstbestimmungsrecht des Patienten. Über das Recht des nicht entscheidungsfähigen Patienten, künstlich lebensverlängernde Maßnahmen abzulehnen. 1990.

Band 21 Franziska Knothe: Staatshaftung bei der Zulassung von Arzneimitteln. 1990.

Band 22 Bettina Merz: Die medizinische, ethische und juristische Problematik artifizieller menschlicher Fortpflanzung. Artifizielle Insemination, In-vitro-Fertilisation mit Embryotransfer und die Forschung an frühen menschlichen Embryonen. 1991.

Band 23 Ferdinand van Oosten: The Doctrine of Informed Consent in Medical Law. 1991.

Band 24 Stephan Cramer: Genom- und Genanalyse. Rechtliche Implikationen einer "Prädiktiven Medizin". 1991.

Band 25 Knut Schulte: Das standesrechtliche Werbeverbot für Ärzte unter Berücksichtigung wettbewerbs- und kartellrechtlicher Bestimmungen. 1992.

Band 26 Young-Kyu Park: Das System des Arzthaftungsrechts. Zur dogmatischen Klarstellung und sachgerechten Verteilung des Haftungsrisikos. 1992.

Band 27 Angela Könning-Feil: Das Internationale Arzthaftungsrecht. Eine kollisionsrechtliche Darstellung auf sachrechtsvergleichender Grundlage. 1992.

Band 28 Jutta Krüger: Der Hamburger Barmbek/Bernbeck-Fall. Rechtstatsächliche Abwicklung und haftungsrechtliche Aspekte eines medizinischen Serienschadens. 1993.

Band 29 Alexandra Goeldel: Leihmutterschaft – eine rechtsvergleichende Studie. 1994.

Band 30 Thomas Brandes: Die Haftung für Organisationspflichtverletzung. 1994.

Band 31 Winfried Grabsch: Die Strafbarkeit der Offenbarung höchstpersönlicher Daten des ungeborenen Menschen. 1994.

Band 32 Jochen Markus: Die Einwilligungsfähigkeit im amerikanischen Recht. Mit einem einleitenden Überblick über den deutschen Diskussionsstand. 1995.

Band 33 Meltem Göben: Arzneimittelhaftung und Gentechnikhaftung als Beispiele modernen Risikoausgleichs mit rechtsvergleichenden Ausblicken zum türkischen und schweizerischen Recht. 1995.

Band 34 Regine Kiesecker: Die Schwangerschaft einer Toten. Strafrecht an der Grenze von Leben und Tod – Der Erlanger und der Stuttgarter Baby-Fall. 1996.

Band 35 Doris Voll: Die Einwilligung im Arztrecht. Eine Untersuchung zu den straf-, zivil- und verfassungsrechtlichen Grundlagen, insbesondere bei Sterilisation und Transplantation unter Berücksichtigung des Betreuungsgesetzes. 1996.

Band 36 Jens-M. Kuhlmann: Einwilligung in die Heilbehandlung alter Menschen. 1996.

Band 37 Hans-Jürgen Grambow: Die Haftung bei Gesundheitsschäden infolge medizinischer Betreuung in der DDR. 1997.

Band 38 Julia Röver: Einflußmöglichkeiten des Patienten im Vorfeld einer medizinischen Behandlung. Antezipierte Erklärung und Stellvertretung in Gesundheitsangelegenheiten. 1997.

Band 39 Jens Göben: Das Mitverschulden des Patienten im Arzthaftungsrecht. 1998.

Band 40 Hans-Jürgen Roßner: Begrenzung der Aufklärungspflicht des Arztes bei Kollision mit anderen ärztlichen Pflichten. Eine medizinrechtliche Studie mit vergleichenden Betrachtungen des nordamerikanischen Rechts. 1998.

Band 41 Meike Stock: Der Probandenschutz bei der medizinischen Forschung am Menschen. Unter besonderer Berücksichtigung der gesetzlich nicht geregelten Bereiche. 1998.

Band 42 Susanne Marian: Die Rechtsstellung des Samenspenders bei der Insemination / IVF. 1998.

Band 43 Maria Kasche: Verlust von Heilungschancen. Eine rechtsvergleichende Untersuchung. 1999.

Band 44 Almut Wilkening: Der Hamburger Sonderweg im System der öffentlich-rechtlichen Ethik-Kommissionen Deutschlands. 2000.

Band 45 Jonela Hoxhaj: Quo vadis Medizintechnikhaftung? Arzt-, Krankenhaus- und Herstellerhaftung für den Einsatz von Medizinprodukten. 2000.

Band 46 Birgit Reuter: Die gesetzliche Regelung der aktiven ärztlichen Sterbehilfe des Königreichs der Niederlande – ein Modell für die Bundesrepublik Deutschland? 2001.
2. durchgesehene Auflage 2002.

Band 47 Klaus Vosteen: Rationierung im Gesundheitswesen und Patientenschutz. Zu den rechtlichen Grenzen von Rationierungsmaßnahmen und den rechtlichen Anforderungen an staatliche Vorhaltung und Steuerung im Gesundheitswesen. 2001.

Band 48 Bong-Seok Kang: Haftungsprobleme in der Gentechnologie. Zum sachgerechten Schadensausgleich. 2001.

Band 49 Heike Wachenhausen: Medizinische Versuche und klinische Prüfung an Einwilligungsunfähigen. 2001.

Band 50 Thomas Hasenbein: Einziehung privatärztlicher Honorarforderungen durch Inkassounternehmen. 2002.

Band 51 Oliver Nowak: Leitlinien in der Medizin. Eine haftungsrechtliche Betrachtung. 2002.

Band 52 Christina Herrig: Die Gewebetransplantation nach dem Transplantationsgesetz. Entnahme – Lagerung – Verwendung unter besonderer Berücksichtigung der Hornhauttransplantation. 2002.

Band 53 Matthias Nagel: Passive Euthanasie. Probleme beim Behandlungsabbruch bei Patienten mit apallischem Syndrom. 2002.

Band 54 Miriam Ina Saati: Früheuthanasie. 2002.

Band 55 Susanne Schneider: Rechtliche Aspekte der Präimplantations- und Präfertilisationsdiagnostik. 2002.

Band 56 Uta Oelert: Allokation von Organen in der Transplantationsmedizin. 2002.

Band 57 Jens Muschner: Die haftungsrechtliche Stellung ausländischer Patienten und Medizinalpersonen in Fällen sprachbedingter Mißverständnisse. 2002.